中国法学会2022年度部级法学研究一般课题
“经济法体系构造研究：理论反思与完善路径”【CLS（2022）C35】

经济法体系构造研究

理论反思与完善路径

JINGJIFA TIXI GOUZAO YANJIU
LILUN FANSI YU WANSHAN LUJING

杨尊源 著

法律出版社
LAW PRESS · CHINA
北京

图书在版编目（CIP）数据

经济法体系构造研究：理论反思与完善路径 / 杨尊源著. -- 北京：法律出版社，2025. -- ISBN 978－7－5244－0030－1

Ⅰ. D922.290.4

中国国家版本馆 CIP 数据核字第 2025AY1448 号

经济法体系构造研究：理论反思与完善路径
JINGJIFA TIXI GOUZAO YANJIU：LILUN FANSI YU WANSHAN LUJING

杨尊源 著

策划编辑 许　睿
责任编辑 许　睿
装帧设计 鲍龙卉

出版发行 法律出版社
编辑统筹 司法实务出版分社
责任校对 王　丰
责任印制 胡晓雅
经　　销 新华书店

开本 710 毫米×1000 毫米　1/16
印张 19.75　**字数** 312 千
版本 2025 年 4 月第 1 版
印次 2025 年 4 月第 1 次印刷
印刷 北京新生代彩印制版有限公司

地址：北京市丰台区莲花池西里 7 号（100073）
网址：www.lawpress.com.cn
投稿邮箱：info@lawpress.com.cn
举报盗版邮箱：jbwq@lawpress.com.cn

销售电话：010－83938349
客服电话：010－83938350
咨询电话：010－63939796

书号：ISBN 978－7－5244－0030－1　**定价**：85.00 元

凡购买本社图书，如有印装错误，我社负责退换。电话：010－83938349

序　言

经济法基础理论一直是众多经济法学子既心向往之又敬而远之的一个学术领域，尤其是在数字化、信息化高速发展的时代，选择经济法基础理论作为研究方向的人更是寥寥无几，远不如选择实务中的热点且时髦问题容易得多。经济法基础理论研究需要研究者有长期的学术积累、深厚的理论功底、广阔的研究视野、扎实的部门法知识以及丰富的经济法实践经验，非下数倍苦功断难胜任。因此，我向来不主张博士研究生过早选择经济法基础理论作为自己的研究方向和论文选题。这一点，我在尊源初来中国政法大学攻读博士学位时就已告知，但他坚持自己的选择，决心选择经济法基础理论作为博士学习期间的研究方向，我内心既赞赏他的勇气也隐隐担忧，因为这是一条很长很艰难的学术之路！在读博的三年间，尊源对经济法理论和制度不断学习和探索，并取得了一定的研究成果，包括在《经济法论坛》《北京社会科学》《河北法学》等期刊上发表多篇学术论文，受邀在全国经济法学年会上发言交流，获得"中华法学硕博英才奖""经济法总论专项征文奖"等奖励。经过选题、开题、预答辩、校外专家评审和公开答辩多重程序，2022 年 5 月，尊源的博士学位论文全票通过答辩，同时还获得了中国政法大学博士学位论文资助项目和中国法学会 2022

年度部级课题一般项目立项。这充分说明尊源兑现了其当初的学术承诺,完成了从硕士到博士的蜕变,从学生到学者的转变。

现在呈现在我们面前的这本题为《经济法体系构造研究:理论反思与完善路径》一书,源自尊源的博士学位论文。正如当初专家们评阅指出的,该文(书)兼具理论性和实践性,创新性非常显著,核心命题鲜明,结构安排合理,引证资料丰富,语言文字规范,论述具有逻辑性,既丰富了经济法基础理论,也有助于完善我国的经济法体系,对于经济法的体系化和法典化有着重要的参考意义,是当前研究经济法体系的力作!书中通过回顾我国经济法学研究历程,认为当前经济法学界是以政府为本位,将经济法分为市场规制法和宏观调控法两个部分。这种二元体系以政府的市场规制权力和宏观调控权力为标准,遵循了调整对象理论方法,一定程度上体现了社会主义市场经济体制建立之初,政府仍然在资源配置中占据主导地位的时代特点。从生成内容看,市场规制法和宏观调控法均存在应然与实然、形式与内容的非对等问题,即双重内容问题;从生成逻辑看,其存在二元市场划分的合理性问题、双重失灵理论的局限性问题、国家干预行为的外部性问题;从生成方法看,其存在调整对象理论的体系构造局限问题和经济法体系的手段导向型问题。随着社会主义市场经济体制的不断完善,市场和政府在资源配置上的关系发生了根本性变化,由此要求经济法体系结构及其背后的理论应当根据这一变化重新定位。尊源在反思的基础上,对市场规制法和宏观调控法提出了质疑,认为经济法体系需要根据"市场(社会)—政府"理论模式进行重构,这种经济法体系构造以经济法律规范为现实依据,以保障市场在资源配置中的决定性作用为目的,遵循整体市场逻辑、双重行为逻辑和法律治理逻辑,将经济公共利益作为经济法体系构造的法益基础,将市场主体经济行为和政府主体经济行为作为经济法体系构造的行为基础,进而形成包含竞争法、消费法、金融法、财政法等主要内容的新体系。

显而易见,尊源的观点无疑是对学术权威、思维定式的挑战,这既需要勇气,更需要自信。这份勇气正是当下经济法学界最为需要,也是最为稀缺的!

没有反思就没有进步,没有否定就难有创新,这是科学研究的硬道理。一个学科如果一开始就被权威理论束缚,抱着权威的观点不放,跟在前人身后亦步亦趋,那么这个学科的前途注定是渺茫的。经济法学唯有不断地否定、超越和创新,才有希望,才有未来! 就此而言,创新已经超越了观点本身,成为本书的最大的价值所在!

作为尊源的导师,在其博士学位论文出版之际,欣喜之情溢于言表,故此欣然命笔!

是为序。

薛克鹏

2024 年 6 月 10 日于北京蓟门法大

目　录 Contents

引 言

一、经济法体系研究背景及其意义

（一）经济法体系研究背景

经济法体系构造研究一直是国内外经济法学界的研究重点之一。国外关于经济法体系研究主要集中于大陆法系国家，如德国。德国著名法学大师沃尔夫冈·费肯杰教授在其两卷本《经济法》[1]中，从地区和国家视角将经济法划分为世界经济法、欧洲经济法和德国经济法三部分。弗里茨·里特纳和迈因哈德·德雷埃尔两位教授所著的《欧洲与德国经济法》[2]基于“独立经济法”的理解，构建了成熟的经济法体系化理论。日本经济法学界也对经济法体系进行了构建，丹宗昭信和伊从宽教授合著的《经济法总论》[3]以公平自由竞争原理为基础，认为经济法是维持市场秩序的法律规范，其体系包括一般经济法、经济结构法和特别经济法。经济法体系研究是法律体系研究的下位概念，其需要向民法体系研究以及法理学层面的法体系研究相互借鉴和学

---

〔1〕 参见[德]沃尔夫冈·费肯杰：《经济法》（第1卷），张世明等译，中国民主法制出版社2010年版；[德]沃尔夫冈·费肯杰：《经济法》（第2卷），张世明译，中国民主法制出版社2010年版。

〔2〕 参见[德]弗里茨·里特纳、迈因哈德·德雷埃尔：《欧洲与德国经济法》，张学哲译，法律出版社2016年版。

〔3〕 参见[日]丹宗昭信、伊从宽：《经济法总论》，[日]吉田庆子译，中国法制出版社2010年版。

习。德国著名法学家卡尔·拉伦茨在其《法学方法论》[1]一书中,从法律条文出发,提出了基于法律规范构造、法律规范解释和法的续造等法律方法的法教义学方法论。英国法学家约瑟夫·拉兹在《法律体系的概念》[2]中将法律体系理论分为法律体系的存在标准、法律体系的归属标准、法律体系结构和法律体系内容四个部分。这些既有的法学理论研究为经济法体系化提供了方法论工具。

中国法学界尤其是经济法学界同样重视经济法体系研究,并有学者尝试从法教义学角度构建经济法范畴体系。经济法作为法律规范之一,其需要借鉴法理学、法哲学基本内容。张文显教授在《法哲学范畴研究》[3]中对法的范畴体系进行了系统梳理。中国经济法学研究者通过借助法理学的范畴体系内容,研究了经济法的范畴体系。例如,薛克鹏教授在《经济法基本范畴研究》[4]中对经济法概念、经济行为、国家干预、实质正义、社会公共利益等内容进行了系统研究,形成了经济法的基本范畴体系;鲁篱教授在《经济法的基本范畴研究》[5]中将"权利—权力"作为经济法基本范畴,构建了经济法体系结构。从法的范畴角度来研究经济法体系有助于经济法的法学回归。由于经济法具有的实质理性和回应性特点,大多数经济法学者致力于从社科法学角度研究经济法学,为经济法增添了许多非法学色彩。因此,在进行经济法体系化构建过程中,需要注重法教义学方法论。

在经济法体系构造研究中,市场规制法和宏观调控法的二元体系结构已经成为经济法学界的基本学术共识。[6] 随着经济法体系化研究的深入,也有学者开始突破经济法的传统二元结构,提出新的经济法体系化标准。薛克鹏教授

---

〔1〕 参见[德]卡尔·拉伦茨:《法学方法论》,陈爱娥译,商务印书馆2003年版。

〔2〕 参见[英]约瑟夫·拉兹:《法律体系的概念》,吴玉章译,商务印书馆2018年版。

〔3〕 参见张文显:《法哲学范畴研究》,中国政法大学出版社2001年版。

〔4〕 参见薛克鹏:《经济法基本范畴研究》,北京大学出版社2013年版。

〔5〕 其认为经济法体系包括市场主体规制法、市场秩序规制法、宏观调控和可持续发展战略保障法、社会分配法体系。参见鲁篱:《经济法的基本范畴研究》,法律出版社2008年版。

〔6〕 如张守文教授提出对经济法进行一分为二的分析,认为经济法体系包括市场规制法和宏观调控法。参见张守文:《经济法体系问题的结构分析》,载《法学论坛》2005年第4期。

(2019)以市场为标准重构了经济法体系结构。[1] 应飞虎教授(2002)从市场失灵角度提出了经济法的体系结构。[2] 总之,在经济法体系化研究中,目前已经出现了两种体系化标准的对立,即政府标准和市场标准。这两种标准背后体现了经济法体系建构的不同理论。

从现有研究看,大部分学者还是在坚持从政府市场规制权和宏观调控权角度出发,构建经济法的二元体系。虽然有学者提出了经济法体系构建的市场标准,但并未深入分析市场标准的具体内容、理论基础以及研究价值,并且当前的经济法体系建构研究还存在经济法体系理论不成熟、经济法律规范体系化不足等问题。此外,我国《民法典》编纂和实施则为经济法体系化研究积累了实践经验,其背后也蕴藏着民法体系构造理论,值得经济法学者学习。为此,本书尝试从经济法体系现状及其经济法体系构造理论的现状出发,通过对既有经济法体系构造的"政府(社会)—市场"模式进行批判和借鉴,提出经济法体系构造的"市场(社会)—政府"模式,遵循整体市场逻辑、双重行为逻辑和法律治理逻辑,通过公共利益类型化和经济行为类型化,从市场主体和政府主体两个维度完善经济法体系,从而形成区别于传统经济法二元体系的新经济法体系形式和内容。

(二)经济法体系研究意义

第一,本书的理论意义在于为经济法体系构造提供理论模式和完善路径,并从法学规范理论出发,运用法律体系理论和经济法理论构建经济法的体系化内容和结构,同时注重经济法体系的开放性和回应性。经济法作为法律规范类型之一,需要借助法律体系理论实现经济法的体系化任务。中国经济法研究长期关注经济法的体系化,并形成了不同的经济法体系化内容和结构。通过考察这些经济法体系内容和结构,可以发现不同的经济法体系内容和结构都建立在不同的经济

〔1〕 其认为经济法体系应当由竞争法、消费者保护法、金融法、自然资源法、财税法以及行业经济法等部分组成。参见薛克鹏:《经济法体系的重构——以"市场"为标准》,载《现代法学》2019 年第 1 期。

〔2〕 参见应飞虎、王莉萍:《经济法与民法视野中的干预——对民法与经济法关系及经济法体系的研究》,载《现代法学》2002 年第 4 期。

法体系化理论和方法基础上。

第二,从法学视角研究经济法体系,注重经济法体系化研究中的法教义学方法论运用,强化经济法的法学属性。长期以来,经济法理论研究偏重社科法学方法论,侧重运用多学科知识研究经济法学,如经济学、人类学、社会学等。此外,社科法学和法教义学在中国部门法学研究中长期处于对立状态,学者也为此耗费大量精力争论二者的差别。社科法学方法论对经济法的发展具有重要意义,但过度强调社科法学方法论将削弱经济法的法学属性。经济法虽然与经济学密切相关,但其本质属性仍为法学。因此,从法内研究方法构建经济法体系具有必要性,法外研究方法只是辅助性工具。

第三,立足于"市场(社会)—政府"模式构建经济法体系内容和结构,助推经济法走向更加成熟的道路,并为监管机关和司法机关运用经济法律规范解决实践问题提供法律保障。当前,经济法体系虽然达成了市场规制和宏观调控的二元体系结构共识,但这二元体系之间相互盘根错节,为经济法的行政适用和司法适用带来不便。随着社会主义市场经济体制的完善和现代经济体系建设,未来将有更多的经济法律规范相继出台。对既有的经济法律规范进行系统整合,形成经济法体系结构是国家全面依法治国的必要要求。

二、经济法体系研究现状及其评价

体系化研究是法学界研究的重点之一,而经济法体系化研究是经济法学界重点关注的研究领域之一。体系化研究包括法律体系研究、民法体系研究、经济法体系研究、行政法体系研究等若干内容。目前,法律体系研究和民法体系研究相对成熟,而经济法体系化研究仍处于发展阶段,理论分歧远大于理论共识。此外,经济法是否应当法典化、经济法通则或经济法总则是否需要制定、如何制定经济法通则或经济法总则等问题尚处于争论之中。虽然学界有很多经济法体系研究成果,但总体来看,研究经济法体系构造理论的文献较少。经济法体系建构离不开体系建构理论。现有的法律体系研究成果,如民法体系成果和经济法体系研究成果为经济法体系的构造理论研究提供了大量且丰富的素材。在这些既有的研究素材当中,一种新的经济法体系构造理论正在形成。

(一)法律体系研究问题

现有法律体系研究文献主要集中在以下几个方面:第一,中国特色社会主义法律体系已经形成,学者们为此都提出了自己的见解,包括以权利作为体系建构标准、重视宪法在法律体系中的作用、法律体系建构的技术特点等内容。徐显明(2000)通过分析政治国家与市民法律体系问题上的差别,认为法律体系建构需要以权利为标准,进而形成与权利对应的法律体系。[1] 韩大元(2009)认为,法律体系需要以宪法为基础,是对宪法规范内容的系统延伸和体系补充。[2] 张志铭(2009)认为,中国当下法律体系建构技术特点包括理性主义的建构思路、国家主义色彩、立法中心—行政配合的运作模式等。[3]

第二,民法体系通过《民法典》形式已经形成,该体系是在法律体系理论、民法理论以及民法体系理论的基础上形成的。民法长期以单行法律法规形式呈现,并且民事单行法律规范之间缺少协调性,导致民法整体出现立法碎片化现象,这就提出了民法立法整合问题,从而实现民法的体系化建构。[4] 朱岩(2010)从民法内在体系和外在体系两个方面出发,认为前者的价值取向引导后者,而后者中的概念、规范与制度要素构成前者的载体。[5] 王利明(2019)认为,民法学研究所形成的民法学理论体系对《民法典》编纂具有体系构建、概念和术语的确立、制度安排和规则设计的作用。[6]《民法典》作为民法体系的高级形态,其需要以法学理论为基础,并遵循"从主体到客体、从义务到责任、从权利到救济、从基础性权利到派生性权利、从权利到权益"的逻辑形成一个整体。[7] 当然,民法的体系化是建立在规范且严谨的法学方法论基础上的,是利用法学方法论将法律规范、法

---

〔1〕 法律体系包括基本权法、自由权法、社会权法、参与权法和救济权法。参见徐显明:《"转型时期国家与社会关系的多维透视"笔谈　社会转型后的法律体系重构》,载《文史哲》2000年第5期。

〔2〕 参见韩大元:《论宪法在法律体系建构中的地位与作用》,载《学习与探索》2009年第5期。

〔3〕 参见张志铭:《转型中国的法律体系建构》,载《中国法学》2009年第2期。

〔4〕 参见孙宪忠:《我国民法立法的体系化与科学化问题》,载《清华法学》2012年第6期。

〔5〕 参见朱岩:《社会基础变迁与民法双重体系建构》,载《中国社会科学》2010年第6期。

〔6〕 参见王利明:《民法典编纂与中国民法学体系的发展》,载《法学家》2019年第3期。

〔7〕 参见王利明:《民法典体系研究》,中国人民大学出版社2018年版。

律概念、法律原则等组成一个具有密切联系的有机整体，这意味着法学方法论是认识法律、解决法律问题的基本方法。[1]

第三，法律体系建构背后的理论问题，包括法律体系理论是否存在、是否有用以及具体内容。钱大军（2012）认为，学界关于法律体系理论有用与无用的争论揭示了我国法律体系建构存在理论缺失问题，并根据实践可以检验理论和理论可以检验实践的实践与理论内在关系，认为唯实践主义倾向将导致法律体系建构缺少理论参与。[2] 钱大军、马新福（2007）认为，法律体系的概念离不开法律体系的特征，其特征包括规范性、客观性、系统性和实用性等，现有法律体系研究存在教条化倾向。[3] 张其山（2010）认为，传统司法三段论和类型化思维方式试图建构一个完备法律体系的失败教训，迫使人们转向建构不完备的法律体系，法律体系作用也从为裁判者提供依据转变为法官裁判前见和评价的知识谱系。[4] 此外，也有学者开始对我国法律体系进行反思，认为现有法律体系是在国家主导下形成的，具有国家主义、工具主义和法条主义倾向。[5] 钱大军、薛爱昌（2016）认为，中国法律体系是依托国家主导下的法律试行机制建立起来的，其建构模式是一种进化因素和建构色彩并存的混合模式。[6]

现有法律体系研究可以为经济法体系研究提供有益帮助。第一，重视经济法理论研究与经济法体系研究的关联性。民法理论与民法体系的辩证关系说明，理论研究与体系研究密不可分，而经济法理论研究与经济法体系研究同样处于辩证统一关系中，经济法体系内容需要经济法理论内容作为来源，而经济法体系的形成也会反过来推动经济法理论研究的发展。第二，正视我国现有经济法律规范所存在的体系性缺失问题。经济法律规范的分散立法模式最终将导致经济法的体

---

〔1〕 参见许中缘：《体系化的民法与法学方法》，法律出版社2007年版。

〔2〕 参见钱大军：《法律体系理论与当代中国法律体系的建构——以法律体系理论的有用与无用为分析起点》，载《南京师大学报（社会科学版）》2012年第4期。

〔3〕 参见钱大军、马新福：《法律体系的重释——兼对我国既有法律体系理论的初步反思》，载《吉林大学社会科学学报》2007年第2期。

〔4〕 参见张其山：《法律体系的建构：从完美无缺到不完备》，载《东岳论丛》2010年第4期。

〔5〕 参见马长山、郭海霞：《治理法治化时代的法律体系重构》，载《甘肃社会科学》2016年第4期。

〔6〕 参见钱大军、薛爱昌：《繁华与无序：法律体系建构的中国模式之检讨》，载《法律科学（西北政法大学学报）》2016年第1期。

系分散,这是经济法体系研究所面临的客观现实。虽然经济法学界已经提出了经济法的市场规制法和宏观调控法二元体系,但我们不能止步于此,而是需要进一步分析现有二元体系是否能契合中国的法治现代化建设、契合中国法治体系建设、契合中国的经济法律实践。第三,重视经济法体系理论在经济法体系构造中的作用,从理论上尝试完善经济法的体系结构,注重经济法和其他法律的协调。[1] 所有法律体系的形成都需要借助理论工具,经济法二元体系背后体现了何种经济法体系理论、该体系理论是否具有充分的解释力等问题,直接关系到经济法体系的建成。

(二)经济法体系化研究回顾

经济法体系化研究一直是各个国家经济法学理论研究的重点。国外经济法学对经济法体系的研究主要集中在德国和日本。德国经济法体系化的特点是注重区域性和国际性。[2] 日本经济法通过大量经济立法实践,形成了自身的体系结构,并注重区域性和国际性。日本经济法学者也据此提出了不同的经济法体系主张,如金泽良雄、丹宗昭信、伊从宽。[3]

中国的经济法体系化研究开始于20世纪80年代,到21世纪20年代初期,历时40年。中国经济法体系化研究的这40年不断取得新的突破,使经济法体系内容和结构都更趋于完善和成熟。大体来看,中国经济法体系化研究可以分为起步阶段、快速发展阶段、逐步完善阶段和变革阶段,并且每个阶段都对经济法体系提出了新认识。[4] 第一,在起步阶段,中国经济法体系刚刚萌芽,学者对经济法体系的认知相对浅显。例如肖清(1985)以调整对象为分类标准,基于经济法所

---

〔1〕 参见李玉虎:《民法典时代的经济法体系构造——兼论〈经济法通则〉的结构》,载《财经法学》2020年第2期。

〔2〕 参见[德]沃尔夫冈·费肯杰:《经济法》(第1卷),张世明等译,中国民主法制出版社2010年版;[德]沃尔夫冈·费肯杰:《经济法》(第2卷),张世明译,中国民主法制出版社2010年版;[德]弗里茨·里特纳、迈因哈德·德雷埃尔:《欧洲与德国经济法》,张学哲译,法律出版社2016年版。

〔3〕 参见[日]金泽良雄:《经济法概论》,满达人译,中国法制出版社2005年版;[日]丹宗昭信、伊从宽:《经济法总论》,[日]吉田庆子译,中国法制出版社2010年版。

〔4〕 参见杨尊源:《论经济法的体系化标准》,载《河北工业大学学报(社会科学版)》2021年第2期。

调整的经济关系,初步划分出了经济法体系结构。[1] 第二,在快速发展阶段,中国经济法体系由于经济法理论研究的发展而发展,出现了对经济法体系的不同认识,包括二分说、三分说和四分说。经济法体系的二分说主要是指经济法的二元体系。[2] 对此,邱本(1998)提出了不同观点,认为经济法体系由计划法和反垄断法组成。[3] 尽管二分说存在分歧,但这种观点倾向于将经济法体系一分为二。经济法体系的三分说认为经济法体系主要由三部分组成。[4] 经济法体系的四分说认为经济法体系主要由四个部分组成。[5] 第三,在逐步完善阶段,关于经济法体系的争论仍在继续,但争论的焦点不在于是否包括市场规制法和宏观调控法,而在于是否还存在其他经济法体系的组成部分。例如,刘大洪、吕忠梅(1998)认为,经济法作为限制经济主体意思自治和规范政府经济行为的法律,其体系主要由市场规制法和宏观调控法两个子部门构成。[6] 第四,在变革阶段,经济法体系化研究出现了新的理论成果和学术观点。这种新的趋势主要表现在经济法体系

---

〔1〕 其认为经济法体系内部结构包括基本法规、专业性法规、监督性法规和程序法规。参见肖清:《我国经济法体系的内部结构》,载《政治与法律》1985 年第 5 期。

〔2〕 市场规制法和宏观调控法。参见刘大洪、吕忠梅:《现代经济法体系的反思与重构》,载《法律科学(西北政法学院学报)》1998 年第 1 期。

〔3〕 参见邱本:《论经济法体系》,载《法制与社会发展》1998 年第 5 期。

〔4〕 刘建宏(1994)提出经济法体系包括市场主体法、市场行为法和宏观调控法;漆多俊(1996)提出经济法体系包括反垄断和限制竞争法、国家投资经营法和国家宏观调控法;史际春(1998)提出经济法体系包括经济组织法、经济管理法和经济活动法。参见刘建宏:《关于构建市场经济法体系的思考》,载《求索》1994 年第 6 期;漆多俊:《经济法基础理论》,武汉大学出版社 1996 年版;史际春、邓峰:《经济法总论》,法律出版社 1998 年版。

〔5〕 杨紫烜(1995)提出经济法体系包括企业组织管理法、市场管理法、宏观调控法、社会保障法;李昌麒(1999)提出经济法体系包括市场主体规制法律制度、市场秩序规制法律制度、宏观调控和可持续发展保障法律制度、社会分配调控法律制度。参见杨紫烜:《论新经济法体系——关于适应社会主义市场经济需要的经济法体系的若干问题》,载《中外法学》1995 年第 1 期;李昌麒主编:《经济法学》,中国政法大学出版社 1999 年版。

〔6〕 参见刘大洪、吕忠梅:《现代经济法体系的反思与重构》,载《法律科学(西北政法学院学报)》1998 年第 1 期。

化的标准确定上。比如,有学者提出从市场失灵的角度划分经济法体系。[1] 这种新的分类方式与传统的二分法相区别。传统的市场规制法和宏观调控法侧重于政府所具有的市场规制权和宏观调控权,是以政府为出发点的。而这种新的分类形式则抛弃了政府的权限或职能,以市场失灵为出发点,是一种以市场为中心的标准。此外,还有学者对经济法二元结构体系进行质疑,并由此提出了经济法体系化的"市场"标准。[2]

总之,经济法体系化研究需要立足于本土问题,同时具有国际视野。中国经济法体系研究正在逐渐走向成熟,其体系化内容和结构也逐渐科学化、合理化。目前,其相关研究主要聚焦于经济法体系构造的理论基础问题、经济法的立法问题、经济法是否需要法典化问题、经济法体系构造方法论问题、经济法体系构造内容及其结构问题。

(三)经济法体系化的理论基础问题

经济法研究路径包括从上而下的建构主义路径和从下而上的演进主义路径。前者以《经济法理论的重构》为代表,后者以具体问题为中心,如李友根教授(2008)从具体司法案例出发研究经济法的基本概念。[3] 随着问题导向研究逐渐受到重视,多谈些问题少谈些主义成为经济法理论研究的趋势。例如,应飞虎

---

[1] 主要将经济法分为克服微观市场失灵的经济法和克服宏观市场失灵的经济法;同时,根据市场失灵的不同表现形式将经济法分为克服外部性的经济法、克服公共产品的经济法、限制或禁止垄断的经济法、克服信息失灵的经济法、维持宏观稳定的经济法;根据经济法和私权的角度,将经济法划分为管制私权的经济法、剥夺私权的经济法、保障私权的经济法和服务私权的经济法。参见应飞虎、王莉萍:《经济法与民法视野中的干预——对民法与经济法关系及经济法体系的研究》,载《现代法学》2002 年第 4 期。

[2] 其认为二元结构体系存在以下问题:(1)凸显政府在经济法中的中心地位和作用,弱化市场的决定性作用;(2)以政府为中心,导致经济法与行政法混淆,催生出经济行政法概念;(3)无法为市场主体提供清晰的权利、义务和责任清单;(4)与经济法学科体系建设和课程建设脱节;(5)无法区分金融法、价格法。参见薛克鹏:《经济法体系的重构——以"市场"为标准》,载《现代法学》2019 年第 1 期。

[3] 参见李友根:《经营者公平竞争权初论——基于判例的整理与研究》,载《南京大学学报(哲学·人文科学·社会科学)》2009 年第 4 期。

(2007)曾提出：从市场经济与经济法的实践中去探寻经济法特有的“问题与主义”。[1] 经济法体系化研究作为经济法理论研究的重要内容，需要以现实问题的关切为出发点，这就需要将经济法体系建构的基点建立在实践问题中。经济法体系理论作为经济法理论的组成部分，主要研究经济法体系及其内部结构。从现有研究看，经济法体系理论研究主要包括调整对象理论、规范对象理论、人性理论三种类型。

第一，调整对象理论是经济法体系构造的主要理论基础。例如，《中国特色社会主义法律体系》白皮书就以调整对象为依据界定经济法。中国经济法“新诸论”均是基于调整对象理论理解和认识经济法体系的。这些理论将市场失灵和政府失灵作为经济法产生的逻辑起点，循着调整对象得出经济法体系具有二元结构的结论。[2] 但这种二元结构也被认为存在明显缺陷，包括两种体系间内容相互交错、市场监管立法规范数量远高于宏观调控立法数量，以及进而导致的二元体系之间的结构不平衡等问题。[3]

第二，基于规范对象理论研究经济法体系立足于调整对象理论存在的缺陷和不足，将行为作为经济法体系建构的基础。经济法规范对象是经济行为，包括市场主体实施的经济行为和政府主体实施的经济行为，即市场经济行为和政府经济行为，并由此形成经济法体系内容。[4] 从经济法规范对象角度认识经济法体系，实现了对经济法原有二元体系结构的突破。从市场行为角度构建经济法体系，表明经济法体系理论开始由政府中心转向市场中心，这也是本书的来源之一。本书将经济法体系建构思路从政府转向市场，并从市场角度论证经济法体系内容与结构，从而深入挖掘经济法体系建构中的市场作用。

---

〔1〕参见应飞虎：《问题及其主义——经济法学研究非传统性之探析》，载《法律科学（西北政法学院学报）》2007年第2期。

〔2〕参见张守文：《经济法学》，北京大学出版社2012年版，第23～25页。

〔3〕参见李玉虎：《经济法体系“二元结构”界分与调适》，载岳彩申、盛学军主编：《经济法论坛》第20卷，法律出版社2018年版，第3～12页。

〔4〕该观点认为，市场主体行为可以作为经济法体系划分标准，进而将经济法调整或规制的各类经济行为作为建立经济法内部结构的依据，如竞争法主要规制竞争行为、财税法主要规制政府主体的经济行为。参见薛克鹏：《法典化背景下的经济法体系构造——兼论经济法的法典化》，载《北方法学》2016年第5期。

第三,基于人性理论研究经济法体系是指从人性的运行规范来解读和构建经济法体系。这种理论认为传统经济法体系形式没有考虑经济法所具有的人性价值,经济法是对人性需要的满足,从而抽象出作为主体的人存在生存和发展等需要,进而形成相对的经济法体系内容。[1] 总体来看,人性经济法为经济法体系化建构提供了一种新的思路和方法,但人性经济法的体系化内容和结构太抽象,只能存在于理论层面,而难以落实到现实的执法和司法实践活动中。也就是执法机关和司法机关无法通过人性经济法体系实现执法和司法工作。这必然导致经济法体系与经济法实践的脱节。

总之,经济法体系化理论研究还处于理论层面,理论的价值在于指导实践。因此,经济法实践活动或实践问题,尤其是经济法体系化实践也是经济法体系建构的重要内容。其中,经济法体系化实践包括经济法立法问题、经济法典制定问题、经济法体系建构的方法论选择问题、经济法体系内容与结构问题。

(四)经济法立法问题

经济法体系化前提需要实现经济法立法的科学化。经济法立法是经济法体系研究的基础,没有相当数量的经济法律规范,经济法体系建构将属于无本之木和无源之水的空中楼阁。讨论经济法立法问题是经济法体系化研究不可或缺的一部分。关于经济法立法问题,经济法学者从20世纪90年代开始就展开了热烈讨论,早期研究主要集中于经济法立法体例、逻辑以及类型等基本问题。[2]

当下的经济法立法研究开始关注经济法立法导向问题和经济法立法模式问题等更为现实和深刻的问题。从现有研究看,我国经济法立法存在以下特点:第一,经济法立法侧重技术性和应用性,缺少理论研究和支撑。尹亚军(2017)通过

---

〔1〕 经济法为了满足人性需要,需要形成生存保障法、人性平衡法、人性发展法和控制国家干预法等内容。参见胡光志、田杨:《人性视野下经济法体系的建构——一个尚未被认知的理路》,载《郑州大学学报(哲学社会科学版)》2011年第2期。

〔2〕 有学者通过分析经济法立法的体例结构和逻辑结构,认为应当采用"总则—分则—附则"的体例结构,并遵循"假定—行为模式—法律后果"的逻辑结构。参见李建华:《我国经济法立法的分析》,载《吉林大学社会科学学报》1997年第2期。

考察经济立法发展的实践逻辑，认为经济法立法是一种“问题导向”式立法，其以具体现实问题为中心，并在综合考量相关因素后选择合理的解决方案，但这种问题导向式立法仅是一种应用，其仍需要以各学科理论深化为基础，否则将危及法律权威地位，导致法律价值混乱和理论贫困。[1] 第二，经济法立法存在碎片化现象，并影响着经济法体系化研究。虽然经济法子部门法立法成绩显著，但整体性的综合立法滞后，缺少基本经济法统领，并且这种碎片化还反映在经济硬法规范和经济软法规范的不协调，各种以“纲要”“决定”等形式存在的规范内容充斥在经济法领域。[2] 经济法立法碎片化问题是一种分散立法模式的体现，但这种模式在国家治理体系和治理能力现代化建设背景下，既不利于经济法治建设，也不利于经济法理论研究。[3] 第三，经济法立法需要实现立法统合。张守文（2016）提出了经济法统合性立法的主张。[4] 而后，其又提出了经济法立法统合的必要性和可行性，认为推动经济法立法统合需要进行理论准备、立法战略和立法技术准备，并体现发展理念。[5] 刘凯（2022）提出了经济法体系化的系统论分析框架，通过在形式逻辑上修补“经济宪法—经济基本法—经济单行法”的逻辑结构，将社会整体经济利益和经济权力分别作为构建经济法原则体系和经济法规则体系的基础。[6]

总之，经济法立法需要走向统合性立法，实现立法整合。这也是经济法体系化建构的规范基础。而在经济法立法问题研究中，是否需要制定经济法典或者经济法通则，则是绕不开的话题。

---

〔1〕 参见尹亚军：《“问题导向式立法”：一个经济法立法趋势》，载《法制与社会发展》2017 年第 1 期。

〔2〕 参见黄茂钦：《论经济新常态背景下经济法综合立法的发展》，载《南华大学学报（社会科学版）》2015 年第 4 期。

〔3〕 参见刘凯：《法典化背景下的经济法统合性立法》，载《法学》2020 年第 7 期。

〔4〕 其认为经济法的立法统合是基于解决现实问题的需要，对相关经济法规范进行的“系统整合”，并从法制变迁、功能实现和学术积累的维度论证了经济法的立法统合必要性，同时又从立法形式、立法内容和立法时机方面提出经济法统合立法的多种可能。参见张守文：《经济法的立法统合：需要与可能》，载《现代法学》2016 年第 3 期。

〔5〕 参见张守文：《经济法的立法统合：前提与准备》，载《学术界》2020 年第 6 期。

〔6〕 参见刘凯：《经济法体系化的系统论分析框架》，载《政法论坛》2022 年第 4 期。

(五)经济法是否需要法典化问题

经济法学界普遍认为现有理论条件和立法条件不适合制定经济法典，而是适合制定经济法通则。有学者在回顾评估经济法发展进程的基础上，论证了制定经济法通则的必要性、可行性和可操作性，并提出了经济法通则建议稿。[1] 而在此之前，经济法学界已经提出过三个经济法通则建议稿。[2]

在认识和理解经济法典问题上，理论界存在争议。薛克鹏(2016)认为，现阶段的立法和司法实践缺乏、概念化不足、基本理论欠缺决定了经济法尚不具备法典化条件，但可以通过子部门法典化路径推进经济法法典化进程。[3] 由中国计量学院法学院和湘潭大学法学院组成的经济法编撰研究小组(2015)对经济法典编撰进行了历史回顾和评估，认为制定基本经济法是法典化的第一步。[4] 商红明(2020)通过总结现有的四次关于《经济法通则》的讨论，提出了经济法通则的制定步骤和方法。[5] 但是，也有学者认为经济法通则制定后，不适宜上升为经济法典。例如，姚海放(2019)认为，在制定经济法通则的情形下，由于法典无法适应经济社会快速发展和经济法法典化技术不成熟等原因，没有必要上升为经济法典。[6]

总之，在经济法是否需要法典化这一问题上，学界尚存争议。从现有研究看，

---

[1] 中国经济法通则的学者建议稿包括总则、分法则和附则的体例，由三编、17 章共 300 条组成。参见程信和:《经济法通则原论》，载《地方立法研究》2019 年第 1 期。

[2] 这三个建议稿分别为:1963 年中国人民大学民法教研室起草的《经济法(草案)》，全文共两章 70 条;1986 年的中国经济法学术研讨会形成的《经济法纲要(起草大纲)》和《经济法纲要(草案)》;1999 年由程信和、王全兴、张守文等 7 人研究小组推出的《经济法纲要》学者试拟稿。参见袁达松、朱成林:《论经济法治的顶层设计——兼重提经济基本法的制定》，载《中山大学法律评论》2014 年第 3 期。

[3] 参见薛克鹏:《法典化背景下的经济法体系构造——兼论经济法的法典化》，载《北方法学》2016 年第 5 期。

[4] 参见编撰经济法典第二研究小组、梁中鑫:《我国编撰经济法典的评估》，载《南华大学学报(社会科学版)》2015 年第 1 期。

[5] 参见商红明:《我国〈经济法通则〉研究的过去、现在与未来》，载《财经法学》2020 年第 1 期。

[6] 参见姚海放:《也谈“经济法通则的制定”》，载史际春主编:《经济法学评论》第 19 卷，中国法制出版社 2019 年版，“卷首语”第 3～18 页。

学界普遍的共识是当下的经济法难以实现法典化，而经济法通则或经济法总则一类的基本经济法有望实现。无论是经济法通则还是经济法典，都是经济法体系化的一种方式，并且都需要建立在经济法体系化理论和经济法体系化实践的经验基础上。这就需要涉及经济法体系化的方法论问题，即通过各种方法论工具来建构经济法体系。

（六）经济法体系化方法问题

经济法体系化建构需要借助方法论工具。经济法与经济学关系密切，并常常需要运用到法学之外的知识，如哲学、社会学、经济学、伦理学等。因此，在经济法研究领域长期盛行社科法学方法论，主张用多学科知识来理解、研究和运用经济法。除社科法学方法论外，法教义学方法论同样是经济法研究必不可少的方法论工具。

关于经济法体系化研究中的社科法学方法论和法教义学方法论争议，有学者总结了这两种方法论在经济法体系化中的差异，其认为中国经济法学界就经济法是否应当体系化这一问题存在争议。[1] 但社科法学与法教义学在经济法体系建构方面并非绝对的对立，而是存在统一的可能性。经济法体系化研究与经济法立法活动相关，学者需要充分认识和理解立法所确立的法律规则，而这离不开法教义学和社科法学，前者侧重理解法律规则，后者则强调理解并评价法律规则。[2] 因此，经济法体系化研究需要兼顾这两种方法。

经济法研究存在重社科法学而轻法教义学的倾向，这对经济法体系化构建将产生不利影响。毕竟，经济法体系构建需要借助法教义学知识对经济法规范以及经济法条文进行深度解析。为此，有学者提出了中国经济法学的方法论应当是法教义学而非社科法学，也有学者从法教义学角度分析经济法的研究发展方向以及经济法如何实现科学化。尹亚军（2018）认为，中国经济法学具有突出的社科法

〔1〕　有学者强调法律规则的规范性，反对经济法的政策化，倡导法教义学的研究方法；也有学者强调法律规则的开放性，重视经济法的政策性，主张社科法学多角度的研究方法。参见甘强：《体系化的经济法理论发展进路——读〈欧洲与德国经济法〉》，载《政法论坛》2018年第5期。

〔2〕　参见缪因知：《新兴法领域的社会科学运用：以金融法为中心》，载《思想战线》2020年第6期。

学特性，由于经济法问题的社会性、动态复杂性需要借鉴相关学科的知识、理论和方法，社科法学被视为经济法的当然选择，而随着中国经济法学发展的经验积累和理论推进，法教义学方法的回归和强化是中国经济法的必然发展方向。[1] 张继恒（2016）认为，需要从经济法总论和经济法分论两个层面去推进经济法知识的法教义学化，从而发挥法教义学在促进经济法发展中的实际功用。[2] 刘凯（2020）根据法教义学的“价值—规范—事实”研究框架，认为经济法可以从价值、规范和实施三个角度予以拆解，从而将法教义学知识融入经济法理论。[3] 此外，也有学者对经济法体系研究进行了总结，认为中国经济法体系化研究主要需要回答三个问题，即经济法是否需要进行体系构造、经济法如何完成体系构造任务、经济法体系表现为何种结构和内容，并认为中国经济法体系化呈现出权利范式和干预范式两条路径。[4]

总之，经济法体系构建需要运用到社科法学方法论和法教义学方法论，但二者在经济法体系建构过程中的作用并不相同，这需要经济法学研究者对这两种方法论进行区别对待。具体而言，经济法体系建构需要重点运用法教义学方法论，实现对经济法规范和经济法条文的深度分析。同时，由于经济法学本身具有的多学科知识特点，社科法学也将在经济法体系建构研究中起到基础知识性作用。明确了经济法体系建构方法论工具后，经济法体系化内容及其结构就成为另一个需要重点关注的问题。

---

〔1〕 参见尹亚军：《为什么是法教义学？——中国经济法学的方法论选择》，载《北大法律评论》编辑委员会编：《北大法律评论》第19卷第1辑，北京大学出版社2019年版。

〔2〕 参见张继恒：《法教义学的勃兴对经济法意味着什么》，载《现代法学》2016年第1期。

〔3〕 在价值层面，经济法的社会功能以正当、合理的经济介入方式维持和恢复经济系统的良序运行，经济介入积极形式是培育市场功能条件，消极形式是对经济系统自主运行失序状态的纠正；在规范层面，经济法律规范体系可分解为命令性规范、禁止性规范、授权性规范、允许性规范四种类型，从而构建起由社会功能、公正优先和法律义务三个要素组成的法律命题体系；在事实层面，经济法应实现立法体系化和司法的操作化，达成法教义与法治实践的良性互动。参见刘凯：《经济法学科学化的法教义学路径》，载《政法论坛》2020年第1期。

〔4〕 参见甘强：《体系化的经济法理论发展进路——读〈欧洲与德国经济法〉》，载《政法论坛》2018年第5期。

（七）经济法体系内容与结构问题

经济法体系内容与结构是经济法体系化研究的最终目标和归宿，不同的研究方法、研究视角以及所运用的理论基础将形成不同的经济法体系内容与结构。从现有研究看，经济法体系除了市场规制法和宏观调控法二元体系结构外，还包括经济法行为规范体系、经济法二元六部体系、经济法新二元体系、经济法谦抑体系等其他经济法体系内容与结构。薛克鹏（2019）根据市场原则，认为经济法体系应当由竞争法、消费者保护法、金融法、自然资源法、财税法以及行业经济法等部分组成。[1] 王斐民（2012）提出了经济法的二元六部体系构造。[2] 万冬朝、张富强（2010）提出了一种以系统论的方法建构的经济法学科体系，包括微观经济法和宏观经济法的新二元体系。[3] 应飞虎、王莉萍（2002）认为，经济法和民法都体现了公权干预，但二者也存在差异，并在此基础上对经济法体系的争议问题进行了探讨，包括公司法为什么不属于经济法、消费者权益保护为什么属于经济法等。[4] 刘大洪、段宏磊（2014）从谦抑性视角对经济法体系进行了限缩，认为经济法体系不能以"国家干预经济"的逻辑为基础，而应保持谦抑性，不能因为实然中存在国家干预就将其纳入经济法体系，而应具体分析国家干预的主次属性，并与私法自治属性相比较，从而确定先后次序。[5]

---

〔1〕 参见薛克鹏：《经济法体系的重构——以"市场"为标准》，载《现代法学》2019 年第 1 期。

〔2〕 其认为经济法体系的理论具有批判和反思现有规范性文件及其适用的能力，通过四个方面逐层展开：形式逻辑层面，经济法体系的元规范对实质上违背客观规范的支配力进行规制；规范论层面，公法和私法的不同类型组合形成了经济私法和经济公法的二元结构；价值论层面，以各类经济法主体的利益关系为关联，经济法形成了包括企业法、竞争法、消费者法、财税法、产业法和金融法在内的六部构造；法哲学层面，经济法的精神气质是在权力不平等主体之间落实正义。参见王斐民：《总结过去、演进新知：经济法体系的"二元六部"构造》，载《河南师范大学学报（哲学社会科学版）》2012 年第 2 期。

〔3〕 前者包括市场主体规制法、市场运行规制法、消费品市场规制法、生产资料市场规制法、服务市场规制法、要素市场规制法等，后者包括宏观经济调控基本法、国民经济稳定增长法、财税法、金融法、计划法。参见万冬朝、张富强：《经济法体系结构新探》，载《广东商学院学报》2010 年第 4 期。

〔4〕 参见应飞虎、王莉萍：《经济法与民法视野中的干预——对民法与经济法关系及经济法体系的研究》，载《现代法学》2002 年第 4 期。

〔5〕 参见刘大洪、段宏磊：《谦抑性视野中经济法理论体系的重构》，载《法商研究》2014 年第 6 期。

三、经济法体系研究思路及其方法

(一)经济法体系研究思路

经济法分散立法模式使现行经济法存在体系性缺失问题。为此,经济法学者从政府的规制权和调控权出发,将经济法体系分为市场规制法和宏观调控法。经济法二元体系以经济法学新诸论为理论基础,并将市场规制权力和宏观调控权力作为体系化标准,以调整对象理论作为体系化方法理论。经济法二元体系的形成体现了经济法体系构造的"政府(社会)—市场"理论模式,并在新时代背景下开始显现体系化不足的问题。随着社会主义市场经济体制的不断完善,我国市场经济逐渐走向成熟,并带动了经济法学的发展,相关市场领域内的经济法律规范数量不断增加,经济法体系结构及其背后的体系化理论有必要在社会主义市场经济框架下作进一步审视。经济法体系构造需要建立在由宪法统领的"市场(社会)—政府"理论模式基础上,此种新的经济法体系构造理论以我国既有经济法律规范为现实依据,以宪法中的经济性规范为起点,遵循整体市场逻辑、双重行为逻辑和法律治理逻辑,基于公共利益和经济行为类型化的体系完善路径,将经济公共利益作为经济法体系构造的利益基础,将市场主体经济行为和政府主体经济行为作为经济法体系构造的行为基础,进而形成以市场规制法和政府规制法为基本内容,以竞争法、消费法、劳动法、金融法和财政法为主要内容的新体系。

为论证上述内容,本书遵循问题导向式研究路径,运用唯物主义辩证法认识经济法体系和经济法体系构造理论模式的关系,依据"经济法旧体系——经济法旧理论模式——经济法新理论模式——经济法新体系"的研究思路,围绕经济法体系及其构造理论模式以设问和回答的方式顺次展开论证。本书以经济法体系构造现状为出发点,以经济法体系新形式为落脚点,提出并回答了现有经济法体系是什么、现有经济法体系如何形成、现有经济法体系为什么会形成、现有经济法体系存在什么问题、现有经济法体系为什么会出现问题、现有经济法体系背后所彰显的理论模式存在什么问题、经济法体系构造的理论出路在哪里、经济法体系完善的路径是什么、经济法新体系表现为什么形式等一系列问题。这些问题共同构成了经济法体系研究的6部分内容,即(1)经济法体系研究考察——二元体系生成历程;(2)经济法二元体系问题的三维剖析——内容、逻辑与方法;(3)经济法二元体系构造理论反思——"政府(社会)—市场"模式;(4)经济法体系构造的理论出路——宪法统领的"市场(社会)—政府"模式;(5)新模式下经济法体系完善路径——利益与行为的双重路径;(6)新模式下经济法体系构造形式——"基本内容+主要内容"。

第一章运用历史分析方法解决经济法二元体系如何生成的问题。经济法二元体系依次经历过经济法老诸论、经济法新诸论、经济法二元论三个理论发展阶段,最终形成市场规制法和宏观调控法二元结构。同时,在经济法二元体系中,二元市场是其生成的市场领域、双重失灵是其生成的现实基础、国家干预是其生成的行为核心。第二章回答经济法二元体系存在什么问题。从经济法二元体系生成内容看,市场规制法和宏观调控法均存在应然与实然、形式与内容的非对等问题,即双重内容问题;从经济法二元体系生成逻辑看,其存在二元市场划分的合理性问题、双重失灵理论的局限性问题、国家干预行为的外部性问题;从经济法二元体系生成方法看,其存在调整对象理论的体系构造局限问题和经济法体系的手段导向型问题。第三章解决经济法二元体系背后的理论模式问题。经济法二元体系构造理论模式是"政府(社会)—市场"模式,其表现为政府与市场的补充关系以及政府与社会的混同关系。由于市场管理思维的惯性以及政府主体身份的双重性质,其存在政府与市场对立统一问题和政府主体内容不匹配问题;在社会管理模式下,政府与社会混同关系表现为强政府弱社会形式。由于政府主体的权力扩张诱惑、社会实体独立性地位争论、政社间良性合作关系缺失,政府与社会混同关系存在的问题表现为政府与社会关系存在矛盾、混同关系下的社会行政化以及政府主导经济法体系内容。第四章解决经济法体系构造理论新模式问题。重新认识市场、政府和社会的关系,并将它们置于宪法规范涵摄下,将形成新的经济法体系构造理论模式,即宪法统领的"市场(社会)—政府"理论模式。该模式中宪法经济规范是经济法体系构造的出发点,并在经济法体系中居于统领地位。市场与政府之间的关系表现为同类共生关系和异类共生关系,在同类共生关系中,市场主体和政府主体均作为经济主体身份而存在;在异类共生关系中,市场主体是经济主体，政府主体是监管主体。政府与社会之间不再是社会管理模式下的混同关系，而是社会治理模式下的独立关系，这意味着从“政府代表社会”向“政府对社会负责”的转变。第五章解决新模式下经济法体系完善路径问题。第一，提出经济法的整体市场逻辑、双重行为逻辑和法律治理逻辑，替代经济法二元体系中的二元市场逻辑、双重失灵逻辑和国家干预逻辑；第二，分析公共利益的法律规范表达以及公共利益的逻辑区分，实现经济法中的公共利益类型化，并将经济公共利益作为经济法体系构造的利益基础；第三，分析经济行为的法律规范表达以及经济行为的逻辑区分，实现经济法中的经济行为类型化，并将政府主体经济行为和市场主体经济行为作为经济法体系构造的行为基础。第六章解决新模式下经济法体系构造形式问题，经济法体系由基本内容和主要内容两部分组成。运用二阶思维分析经济法规范，提出经济法规范的识别标准，即经济行为法和经济监管法。此外，经济法体系基本内容包括市场规制法（市场主体经济行为规制法）和政府规制法（政府主体经济行为规制法）。通过提炼出经济法中的主要经济行为类型，形成了竞争法、消费法、劳动法、财政法和金融法五元内容，并确定了经济法特别法规范内容。同时将新的经济法体系运用于数字经济实践，体现了经济法体系在数字经济时代的新发展

（二）经济法体系研究方法

经济法体系研究主要运用规范分析方法、系统分析方法、利益分析方法、历史分析方法和实证分析方法。第一，规范分析方法主要用于分析经济法规范的应然属性，并将经济法规范的应然属性和实然属性相比较，从而在经济法二元体系中，分析市场规制法和宏观调控法的应然性和实然性，为寻找经济法二元体系存在的问题提供方法工具。第二，系统分析方法是整体主义方法论的研究方法，主要运用在经济法体系完善部分。经济法体系作为一个整体，需要通过整体主义视角进行系统分析，包括分析经济法体系的组成要素、组成要素之间的相互关系、整体与要素之间的关系等。第三，利益分析方法是对经济法体系化建构所涉及的不同利益类型的选择，经济法作为维护社会公共利益的法律规范，其体系化建构必须坚持社会公共利益，包括分析经济法各子部门法所维护和实现的社会公共利益，如

竞争秩序、经济弱势群体利益、经济安全等。第四,历史分析方法主要运用于经济法体系化研究综述部分,通过对经济法体系化研究进行学术史的追问,归纳出经济法体系化中的研究共识与研究分歧,并总结出经济法体系构造研究中存在的问题以及研究的薄弱环节。第五,实证分析方法主要运用在经济法体系构造理论分析部分,通过对经济法律实践活动和经济法学科建设活动的实证考察,提炼出经济法体系构造的标准要素,将经济法理论的演绎研究路径和建构研究路径相结合。

四、经济法体系研究创新及其不足

(一)经济法体系研究创新

第一,提出经济法体系构造"市场(社会)—政府"模式,深化经济法体系构造的市场标准运用。经济法体系化的市场标准已有经济法学者提出,但现有研究对市场标准的认识尚不深入。现有经济法体系化的市场标准是从市场主体的行为要素方面构建经济法体系的。笔者对市场标准进行深入分析后发现,市场标准除了行为要素,还包括市场类型要素、市场主体要素、市场权益要素。同时,本书将宪法作为经济法体系构造的逻辑起点,并提出了"市场(社会)—政府"模式。在该模式下,政府与市场的关系将得到新的阐释,政府监管行为和政府经济行为将得到区分,政府经济行为和市场经济行为将作为经济法体系建构的依据,政府监管行为将作为经济法体系内容实现的依据。

第二,综合运用法教义学方法论和社科法学方法论构建经济法体系与内容,并侧重运用法教义学方法论。经济法体系上位概念是法律体系,这决定了经济法体系理论研究离不开法律体系理论指导。在法律体系理论指导下,经济法体系的构造理论需要运用法教义学方法论分析经济法律规范、经济法律条文之间的关系,并关注法律解释、法律漏洞填补和法的续造等传统法教义学内容。同时,根据经济法学的学科特点,需综合运用经济学、社会学、哲学等多学科理论知识,并将其作为经济法体系内容的基础。由此,经济法体系研究需要区分经济法体系构造的方法论基础和经济法体系内容的方法论基础,前者主要涉及法教义学方法论运用,后者主要涉及社科法学方法论运用。

第三，反思经济法的社会公共利益属性，将经济法中的社会公共利益限缩为具有经济属性的社会公共利益，或赋予其新的名称“经济公共利益”。社会公共利益作为经济法的法益目标，实现了经济法与民商法和行政法的界限划分，这奠定了经济法的部门法地位和限定了经济法的研究领域。但仅从社会公共利益角度理解经济法尚不够深入，维护社会公共利益的部门法包括经济法、社会法、环境法、刑法。社会公共利益的视角无法准确区分经济法、社会法、环境法、刑法等社会公共利益维护法，特别是经济法、社会法和环境法之间的关系还处于争论阶段。为了避免经济法、社会法和环境法出现类似于经济法、民商法和行政法的学科争议，浪费学术资源和精力，有必要反思经济法中的社会公共利益，区分经济法、社会法、环境法的关系，明确经济法体系的应有内容。经济法主要维护以经济基础设施、经济弱势群体和经济秩序为内容的经济公共利益，社会法主要维护以社会基础设施、社会性弱势群体和社会秩序为内容的社会公共利益，环境法主要维护以生态环境利益和自然资源利益为内容的环境公共利益。

（二）经济法体系研究不足

经济法体系研究不足主要体现为经济法体系研究深度不足。经济法体系研究涉及内容繁多，涵盖竞争法、消费者保护法、劳动者保护法、金融法、财税法、国有企业法、房地产法、农业法以及特殊经济行业领域的监管法律规范。由于研究能力和研究时间的限制，围绕经济法体系开展研究必然有所取舍，而无法对其所有内容面面俱到。此外，本书研究目标不是构造一个全新的经济法体系框架，而是针对经济法现有体系存在的问题，通过分析其理论成因，从而为完善我国现有的经济法体系提供可行建议与出路。遵循此种研究思路和研究目标，本书主要为散布于经济法体系内的各个不同法律规范内容寻找共同因子，从而实现经济法体系的内部稳定性。这决定了本书无法深入经济法体系的不同组成部分，研究竞争法、消费者权益保护法、劳动者保护法、金融法、财税法等法律规范内部的具体内容。这是本书存在的研究深度不足问题。在现有经济法体系研究的基础上，竞争法体系化、消费法体系化、劳动法体系化、金融法体系化、财政法体系化都是未来需要进一步研究的课题。这也是经济法体系研究具有延展性的体现。

第一章　经济法体系构造研究考察：二元体系生成历程

自1978年中国开始实行改革开放政策以来，中国的经济法实践以及经济法理论研究呈现出了新面貌和新气象。从中国经济法学史角度看，20世纪末期的中国经济法学研究可以分为三个阶段：蓬勃兴起时期（1979—1984年）、初步发展时期（1985—1991年）、走向成熟时期（1992—2001年）。[1] 在这三个阶段中，经济法学研究又可分为经济法"老诸论"和经济法"新诸论"两种类型。经济法体系经过经济法"老诸论"和"新诸论"研究后，不断被更新和完善。进入21世纪后，经过20年的发展，经济法学理论界就经济法体系研究逐渐达成了一个基本共识：经济法体系是由市场规制法和宏观调控法组成的，即经济法二元体系共识。纵观1978年以来的中国经济法发展历程，本书以经济法学理论发展进程为线索，将经济法体系研究分为经济法学诸论中的体系构造研究和经济法学"二元论"中的体系构造研究两大类。其中，经济法学诸论又分为经济法学"老诸论"和经济法学"新诸论"两个阶段。因此，从经济法理论发展脉络看，经济法体系研究可以分为"老诸论"、"新诸论"和"二元论"三个阶段：20世纪80年代的兴起阶段（经济法学"老诸论"）、20世纪90年代的发

---

〔1〕 参见肖江平：《中国经济法学史研究》，人民法院出版社2002年版，第86页。

展阶段(经济法学“新诸论”)、21 世纪初的完善阶段(经济法学“二元论”)。这三个阶段分别形成了不同的经济法体系结构,并逐步促使经济法体系走向成熟和完善。

中国经济法二元体系的形成过程伴随经济法理论从老诸论、新诸论到二元论的不断进步与发展,并且形成了自身所固有的生成逻辑。经济法二元体系的生成逻辑包括二元市场逻辑、双重失灵逻辑和国家干预逻辑。第一,二元市场逻辑为经济法二元体系的生成提供了市场领域,其从宏观和微观两种视角将市场划分为宏观市场和微观市场,并借助宏观经济学和微观经济学等经济学理论工具,使二元体系建立在宏观市场领域和微观市场领域之上。第二,双重失灵逻辑为经济法二元体系的生成提供了现实基础,市场失灵和政府失灵作为二元体系形成过程的两个节点,为宏观调控法和市场规制法形成提供了基础条件,并形成了政府与市场之间的补充关系。第三,国家干预逻辑为经济法二元体系的生成提供了行为核心,其通过宏观调控手段和市场规制手段对经济运行过程施加影响,从而保证经济社会协调发展,最终实现社会公共利益。在二元市场逻辑、双重失灵逻辑和国家干预逻辑的共同作用下,经济法体系逐渐形成以宏观调控法和市场规制法为核心的二元体系结构。

第一节　经济法学诸论中的体系构造研究

经济法学诸论关于经济法体系构造的研究主要分为“老诸论”和“新诸论”两类。经济法学“老诸论”主要形成于 20 世纪 80 年代前后,以综合经济法论、纵向经济法论、经济行政法论、纵横经济法论和学科经济法论为主要组成部分。“老诸论”对于经济法体系的认识尚处于兴起和萌芽阶段,其中存在很多不科学之处。经济法学“新诸论”主要形成于 20 世纪 90 年代,以国家协调论、需要国家干预论、社会公共性经济管理论、国家调制论、纵横统一论、国家调节论为主要组成部分。“新诸论”对经济法体系的研究相较于“老诸论”更加科学合理,为后续经济法体系研究打下了坚实的理论基础,也直接促成了经济法学“二元论”的形成及其经济法二元体系的形成。

一、经济法学“老诸论”中的体系构造

在经济法学“老诸论”中,由于整个经济法学尚处于萌芽和兴起时期,其形成的经济法体系也略显稚嫩。其中,综合经济法论、纵向经济法论、经济行政法论、纵横经济法论和学科经济法论等早期经济法学理论都对经济法体系有所研究,并从各自理论出发对经济法进行体系构造。〔1〕当然,囿于当时社会、经济、政治以及学术研究条件,“老诸论”只是比较宏观和浅显地提及经济法体系内容,但其对经济法理论后续研究,尤其是对经济法“新诸论”形成所具有的启蒙性价值却不可忽略。在经济法“老诸论”中,除综合经济法论、经济行政法论和学科经济法论没有对经济法体系研究提供有价值线索外,纵向经济法论和纵横经济法论都从当时的经济立法实践出发,进行了经济法体系的总结和归纳。

(一)纵向经济法论中的经济法体系构造

纵向经济法论认为,经济法调整对象是宏观的纵向经济关系,主要是指国家在组织经济建设中与其他社会组织和公民所发生的经济管理关系。〔2〕此种经济管理关系是建立在特定经济关系基础上的社会关系,是产生于生产领域而非交换领域中的直接劳动关系;是建立在强制性基础上的行政隶属关系,而非平等关系。〔3〕其以国家为中心,强调国家机关在经济领域内容的公权力运用。具有经济管理性质的纵向经济关系包括政府部门在制订和实施纲要计划、经济管理以及环境整治过程中所发生的计划关系、宏观管理关系和环境保护关系等。〔4〕

纵向经济法论以纵向经济管理关系为理论出发点,对当时既有的经济法规进行体系梳理,将经济法体系分为全局性经济管理法规和部门性经济管理法规。〔5〕

---

〔1〕参见《中国经济法诸论》编写组编著:《中国经济法诸论》,法律出版社1987年版。

〔2〕参见吴卫国:《经济法是调整纵向经济关系的基本法》,载《现代法学》1983年第4期。

〔3〕参见李时荣、王利明:《关于经济法的几个基本问题》,载《中国社会科学》1984年第4期。

〔4〕参见《中国经济法诸论》编写组编著:《中国经济法诸论》,法律出版社1987年版,第76页。

〔5〕参见《中国经济法诸论》编写组编著:《中国经济法诸论》,法律出版社1987年版,第79~80页。

虽然该种经济法体系较为简单,但也表明:即便是在经济法学理论兴起阶段,学者们也在努力尝试经济法体系构造工作。由此可以得出一个观点:经济法体系构造是经济法学理论研究后的必然结果,而不同的经济法理论会构造出不同的经济法体系。

纵向经济法论的经济法体系划分具有以下三个特点:第一,以国家制定并颁布的经济法规作为经济法体系划分的基础。受当时的经济立法数量与水平限制,经济法体系的各个组成部门主要以国务院发布的通知、决定、规定、条例为依据,而正式的法律相对较少,仅包括森林法、专利法、商标法等。第二,经济法体系划分方式简单、结构单一。虽然纵向经济法论以经济法所调整的经济管理关系为依据划分经济法体系,保持各种经济管理法规具有的内在联系,但纵向经济法论只是在经济法规层面汇总不同种类的经济管理规定,并没有从经济法学层面提出经济法体系划分的理论性内容。第三,强调经济法体系的可变性,认为经济法体系将随着社会经济的发展而不断改进、充实和完善。

(二)纵横经济法论中的经济法体系构造

纵横经济法论认为,经济法是调整纵向经济关系和横向经济关系的法律规范。〔1〕 具体而言,纵横经济法论所调整的经济关系可以分为4类:经济管理活动中的经济关系、经济组织活动中的经济关系、经济组织内部的经济关系、经济组织与个体的经济关系。从调整对象可以看出,纵横经济法论比纵向经济法论外延更广,前者不仅将经济管理关系纳入调整范围,还将经济合作纳入调整范围。纵横经济法论对经济法体系构造设定了一系列原则,包括“从实际出发,结合现有经济法规分类研究”“根据调整对象确定基本范围”“要把经济法体系和经济法学体系区别开来”。〔2〕 在上述经济法体系构造原则的指导下,纵横经济法论将经济法

〔1〕 前者是指国家行政管理机构上下级之间、国家行政机构和各种形式的经济组织之间以及各类经济组织内部之间的经济关系,后者是指相同级别的国家行政管理机构之间、各类型的经济组织和经济组织之间,在社会化大生产中形成的分工协作关系。参见肖江平:《中国经济法学史研究》,人民法院出版社2002年版,第153页。

〔2〕 参见《中国经济法诸论》编写组编著:《中国经济法诸论》,法律出版社1987年版,第212~213页。

体系分为基本经济法、部门经济法和企业管理法三个部分。[1]

纵横经济法论认为经济法体系存在于现有经济法规之中,但又不以现有法规为限,并且增加横向经济关系作为调整对象。这一认识与纵向经济法论对经济法体系的认识存在细微差别,即纵向经济法论以现有经济法规为限进行经济法体系构造。由此,纵横经济法论提出基本经济法和部门经济法的区别,并将计划法作为经济法体系的基石,并且还将对企业经济组织管理的法律规范纳入经济法体系中。纵横经济法论所形成的经济法体系比纵向经济法论中的经济法体系在内容和形式上更加丰富多样。

(三)“老诸论”对经济法体系研究的影响

当然,无论是纵向经济法论还是纵横经济法论,经济法“老诸论”所展现的经济法均与市场经济中的现代经济法相去甚远。建立在经济法学“老诸论”基础上的经济法体系存在以下缺陷:第一,将经济法体系与经济法律体系等同,忽略经济法体系与经济法律体系之间的差异。一些学者也持有此类观点,如肖清认为经济法体系内部结构包括基本法规、专业性法规、监督性法规和程序法。[2] 也有学者将经济法制度与经济法规范结合,提出经济法体系由基本经济法和部门经济法组成,前者包括经济法原则、主体、权利、义务、责任等内容,后者包括政府经济行为矫正法、社会经济调控法、经济个体生存环境法和消极行为整治法。[3] 虽然经济法体系建立在经济法律体系之上,但二者还是存在细微差异,前者的核心要素是规范,而后者的核心要素是法条。第二,“大经济法”现象明显,侵占民法体系和行政法体系,导致经济法与民法、行政法趋同,学科边界不清晰。例如,综合经济

---

〔1〕 其中,基本经济法是涉及宏观经济管理的法律,并对国民经济全局有重大影响,包括国民经济计划法、经济合同法、基本建设法等;部门经济法是按照经济部门分类的经济法律制度,包括农业、工业、商业、交通运输业、金融业、城市公共事业等部门的经济法规;企业管理法是调整微观经济的法规,是由国家制定和认可的有关企业管理的法律制度,包括计划管理、生产管理、劳动管理、质量管理等。参见《中国经济法诸论》编写组编著:《中国经济法诸论》,法律出版社 1987 年版,第 213~215 页。

〔2〕 参见肖清:《我国经济法体系的内部结构》,载《政治与法律》1985 年第 5 期。

〔3〕 参见李中圣:《关于经济法体系问题的研究》,载《中国法学》1991 年第 4 期。

法论和纵横经济法论二者的实质是“大经济法”,二者均将民法和行政法杂糅到经济法中。其中,纵向经济法论和经济行政法论又与行政法交叉,最终成为行政管理法的分支;学科经济法论则直接否定经济法的部门法地位。[1]

虽然经济法“老诸论”存在诸多不足,但并不影响“老诸论”在经济法体系研究方面的重要意义,即为之后中国经济法体系的形成提供基础性贡献。第一,经济法体系研究需要以现实的经济法律文件为根据,并从中提炼和抽象出经济法律规范。经济法体系的形成离不开经济立法活动以及由此形成的经济法律文件,多种经济法律文件最终会形成同一类经济法律规范,并最终形成经济法体系。但是,经济法律文件并不会自动形成经济法律规范,而是需要经过学理研究和规范分析等理论加工过程。第二,经济法体系内容是经济法学理论研究的必然结果。经济法体系研究与经济法理论研究不可分割,而经济法理论研究的最终成果将直接映射到经济法体系内容中。具有“大经济法”性质的经济法“老诸论”所形成的经济法体系自然“包罗万象”。第三,调整对象是经济法体系划分的主要依据。无论是纵向经济关系、横向经济关系还是经济管理关系,都是对经济法所调整经济关系的解读。从经济关系出发,经济法学者开始从不同角度构建经济法理论大厦,并形成各具特色的经济法体系。经济法调整对象研究直接成为经济法“新诸论”的理论出发点。第四,经济法律规范是不同于民事法律规范和行政法律规范的新型法律规范,其体系自然不同于民法体系和行政法体系。即便在大经济法时代,包括综合经济法、纵向经济法、纵横经济法、经济行政法等在内的“老诸论”也一直在尝试区分经济法、民法和行政法。虽然由于种种主客观原因的存在,各种理论尝试都未成功将经济法、民法和行政法从事实上予以切割,但这种强烈的经济法学边界意识成为后续经济法理论研究的精神支撑,并被经济法学“新诸论”所继承,为奠定经济法的部门法地位提供动力。

---

〔1〕 参见徐明:《对经济法几种理论观点的评析》,载《西北政法学院学报》1988 年第 3 期。该文批判了学科经济法论、纵横经济法论、纵向经济法论和综合经济法论的理论观点和内容,并对经济行政法论持赞成态度。

二、经济法学"新诸论"中的体系构造

在20世纪90年代,随着中国社会主义市场经济体制的确立,各种经济法理论学说开始兴起,呈现出"百花齐放"和"百家争鸣"的局面。[1] 为区分20世纪90年代和20世纪80年代我国出现的经济法理论,有学者将20世纪80年代的经济法理论称为经济法学"老诸论",20世纪90年代出现的经济法理论被称为经济法学"新诸论"。[2] 在众多经济法学"新诸论"中,对后期经济法理论研究和人才培养有较大影响力的理论学说主要有以下六种。[3] (见表1-1)

表1-1　经济法"新诸论"中的经济法体系内容

经济法"新诸论"	经济法体系
国家协调论	1. 企业组织管理法;2. 市场管理法 3. 宏观调控法;4. 社会保障法
需要国家干预论	1. 市场主体规制法;2. 市场秩序规制法;3. 宏观经济调控法;4. 社会分配法
社会公共性经济管理论	1. 市场管理法;2. 宏观经济管理法;3. 对外经济法
国家调制论	1. 市场规制法;2. 宏观调控法
纵横统一论	1. 经济组织法;2. 经济管理法;3. 经济活动法
国家调节论	1. 市场障碍排除法;2. 国家投资经营法;3. 国家引导促进法

第一,国家协调论认为经济法是调整国家在协调本国经济运行过程中发生的

〔1〕 这些经济法理论学说具体包括"国家干预论""国家协调论""经济管理关系论""经济调节关系论""宏观调控经济法论""调控与市场规制关系论""国家参与论""国家、市场经营主体以及消费者关系论""意志经济关系论""国家管理与协调经济关系论"等。参见薛克鹏:《经济法的定义》,中国法制出版社2003年版,第16~22页。

〔2〕 参见张传兵等:《评我国经济法学新诸论》,载《法学评论》1995年第4期。

〔3〕 这6种学说分别为:(1)以杨紫烜教授为代表的"国家协调说";(2)以李昌麒教授为代表的"需要国家干预说";(3)以王保树教授为代表的"社会公共性经济管理说";(4)以张守文教授为代表的"国家调制说";(5)以刘文华教授为代表的"纵横统一说";(6)以漆多俊教授为代表的"国家调节说"。参见肖江平:《中国经济法学史研究》,人民法院出版社2002年版,第289~295页。

经济关系的法律规范的总称。[1] 该经济法理论学说依据经济法所调整的4类经济关系,认为经济法体系包括企业组织管理法、市场管理法、宏观调控法和社会保障法。[2] 第二,需要国家干预论认为经济法是调整需要由国家干预的具有全局性和社会公共性的经济关系的法律规范的总称,其目的是克服市场调节的盲目性和局限性。[3] 在需要国家干预论中,经济法体系是建立在市场主体规制、市场秩序规制、宏观调控和可持续发展、社会分配调控之上的四元体系。[4] 第三,社会公共性经济管理论认为经济法是调整具有社会公共性特征的经济管理关系的法律规范的总和。[5] 根据社会公共性经济管理论对经济法调整对象的概念界定和类型划分,经济法体系以经济法的规范性质和挑战对象为基础,分为市场管理法、宏观经济管理法和对外经济法三类,具体包括市场职能管理法、反垄断法、预算法、税收法、中国人民银行法、计划法、价格法、竞争法、产业法、经济监督法、消费

---

〔1〕 其调整对象包括企业组织管理关系、市场管理关系、宏观调控关系、社会保障关系。参见杨紫烜主编:《经济法》,北京大学出版社、高等教育出版社1999年版,第28~31页。

〔2〕 其中,企业组织管理法主要调整企业在设立、变更、终止过程中发生的经济管理关系和企业内部管理过程中发生的经济关系,包括个人独资企业组织管理法、合伙企业组织管理法、国有企业组织管理法等;市场管理法主要调整在市场管理过程中发生的经济关系,包括反垄断法、反不正当竞争法、消费者权益保护法等;宏观调控法主要调整在宏观调控过程中发生的经济关系,包括计划法、投资法、预算法、税法、中国人民银行法、价格法等;社会保障法主要调整在社会保障过程中的经济关系,包括社会保险法和社会救助法等。参见杨紫烜:《论新经济法体系——关于适应社会主义市场经济需要的经济法体系的若干问题》,载《中外法学》1995年第1期。

〔3〕 需要国家干预论将经济法调整对象界定为需要由国家干预的经济关系,具体包括市场主体调控关系、市场秩序调控关系、宏观经济调控和可持续发展保障关系、社会分配关系,并将经济法体系划分为市场主体规制法律制度、市场秩序规制法律制度、宏观经济调控和可持续发展保障法律制度、社会分配法律制度四部分。参见李昌麒:《经济法——国家干预经济的基本法律形式》,四川人民出版社1995年版,第198页。

〔4〕 其中,市场主体规制法主要指规范企业市场准入、企业运行、企业市场退出、企业社会责任等内容的企业法律制度;市场秩序规制法主要包括市场要素规制法和市场行为规制法;宏观调控法和可持续发展法主要包括计划法、价格法、金融法和环境资源法等;社会分配调控法主要包括财税法、劳动法和社会保障法。参见李昌麒主编:《经济法学》,中国政法大学出版社1999年版,第61~70页。

〔5〕 其调整对象包括市场管理关系、宏观经济管理关系和对外经济管理关系。其中,市场管理关系分为不正当竞争规制关系、限制竞争规制关系、消费者权益保护关系和市场职能管理关系;宏观经济管理关系分为金融管理关系、财政税收管理关系、自然资源管理关系、产业结构关系、计划调控关系、价格调控关系和经济监督关系等;对外经济管理关系分为对外贸易管理关系和外资管理关系。参见王保树主编:《经济法原理》,社会科学文献出版社2004年版,第20~31页。

者保护法、进出口贸易管理法、外汇法和外贸法等。[1] 第四，国家调制论认为经济法是调整在现代国家进行宏观调控和市场规制的过程中发生的社会关系的法律规范的总称。[2] 经济法体系分为市场规制法和宏观调控法。[3] 在20世纪90年代，国家调制论提出的经济法体系内容与结构被21世纪经济法“二元论”所继承。但经济法“二元论”并不等同于国家调制论，它是经济法各诸论在理论共识基础上的结晶。因此，作为经济法“新诸论”的国家调制论与经济法“二元论”的关系可以表述为：国家调制论是经济法“二元论”的组成部分之一。第五，纵横统一论认为经济法是调整国家在经济管理过程中和经营协调活动中所发生的经济关系的法律规范的总称。[4] 根据经济关系及其经济法调整的内在逻辑，经济法大致可以分为经济组织法、经济管理法和经济活动法三个部分。[5] 第六，国家调节论认为经济法是调整在国家调节社会经济过程中发生的各种社会关系的法律

〔1〕 参见王保树等：《中国市场经济法治走向》，昆仑出版社2001年版，第33页。

〔2〕 参见张守文：《经济法理论的重构》，人民出版社2004年版，第212页。

〔3〕 具体而言，市场规制法内部包括反垄断法律规制、反不正当竞争法律制度和消费者保护法律制度，宏观调控法内部包括财政法律制度、税收法律制度、金融法律制度和计划法律制度。参见张守文、于雷：《市场经济与新经济法》，北京大学出版社1993年版，第87～94页。

〔4〕 其调整的是纵向经济管理关系和横向经营协调关系，以及它们发生在特定领域内的内部经济关系和涉外经济关系。此外，经济法也可表述为是调整经济管理关系、维护公平竞争关系、组织管理性的流转和协作关系的法，其不调整非经济的管理关系、国家意志不直接参与或应由当事人自治的企业内部管理关系，也不调整公有制组织自由的流转和协作关系以及其实体权利、义务不受国家直接干预的任何经济关系，参见潘静成、刘文华主编：《经济法基础理论教程》，高等教育出版社1993年版，第41页；刘文华主编：《新编经济法学》，高等教育出版社1995年版，第8～12页；潘静成、刘文华主编：《中国经济法教程》，中国人民大学出版社1995年版，第38页；刘文华：《中国经济法基础理论》，法律出版社2012年版，第86页；潘静成、刘文华主编：《经济法》，中国人民大学出版社2005年版，第56页。

〔5〕 经济组织法主要指调整特殊企业、公有制企业（国有企业、合作制或集体所有制企业）和公有主体联合投资经营的企业法，经济管理法主要指包含计划、财税、金融、工业、农业等在内的综合管理和行业管理法，经济活动法是调整经济主体权利义务关系的经济合同法、竞争法、消费者保护法等。参见潘静成、刘文华主编：《经济法》，中国人民大学出版社2005年版，第93～94页。

规范的总称。[1] 经济法体系可以分为市场障碍排除法、国家投资经营法和国家引导促进法三类。[2]

第二节　经济法学“二元论”中的体系构造

经济法学“二元论”是经济法学“新诸论”在经济法理论研究过程中逐渐形成的共通性理论。“二元论”是中国经济法学自社会主义市场经济体制确立以来的理论研究成果,凝聚了无数中国经济法学研究者的心血和汗水。经济法学“二元论”不是与经济法学“新诸论”相并列的一种新理论学说,而是以经济法学各诸论为基础的综合性理论。经济法学“二元论”通过分析、提炼和抽象经济法调整对象,以此为依据构造经济法二元体系,其认为经济法体系由市场规制法和宏观调控法组成,并不断衍生出次一级的经济法子部门。

一、经济法学“新诸论”中的“二元论”集合

经济法“二元论”是本书根据各类经济法理论学说的共通性内容总结而来的,是经济法学“新诸论”在2000年以后的统称。“二元论”的形成是经济法各诸论在经济法实践的基础上进行理论反思与自我完善的结果。其中,社会公共性经济管理理论、国家协调论和国家调制论达成了共同认识,即认为经济法调整对象是

---

〔1〕 经济法调整对象是国家经济调节关系,是指在国家调节社会经济过程中发生的,以国家(它的代表者)为一方主体的社会关系,包括市场障碍排除关系、国家投资经营管理关系、宏观调控关系,这三种国家经济调节关系分别代表国家调节经济的三种方式:(1)国家通过强制性手段规制市场以排除市场障碍;(2)国家通过直接参与投资经营;(3)国家对社会经济进行引导、促进和调控。经济法则是规范和保障以上国家经济调节活动,调整上述三种国家经济调节关系的法律规范。参见漆多俊:《经济法基础理论》,武汉大学出版社2000年版,第84页;漆多俊主编:《经济法学》,武汉大学出版社1998年版,第18页。

〔2〕 市场障碍排除法即市场规制法,主要包含反垄断法和反不正当竞争法;国家投资经营法主要包含国家投资法和国有企业法;国家引导促进法即宏观调控法,主要包含计划法、各种经济政策法以及关于各种调节手段运用的法律规定。参见漆多俊主编:《经济法学》,武汉大学出版社2004年版,第95页。

市场规制关系和宏观调控关系,只是各自表述存在差异。社会公共性经济管理理论的表述是市场管理和宏观经济管理。国家协调论通过对经济法调整对象和经济法体系内容进行修正,其表述为市场监管和宏观调控,经济法体系则由市场监管法和宏观调控法组成。[1] 国家调制论通过不断完善理论内容,逐渐以理论共识的形式发展为经济法“二元论”。

纵横统一论、国家调节论和需要国家干预论虽然没有发展成为标准的经济法“二元论”,但它们关于经济法调整对象的认识也建立在市场规制关系和宏观调控关系之上,并形成了以市场规制法和宏观调控法为基础的经济法体系。在纵横统一论中,经济管理关系是以国家为主体的公共经济管理关系,涉及经济性的实体权利和义务等内容,类似于宏观调控关系;维护公平竞争关系是国家在维持市场经济活力,维护、促进或限制竞争过程中形成的经济关系,类似于市场规制关系。[2] 国家调节论在“二元论”基础上增加了国家投资经营关系。需要国家干预论的支持者通过完善和修正理论内容,将需要国家干预的经济关系之一“宏观调控和可持续发展保障关系”修改为“宏观经济调控关系”。[3]

据此,经济法“二元论”可以算是当下中国经济法理论的代表。经济法“二元论”也被马克思主义理论研究和建设工程经济法学教材所采纳。[4] 在经济法“二元论”中,以调整对象为基础的经济法体系也表现出二元结构特征,即经济法二元体系。经济法二元体系共识的形成,同样是经济法各诸论在经济法体系构造研究方面不断努力的结果。

---

〔1〕 2000 年以后,国家协调论的倡导者开始转向“市场监管”和“宏观调控”的“二元论”,认为在社会主义市场经济条件下,国家协调本国经济运行过程中所发生的经济关系主要表现为市场监管关系和宏观调控关系,由此形成的经济法体系自然分为市场监管法和宏观调控法,前者是调整国家进行市场监督管理过程中发生的经济关系的法律规范,包括反不正当竞争法、反垄断法、消费者权益保护法、产品质量法等,后者是调整国家在对国民经济总体活动进行调节和控制过程中发生的经济关系的法律规范的总称,包括计划法、财政法、税法、中国人民银行法、价格法。参见杨紫烜:《国家协调论》,北京大学出版社 2009 年版,第 129 页、第 206 页;杨紫烜:《经济法》,北京大学出版社 2006 年版,第 13 页、第 74 页;杨紫烜:《经济法》,北京大学出版社 2010 年版,第 13 页、第 7 页;杨紫烜:《经济法》,北京大学出版社 2014 年版,第 15 页、第 62 页。

〔2〕 参见刘文华主编:《经济法》,中国人民大学出版社 2019 年版,第 37 页。

〔3〕 参见李昌麒主编:《经济法学》,中国政法大学出版社 2017 年版,第 35 ~ 39 页。

〔4〕 参见《经济法学》编写组编:《经济法学》,高等教育出版社 2018 年版,第 11 页。

二、经济法学“二元论”中的二元体系共识

第一，社会公共性经济管理论对经济法体系的划分与其他理论在“市场管理法”和“宏观经济管理法”方面仍然存在共识。第二，纵横统一论也开始向二元论靠拢，虽然相关著作文献内容仍然将经济法体系分为经济组织法、经济管理法和经济活动法三个部分，但纵横统一论的倡导者们在编著经济法学教科书时，开始对经济法学内容进行结构改变，并以市场规制法和宏观调控法为基础，将经济法学教科书体系内容分为经济法总论、经济法主体、市场规制法和宏观调控法。[1] 第三，国家调节论认为国家调节经济大致运用强制干预、直接参与和引导调控三种基本方式，而这三种方式需要法律加以规范和保障，进而形成经济法体系，即经济法体系包括市场规制法、国家投资经营法和宏观调控法。[2] 第四，需要国家干预论将经济法体系分为市场主体法、市场秩序法、宏观调控法和经济监管法。[3] 该理论对经济法体系的划分也开始向市场监管与宏观调控靠拢。例如，市场主体法、市场秩序法和经济监管法的本质就是对市场秩序进行监督管理，从而限制不同种类的经济主体所实施的经济行为，其均可划入市场监管法或市场规制法范

〔1〕 这一点可以从1990年以来出版的相关教材体系内容中看出。在20世纪90年代出版的教材中，经济法学内容包括经济法基础理论、经济组织法、宏观调控法、市场运行法、经济监督法。参见潘静成、刘文华主编：《中国经济法教程》，中国人民大学出版社1995年版。此外，经济法学内容也被分为经济法基础理论、企业组织法、市场运行法、涉外经济法、经济调控与监督法、经济纠纷的处理。参见刘文华主编：《新编经济法学》，高等教育出版社1995年版。在21世纪出版的教材中，经济法学内容转变为经济法总论、经济法主体、市场规制法、宏观调控法。参见刘文华主编：《经济法》，中国人民大学出版社2019年版。

〔2〕 参见漆多俊：《经济法基础理论》，法律出版社2017年版，第201页。自20世纪90年代以来，以国家调节论为理论基础的经济法研究者们在经济法教材编著中，以市场规制法、国家投资经营法和宏观调控法为基本内容，将经济法学教材体系从“总论、市场障碍排除法、国家投资经营法、国家宏观引导调控法”不断更新为“总论、市场规制法、国家投资经营法、宏观调控法”，详见以下文献：(1)漆多俊主编：《经济法学》，武汉大学出版社2011年版；(2)漆多俊主编：《经济法学》，高等教育出版社2003年版、2019年版。

〔3〕 其中，市场主体法主要包括公司法、合伙企业法、中小企业促进法等；市场秩序法主要包括反垄断法、反不正当竞争法、消费者权益保护法、产品质量法；宏观调控法主要包括计划法、财税法、金融法、价格法等；经济监管法主要包括金融市场监管法、房地产市场监管法、劳动力市场监管法、技术与信息市场监管法等。参见李昌麒主编：《经济法学》，法律出版社2008年版，第79～80页。

畴。因此,需要国家干预论中的经济法四元体系最终可归结为二元体系。第五,国家协调论和国家调制论以市场规制关系和宏观调控关系为基础,将经济法规范分为市场规制法规范和宏观调控法规范。[1]

由此,以经济法"二元论"为理论基础,经济法体系的"市场规制法"和"宏观调控法"二元结构开始形成。作为经济法"新诸论"的国家调制论为经济法"二元论"提供了最直接的理论支持和内容继承。此外,"二元论"对经济法体系的认识也在不断加深,并以层级结构的形式扩展。首先,经济法体系的第一个层级,即市场规制法和宏观调控法,主要体现经济法的调整范围、机能或调整手段;其次,第二个层级,将处于第一个层级法律展开从而得到反垄断法、反不正当竞争法、消费者权益保护法,以及计划法、金融法和财税法;最后,第三个层级,即每个部门法又可进一步分为若干个小部门法。[2]

三、经济法理论研究中体系构造经验总结

通过考察经济法"老诸论"、经济法"新诸论"和经济法"二元论"中的经济法体系构造研究,我们可以总结出当下中国经济法理论在经济法体系构造研究中的基本共识和研究现状。第一,调整对象直接影响经济法体系构造内容。经济法理论研究将调整对象理论作为基础,通过抽象出经济法的调整对象,从而形成经济法体系内容。第二,国家是构建经济法理论大厦的核心,同时也是经济法体系的核心。经济法理论研究将"国家—市场"二元结构作为经济法体系分析框架,强调国家在经济法体系构造中的主导作用。第三,同质性是经济法体系构造的关键。根据"国家—市场"分析框架,经济法理论以国家针对市场作出的行为性质以及由此形成的经济关系性质,作为经济法规范分类的标准,进而以相同性质的经济法规范构造经济法体系。第四,二元体系成为经济法体系的基本构造,并逐渐被众多经济法学研究者所接受。

---

〔1〕 市场规制法规范分为反垄断法规范、反不正当竞争法规范、消费者保护法规范,宏观调控法规范分为财税法规范、金融法规范和计划法规范。参见张守文:《经济法总论》,中国人民大学出版社2009年版,第35~36页。

〔2〕 参见张守文主编:《经济法学》,中国人民大学出版社2018年版,第25页。

(一)调整对象直接影响经济法体系内容

中国经济法理论通过行为视角抽象出经济法调整对象。[1] 根据经济关系产生的行为主体、行为目的和行为方式,形成了主体式、行为式、目的式三种模式。这三种模式在经济法理论运用中往往被复合使用,如需要国家干预说、国家调制说、国家调节说等经济法理论学说,就是将国家这一主体与干预行为、调制行为、调节行为相结合。基于"经济法调整对象是经济关系"这一观点,中国经济法理论达成了三个基本共识,第一,在经济法所调整的经济关系中,国家或政府是一方主体;第二,该经济关系基于国家"影响"经济运行而形成;第三,经济法所调整的经济关系是国家为了社会整体利益而施加影响于经济运行过程中产生的。[2] 基于上述认识,经济法体系也直接体现着国家为了社会整体利益对经济关系施加一定影响。这种影响的范围至少包括宏观经济和市场运行两大领域,故经济法体系也至少包含宏观调控法和市场规制法两部分,此即经济法二元体系。

上述三个基本共识随着经济法学理论研究的深入,出现了新的变种,并进而对经济法体系产生影响。第一,从主体看,国家或政府这一概念开始转化为政府规制主体,并根据市场类型划分出具体的监管机构,如市场监管机构、证券监管委员会、金融监管机构等,这些监管机构在具体的案件中代表国家或政府承担监督管理职责。第二,从行为看,国家对经济运行过程施加影响的行为发展为规制行为,包括制规行为与监管行为。制规行为是各类具有规制功能的法律规范的制定行为,即确立规制依据;监管行为是监管机构以法律规范为依据进行监督管理活动时的行为。而行为指向对象则是具体的经济行为,包括市场经济行为和政府经济行为。第三,从目的看,社会公共利益成为规制行为存在的根据。上述三个基本共识衍生出的新变种,突破传统国家或政府施加影响于经济运行过程的"政府—市场"二元结构,形成了"经济法—政府—市场"三元结构。其中,最大的改变是政府不再仅仅是规制行为的主动发出者,而同时成为规制主体和被规制主

[1] 参见肖江平:《中国经济法学史研究》,人民法院出版社2002年版,第171页。

[2] 参见肖江平:《中国经济法学史研究》,人民法院出版社2002年版,第178~179页。

体。上述认识突破传统经济法理论“国家—市场主体”的分析范式,并形成了新的经济法分析范式,即“市场(政府)主体—社会”。[1]

即便是在新的经济法分析范式下,经济法调整对象仍然是决定经济法体系内容的关键要素。调整对象理论从社会关系角度定义经济法,认为社会关系是法律所调整的对象。在经济法中,社会关系表现为特定经济关系。在“市场(政府)主体—社会”的分析范式下,经济法所调整的特定经济关系与“国家—市场主体”分析范式下的经济关系有所区别。前者是指市场主体或政府主体与社会及其社会公共利益之间的经济关系,后者则是国家对市场主体施加影响过程中所形成的经济关系。[2] 从市场主体与社会之间的经济关系、政府主体与社会之间的经济关系两个维度出发,经济法体系可分为干预市场之法和干预政府之法。

(二)国家是构建经济法理论大厦的核心

经济法将维护社会整体经济利益作为其核心理念,这决定了在社会化大生产的现实条件下,需要有一个强有力的主体担负起协调社会经济生产的重任,而这个主体就是国家。[3] 国家在经济法理论研究中一直占据主导地位,直接体现在经济法调整对象具有的“国家—市场主体”结构中,这也是“新诸论”在经济法理论研究中的共识。从经济法“老诸论”到经济法“新诸论”,再到经济法“二元论”,中国经济法学理论伴随着社会主义市场经济实践而演变,并形成了中国经济法的国家观。经济法中的国家观是中国自确立社会主义市场经济体制以来国家与市场关系动态发展的结果,本质是政府与市场关系问题。

国家作为经济法的核心并非中国“专利”。在德国经济法中,经济法的产生来自国家不再从私人维度,而是从社会公众维度观察和处理经济关系。从私法角度看,经济关系是两个私人之间的平等社会关系;而从第三人——社会公众角度

---

〔1〕 参见薛克鹏:《经济法的定义》,中国法制出版社2003年版,第353页。

〔2〕 前者包括竞争关系、消费关系、环境关系等;后者包括市场规制关系、宏观调控关系、经济管理关系、国家投资经营关系等。参见薛克鹏:《经济法的定义》,中国法制出版社2003年版,第300页。

〔3〕 参见姚海放:《经济法国家观研究:基于社会本位与国家概念的展开》,载《政治与法律》2016年第12期。

看，原本属于私人之间的平等关系变成了具有社会性的非平等关系。此时，国家尝试通过法律规范优先从共同经济利益、生产效率以及经济性角度处理经济关系，而这种组织经济的法律规范就是经济法。[1] 然而，调整经济关系的法律规范并非只有经济法，民法作为私法也在调整着经济关系。因此，经济法与民法都存在国家观的问题，只是二者对待国家的态度存在积极与消极的区别。民法中的国家观是消极国家观，强调国家的最低限度职能，将主动权交由民事主体行使。经济法中的国家观是积极国家观，强调国家主动承担社会责任，如组织协调经济、提供公共产品、维持良好的公平竞争秩序、为弱势群体提供救助等。

虽然国家是构建经济法理论大厦的核心，但经济法理论中的国家不能是抽象意义上的国家，经济法中的国家必须具象化。第一，经济法中的国家是作为经济法律主体而存在的，这意味着国家可以参与经济法律关系、享有经济法律权力、承担经济法律义务和责任。此时，国家是作为实在的法学实体而存在的。第二，经济法中的国家具体表现为不同类型的国家机关，其通过创造经济法律规范、适用经济法律规范、执行经济法律规范，实现经济法的功能与价值，维护社会整体经济利益。第三，经济法中的国家机关主要表现为行政机关，即政府监管机构。政府监管机构发挥着监督管理市场的职责，是经济法理论中“国家”这一抽象主体的具象化体现，包括针对各种市场类型的监督管理机构以及监督管理委员会。作为国家干预、规范、协调、调节市场经济的经济法，其主要内容就在于规范市场主体的经济行为和市场监管部门的监督管理行为，经济法规范类型化的过程就是经济法体系形成的过程。

（三）同质性是经济法体系构造中的关键

体系具有整体性特征，即基于一定的标准和规则将作为部分的要素进行整合。法的体系化就是对法律规范进行集合、分类和整理的过程。[2] 因此，经济法

---

〔1〕 参见［德］拉德布鲁赫：《法学导论》，米健译，商务印书馆2013年版，第114～115页。

〔2〕 ［德］弗利茨·里特纳、迈因哈德·德雷埃尔：《欧洲与德国经济法》，张学哲译，法律出版社2016年版，第23页。

体系构造对经济法规范进行集合、分类和整理，寻找规范与规范之间具有的同质性。经济法规范的同质性可以从关系和行为两个角度归纳。从关系角度看，市场规制关系和宏观调控关系是经济法所涉及的两种不同经济关系。具有市场规制关系性质和具有宏观调控关系性质的经济法规范可以分别归属为两种同类型规范，即市场规制法规范和宏观调控法规范。从行为角度看，经济法规范是调整国家或政府影响经济运行的行为规范，主要分为市场规制行为和宏观调控行为，并最终形成市场规制法和宏观调控法。当然，这两个角度具有内在的逻辑关联，即行为生成关系。

从经济法规范中的关系和行为两个范畴可以看出，经济法体系构造研究中的同质性还表现为国家或政府的同质性，即经济法体系构造以国家或政府所实施的行为及其形成的关系为依据。从纵与横的角度看，中国经济法理论主要从“国家—市场主体”的纵向角度研究经济法体系，经济法中的国家或政府永远是行为的发出者，而市场主体则是国家或政府行为的接受者，并据此形成以国家或政府为一方主体，以市场为另一方主体的二元关系。因此，国家或政府的纵向经济行为及其所形成的纵向经济关系，也是当下经济法体系构造中规范同质性的体现。纵与横的概念来自计划经济时期的苏联法学家拉普捷夫，其将经济法所调整的经济关系分为纵向经济关系和横向经济关系。[1] 纵横经济关系被中国经济法诸论所继受，并促成纵横经济法论、纵向经济法论和纵横统一论等经济法理论学说的形成。当然，这里的纵向和横向只是帮助理解经济法规范同质性的工具。如果单纯依靠纵向和横向两种标准，则经济法体系将难以准确界定和区分，尤其是容易将经济法与行政法导入学术争论的旋涡，从而又回到经济行政法的怪圈中。

除了从国家或政府角度寻找经济法规范的同质性外，也有学者从市场角度寻找经济法规范的同质性，认为经济法体系的内部结构需要以经济法所调整或规制的行为为依据，而市场主体行为则是经济法规制的主要对象。[2] 从市场主体行

〔1〕 参见[苏]B. B. 拉普捷夫主编：《经济法》，中国社会科学院法学研究所民法经济法研究室译，群众出版社1987年版，第5页。

〔2〕 参见薛克鹏：《法典化背景下的经济法体系构造——兼论经济法的法典化》，载《北方法学》2016年第5期。

为角度看,经济法所规制的经济行为包括竞争行为、侵害消费者权益行为、用工行为、自然资源利用行为、金融行为以及政府在市场中的投资行为、购买行为、消费行为、借贷行为等,并由此形成了反不正当竞争法、消费者权益保护法、劳动法、自然资源法、金融法、财税法等经济法规范。这种从市场角度研究经济法体系构造中的同质性问题的理论,不同于基于政府角度的传统经济法理论。从经济法各诸论的内容看,无论是"老诸论"、"新诸论"还是"二元论",经济法体系研究一直以政府为中心,基于政府职权形成的市场规制和宏观调控的二元体系结构,其遵循的是政府思维模式。但是,经济法体系构造除了遵循政府思维模式,从政府角度探索规范同质性,也可以遵循市场思维模式,从市场角度寻找经济法规范的同质性,或者这至少是一个可能且可行的研究方向。

(四)二元体系成为经济法体系基本构造

经济法二元体系的生成以经济法中"市场失灵"和"政府失灵"的双重失灵理论为基础,并遵循两条特殊路径,最终形成了宏观调控法和市场规制法。[1] 这两条路径遵循国家干预经济的逻辑,并用法律形式规范国家实施的下列两种行为:从宏观层面调控经济的行为和从微观层面规制市场的行为。

宏观调控法主要规范国家从宏观层面调控经济的行为。在经济学中,宏观调控意指政府为了实现宏观总量平衡,对货币、财政和外汇的收支总量调节与控制。[2] 规范意义上的宏观调控是国家和政府运用经济变量手段,直接作用于国民经济总量各构成,从而间接影响市场主体的经济行为,实现宏观经济协调发展目标的经济管理活动。[3] 其中,最基本的宏观经济政策是财政政策和货币政策,前者包括税收、国债、预算等,后者包括公开市场业务、存款准备金率、再贴现率

---

〔1〕 这两条特殊路径分别是"市场失灵—经济失衡—宏观调控—政府失灵—依法调控—宏观调控法"和"市场失灵—竞争失效—市场规制—政府失灵—依法规制—市场规制法"。参见张守文主编:《经济法学》,北京大学出版社2018年版,第10~11页。

〔2〕 参见马洪主编:《什么是社会主义市场经济》,中国发展出版社1993年版,第197页。

〔3〕 参见徐澜波:《规范意义的"宏观调控"概念与内涵辨析》,载《政治与法律》2014年第2期。

等。[1] 为了实现宏观经济发展目标,国家和政府会通过不同的宏观经济政策,保持经济总量平衡。根据宏观经济政策类型,宏观调控法又可分为财政法、税法、金融法、产业法、计划法等法律规范。

市场规制法主要规范国家从微观层面规制市场的行为。市场规制法产生于国家克服市场失灵问题,市场失灵是微观经济学理论中的概念,是在微观市场中出现的一系列无法通过市场机制解决的经济问题,包括不完全竞争(垄断)、外部性、信息不对称、公共物品短缺等。[2] 此时,国家为了解决市场失灵问题,便制定大量的经济法律规范,如反垄断法、反不正当竞争法、消费者权益保护法等规范,并设立市场规制机构和赋予其市场规制权,从而限制或禁止经济主体的行为。因此,市场规制法具有两层含义,第一层是包含经营者准入条件、产品或服务标准、强制性要求以及禁止性规定等内容的法律规则,即制定法律规范;第二层是行政机关通过具体行政手段监督管理市场,即执行法律规范。[3]

基于二元体系的规范结构,经济法主要规范宏观调控行为和市场规制行为,而这两类行为的主体均是政府。因此,从这个角度似乎可以得出一个结论,即经济法是政府行为规制法。然而,经济法不仅是政府行为规制法,同时也是市场行为规制法。从这一点可以看出,市场规制法和宏观调控法作为经济法体系的基本内容虽然已经被经济法学研究者所认可,但此种二元体系与经济法的立法和执法实践之间存在衔接不到位的问题。

第三节　经济法二元体系的生成逻辑分析

通过梳理经济法学“老诸论”、“新诸论”和“二元论”关于经济法体系研究内

---

〔1〕 除此之外,宏观经济政策还包括产业政策、价格政策、收入政策、对外经济政策等。参见吴光华主编:《宏观经济学基础》,华中科技大学出版社 2020 年版,第 63 ~ 72 页。

〔2〕 参见[英]休·格拉韦尔、雷·里斯:《微观经济学》(第 3 版),秦向东等译,上海财经大学出版社 2009 年版,第 296 ~ 316 页。

〔3〕 参见薛克鹏:《经济法基本范畴研究》,北京大学出版社 2013 年版,第 135 页。

容后,本书对经济法理论研究中的体系构造进行总结,认为经济法学界在理论层面形成了市场规制法和宏观调控法的经济法二元体系。这是从历史维度研究经济法二元体系何以形成。仅有历史文献梳理还无法完整回答经济法二元体系为何会形成。这需要在前者的基础上,深入分析经济法二元体系背后所蕴含的生成逻辑。本书归纳经济法二元体系的三个生成逻辑,包括二元市场逻辑、双重失灵逻辑和国家干预逻辑。第一,二元市场为经济法二元体系生成提供市场领域,宏观调控法形成于宏观市场领域,而市场规制法形成于微观市场领域;第二,双重失灵为经济法二元体系生成提供现实基础,市场失灵是二元体系生成的第一性基础,政府失灵是二元体系生成的第二性基础,市场失灵和政府失灵共同构成经济法二元体系形成的两个现实条件;第三,国家干预为经济法二元体系生成提供行为核心,为了克服市场和政府的双重失灵问题,国家通过市场规制行为和宏观调控行为影响经济运行,前者成为市场规制法的行为核心,后者成为宏观调控法的行为核心。

一、二元市场:二元体系生成的市场领域

二元市场逻辑以经济学理论为基础,从宏观与微观角度论证经济法二元体系何以形成。所谓二元市场是宏观市场和微观市场的统称。宏观市场和微观市场源于经济学理论中的宏观经济和微观经济两个概念。在经济学中,宏观经济学和微观经济学是理论经济学的两个基本分支。[1] 宏观经济学以作为整体的宏观经济和总量市场为研究对象,研究内容包括收入的增长、价格的变动和失业率等;[2]微观经济学以作为个体的微观经济和单个市场为研究对象,研究内容主要是关于家庭和企业如何作出决策以及它们在特定市场上如何相互交易。[3] 在经济法二元体系中,宏观调控法和市场规制法分别对应宏观市场和微观市场,为政

---

〔1〕 See Robert S. Pindyck & Daniel L. Rubinfeld, *Microeconomics*, Prentice Hall Inc., 2001, p.4.

〔2〕 参见[美]N.格里高利·曼昆:《宏观经济学》,卢远瞩译,中国人民大学出版社2020年版,第13页。

〔3〕 参见[美]曼昆:《经济学原理:微观经济学分册》,梁小民、梁砾译,北京大学出版社2015年版,第30页。

府针对这两种市场领域实施宏观调控行为和市场规制行为提供法律依据。因此，宏观市场是宏观调控法生成的市场领域，微观市场是市场规制法生成的市场领域。基于由宏观市场领域和微观市场领域所形成的二元市场划分，经济法体系也对应表现为宏观调控法和市场规制法的二元体系结构。

（一）宏观市场

宏观市场是对宏观经济中的整体性市场的概括，主要涉及产品市场、货币市场和劳动市场。在宏观市场中，不同种类的经济主体通过经济活动形成价格、数量、供给和需求等信息，为宏观经济学理论研究提供大量的宏观经济数据。宏观经济学通过收集和分析经济数据，从而掌握国家经济的整体运行状况。主体和市场是宏观经济学研究的两个基础条件。在市场经济环境下，经济活动主体和市场种类具有多种表现形式。但在宏观经济学视野里，经济活动主体被归纳为家庭、企业和政府，市场类型包括产品市场、货币市场以及劳动市场。从经济活动主体看，在工厂、商店、农场、金融机构等工作的工作人员，都归属于不同的家庭成员，而这些机构或单位则归属于不同的企业，政府及其部门同样参与各种形式的经济活动。从市场类型看，产品市场包含有形和无形的产品（服务）及其供给、需求、交易价格、交易数量，货币市场包含银行存款、证券、保险、信托等金融资产及其供给、需求、交易价格、交易数量，劳动市场包含作为劳动供给者的劳动者和作为劳动需求方的企业、政府以及基于劳动交易形成的劳动价格和就业量。[1] 宏观经济学主要研究家庭、企业和政府在产品市场、货币市场和劳动市场中的交互关系，并形成财政政策和货币政策等一系列宏观经济政策工具。

宏观经济学基于整体主义的宏观视角，为国家干预宏观经济提供经济学理论知识供给。为了促进国家宏观经济增长，保持收入与价格、总供给和总需求均衡，解决失业等经济问题，宏观经济学提出了包括需求管理政策和供给管理政策在内的宏观经济政策。前者通过变动税收或货币量调节总需求，主要包括财政政策和

---

〔1〕 参见高鸿业名誉主编：《宏观经济学原理》，中国人民大学出版社 2019 年版，第 272 页。

货币政策。[1] 后者通过变动收入和劳动来调节总供给,主要包括收入政策和劳动政策。[2]

经济法通过吸收并借鉴宏观经济学理论,将一系列经济学概念转化为法学概念,赋予其法律意义,并形成以规范国家宏观调控行为为目标的宏观调控法体系。其中,受国家对宏观调控政策选择的偏好,宏观调控法主要涉及需求管理类政策。其中,财政政策和货币政策是宏观调控法主要涉及的两类需求管理政策。这两类宏观经济政策主要作用于产品市场和货币市场这两类宏观市场。财政政策主要通过政府支出和政府税收两方面调整产品市场中的总需求,货币政策主要通过改变货币供给量调整货币市场中的总需求。[3] 为了规范国家运用财政政策手段和货币政策手段对宏观市场进行调控的行为,宏观调控法形成了不同的法律体系,其中包括财税法体系和金融法体系。作为宏观调控法组成部分的财税法具有宏观调控的经济功能,主要通过政府预算、政府采购和税收等方式实现。当然,财税法除了具有宏观调控功能外,还具有理顺财税体制、规范财税收支监管、调节收入分配、提升社会福利、平衡税负结构等多元化功能。[4] 作为宏观调控法组成部分的金融法具有金融市场调控的功能。中国人民银行作为宏观调控主体,可以运用货币政策和货币利率实现宏观调控目标。其中,扩张性货币政策或紧缩性货币政策通过改变货币供给量改变利率,最终影响总收入和总支出。[5] 这些措施最终会对宏观市场中的总需求产生影响。无论是财税法还是金融法,都直接使用宏观经济学的理论和工具,并将这些经济学理论和经济学工具作为法律规范的内容,实现经济学概念的法学转换。

---

〔1〕 参见高鸿业名誉主编:《宏观经济学原理》,中国人民大学出版社 2019 年版,第 371～372 页。

〔2〕 收入政策是用来限制垄断企业和工会对物价和工资操纵的一种重要政策,即实行以管制工资—物价为主要内容的政策;劳动政策是用来改进劳动市场状况,消除劳动市场不完全性,克服失业和通货膨胀进退两难困境的政策。参见高鸿业名誉主编:《宏观经济学原理》,中国人民大学出版社 2019 年版,第 395 页。

〔3〕 参见颜色、郭凯明:《宏观经济学与中国政策》,北京大学出版社 2020 年版,第 170～182 页。

〔4〕 参见刘剑文:《财税法功能的定位及其当代变迁》,载《中国法学》2015 年第 4 期。

〔5〕 参见[美]保罗·R. 克鲁格曼、罗宾·韦尔斯:《宏观经济学》,赵英军译,中国人民大学出版社 2013 年版,第 297～301 页。

（二）微观市场

微观市场是对宏观市场的具体化，在总量市场范围内直接表现为具体的单个市场。在微观市场中，买方和卖方可以就特定商品或服务达成某种交易。[1] 微观市场与微观经济学理论相关联，属于微观经济学理论的研究内容。微观经济学理论主要研究经济主体在微观市场中围绕价格展开的具体经济活动，如生产、竞争和消费等经济活动。微观经济学中的经济主体主要分为厂商和居民户。[2] 厂商主要负责供给，即生产和经营商品和服务，居民户主要负责需求，即消费商品和服务。因此，厂商和居民户主要表现为生产者、经营者和消费者。这些经济主体通过供给、需求、价格、成本和收益等经济分析，实施合理且均衡的经济行为。市场就是不同经济主体之间发生经济活动的纽带。微观经济学中的市场包括产品市场和要素市场，要素市场又分为土地市场、资本市场、劳动市场。[3] 不同类型的市场通过价格变化实现供给和需求均衡，同时生产者和经营者也会通过竞争的方式争夺稀缺性资源，实现利润最大化。

当竞争作用于市场时，市场会呈现出不同的结构。微观经济学中的市场结构是指在市场中的竞争或垄断的程度，其划分标准分为企业数量、进入限制的程度、产品差别。[4] 在四种市场结构中，完全竞争和完全垄断是两种最极端的市场结构类型，前者竞争充分，后者竞争垄断，而垄断竞争和寡头竞争则是处于中间状态的市场结构类型。完全竞争条件下，企业数量多，且提供同质性产品或服务，其他企业没有进入市场的限制，竞争程度最高；完全垄断条件下，只有一个企业提供产品或服务，其他企业无法进入市场，竞争程度最低；垄断竞争条件下，有很多企业提供相似产品或服务，企业之间相互竞争；寡头垄断条件下，少数几个竞争性企业提供同质性或相似性产品或服务，具有规模经济效应。

---

〔1〕 See Dean Karlan & Jonathan Morduch, *Microeconomics*, McGraw - Hill Education, 2014, p. 50.

〔2〕 参见梁小民编著：《西方经济学导论》，北京大学出版社2014年版，第5页。

〔3〕 参见［美］保罗·萨缪尔森、威廉·诺德豪斯：《微观经济学》，萧琛译，人民邮电出版社2012年版，第27页。

〔4〕 参见梁小民编著：《微观经济学》，中国社会科学出版社2001年版，第331～332页。

微观经济学通过经济模型和数学公式分析不同市场结构下的效率和福利问题，认为寡头和垄断会导致消费者剩余遭受损失，造成经济浪费，降低经济效率，损害创新等一系列破坏性影响。为了降低垄断等不完全竞争带来的破坏性影响，国家需要通过经济监管和实施反托拉斯政策的方式来促进竞争。[1] 完全竞争和不完全竞争是从竞争程度上分析经济主体的经济行为。竞争除了有程度性差别，还存在正当性差别。竞争程度越高，不正当性竞争发生的概率也越大。尤其是具有竞争关系的中小企业尚处于发展期，其整体性经济实力和市场力量较弱时，为了获得比较竞争优势，往往会通过假冒、贿赂、虚假宣传等方式参与竞争。在完全竞争和垄断竞争两种市场结构中，参与竞争的企业数量多，它们实施不正当竞争行为的可能性远高于在寡头竞争和完全垄断两种市场结构中实施不正当竞争行为的可能性。

经济法通过立法形式设立监管机构，针对垄断行为、不正当竞争行为以及损害消费者权益行为实施监督管理。其中，我国针对垄断行为制定了反垄断法，限制或禁止特定垄断行为。针对不正当竞争行为，我国制定了反不正当竞争法，并设立监管机构予以监督管理。针对损害消费者权益的行为，我国制定了消费者权益保护法，明确消费者享有的权利和经营者需要承担的义务。此外，基于其他不同的市场类型，同样分别生成了不同的市场规制法。例如，在产品市场领域，存在产品质量法、食品安全法等；在劳动市场领域，存在劳动法、劳动合同法等；在资本市场领域，存在商业银行法、证券法、保险法等。这些具体的法律规范共同组成市场规制法。市场规制法作为规范政府市场规制行为的法律，可以为政府机构监管微观市场领域内的具体经济活动提供法律依据。

二、双重失灵：二元体系生成的现实基础

市场失灵问题和政府失灵问题是经济法及其经济法二元体系生成的现实条件之一。市场和政府在资源配置和经济发展中各自发挥着不同功能，同时又存在

---

〔1〕 参见［美］保罗·萨缪尔森、威廉·诺德豪斯：《微观经济学》，萧琛译，人民邮电出版社2012年版，第184页。

自身无法克服的局限——市场失灵和政府失灵,这使得克服双重失灵问题成为经济法的任务目标之一。其中,经济法得以产生并具有独立地位的根据在于克服市场失灵问题。[1] 双重失灵逻辑作为经济法二元体系的生成基础,其背后彰显的是政府与市场之间的补充关系。若市场配置资源有效,则实行市场化;若市场配置资源无效,则通过政府配置资源弥补市场失灵。[2] 政府与市场之间的补充关系或弥补关系可以归结为"市场失灵—政府干预—政府失灵—经济法"。其中,政府是市场配置资源的补充形式,其以市场失灵为前提。市场失灵作为经济法二元体系形成的起点,为政府干预提供现实依据;政府在弥补市场失灵过程中,也会出现失灵问题,这为经济法干预政府提供了现实依据。由此可见,市场失灵和政府失灵是经济法二元体系生成的两类不同性质的基础条件,市场失灵是二元体系生成的第一性基础,政府失灵是二元体系生成的第二性基础。市场失灵和政府失灵是经济法二元体系形成过程中的两个重要节点,二者共同为市场规制法和宏观调控法的形成提供正当性依据。

(一)市场失灵:二元体系生成的第一性基础

市场作为商品交易的场所,发挥着配置资源的功能。市场遵循价值规律的要求,主要通过价格和供求来实现资源配置。价格上下波动直接影响市场资源的流向,而各类市场主体也会为实现自我利益最大化,通过竞争的方式争夺资源。理想状态下,市场会通过价格等方式自动调整经济主体的生产行为、经营行为、决策行为,基于帕累托最优实现资源的优化配置。然而,现实的市场经济实践表明,这种理想状态具有乌托邦性质,只存在于主观想象中。

由于市场主体具有有限理性特征和异质性特征,市场主体不可能实施完全理性行为。相反,市场主体常常基于个人利益的最大化,而实施限制理性行为和策略性行为。市场主体的有限理性必然产生两大后果:(1)市场提供信息、产品、机

---

〔1〕 参见李昌麒、应飞虎:《论经济法的独立性——基于对市场失灵最佳克服的视角》,载《山西大学学报(哲学社会科学版)》2001 年第 3 期。

〔2〕 参见张守文:《政府与市场关系的法律调整》,载《中国法学》2014 年第 5 期。

会越多，并不意味着市场主体会做出更好的选择，即施瓦茨提出的选择悖论；(2)即使在完全竞争中，市场主体之间的互动也无法达到具有帕累托最优的一般均衡，即囚徒困境。[1] 市场主体的异质性必然使纯粹市场经济衍生出两大后果：(1)每个市场主体都会尽可能地制造各种噪声来误导和诱导其他相关者，从而导致市场秩序的混乱；(2)每个市场主体都会尽可能利用自身优势或权力攫取更大收益，从而出现剥削和压榨现象。[2] 市场主体的限制理性行为及其策略性行为将产生市场失灵的结果，即市场机制由于一系列原因导致其无法有效配置资源的情形。这是对理想状态下市场功能和作用的偏离。市场主体过度强调个人利益，崇尚市场效率，从而忽视社会公共利益、漠视公平和正义价值，这必然导致市场出现限制竞争或不正当竞争等市场问题。[3] 市场失灵主要表现为公共物品问题、垄断问题、信息不对称、外部性问题、分配不公问题、周期性经济危机等。[4] 这些市场失灵问题的出现正是经济不自由的结果。

为了解决上述市场失灵问题，国家开始通过各种具有强制性的手段介入私人经济生活，由此出现"国家干预"的实践活动和理论主张。由于国家干预主要通过政府来实现，其也被称为政府干预。政府干预的必要性表现为：只有政府可以站在弱势群体一方干预经济强势主体的行为，包括限制这类强势主体的经济权力，因为经济权力并不仅仅存在于政府手中，现代社会中的经济权力存在于太多人手中。[5] 政府作为市场配置资源的补充形式，在市场机制无法发挥作用的领域进行资源配置，从而弥补市场机制的不足。经济法作为国家干预经济的法律形式，是政府干预经济的法律依据。

根据市场失灵的不同表现，经济法形成了不同的法律制度。例如，为了解决公共物品、公平分配、币值稳定、经济失衡等问题，经济法形成了财政调控法律制

[1] 参见朱富强：《真实市场的逻辑：市场主体的特性解析》，人民出版社2020年版，第2页。

[2] 参见朱富强：《真实市场的逻辑：市场主体的特性解析》，人民出版社2020年版，第110页。

[3] 参见张守文：《经济法原理》，北京大学出版社2020年版，第13页。

[4] 参见薛克鹏主编：《经济法学》，中国政法大学出版社2018年版，第24～25页。

[5] 参见王绍光：《波兰尼〈大转型〉与中国的大转型》，生活·读书·新知三联书店2012年版，第63页。

度、税收调控法律制度、金融调控法律制度、计划调控法律制度等。为了解决妨害竞争、外部效应、信息偏在等问题,经济法形成了垄断规制法律制度、竞争规制法律制度、消费规制法律制度等。[1] 基于市场失灵问题解决的经济法二元体系逐渐生成。市场失灵也成为经济法二元体系生成的第一性基础,即二元体系由克服市场失灵问题的法律规范所组成。市场失灵作为经济法二元体系生成的第一性基础,为经济法体系研究提供借鉴价值,即无论经济法体系表现为何种内容和结构,都需要从市场中寻求体系构造的正当性依据。市场失灵就是经济法二元体系在自我体系构造过程中,从市场中寻找到的正当性基础。当然,市场失灵是不是经济法体系构造在市场中的唯一正当性基础,则是需要探讨的另一个问题。

(二)政府失灵:二元体系生成的第二性基础

当出现市场失灵问题时,政府作为市场配置资源的补充形式开始发挥作用。此时,政府干预成为市场调节的替代模式。市场失灵为政府干预经济提供正当性基础,但政府干预并非一定由市场失灵引发。在经济学中,政府干预经济的正当性来自矫正市场失灵、追求公平、鼓励公益品和抑制公害品三个方面。[2]

在现代市场经济条件下,政府会通过发挥其经济职能的方式矫正市场失灵,具体包括以下内容:(1)完善市场运行的相关法律制度,禁止垄断,保持良好的市场秩序;(2)运用财政政策和货币政策等经济政策调整经济总量,实现宏观经济稳定;(3)提供公共物品,如国防、交通、教育等;(4)调节产业间的资源配置,促进经济协调;(5)通过税收、补贴等方式促进外部效应的内部化,平衡社会收益与社会成本、私人收益与私人成本的关系;(6)促进要素与资源的合理流动,实现不同

---

〔1〕 参见张守文:《经济法原理》,北京大学出版社2020年版。

〔2〕 矫正市场失灵,诸如外部性这类市场失灵为政府以改善经济效率为目的而对经济进行干预提供正当的理由;追求公平,即使当市场有效率时,它所产生的结果可能也不满足社会的公平标准,故政府可以通过对收入进行再分配而加以干预;鼓励公益品和抑制公害品,即政府会通过强制消费公益品(如教育)并禁止消费公害品(如毒品),将社会价值强加给人们。参见[美]约瑟夫·E. 斯蒂格利茨、[美]卡尔·E. 沃尔什:《经济学》,黄险峰、张帆译,中国人民大学出版社2013年版,第386页。

区域之间的平衡发展;(7)调节收入分配,健全社会保障体系。[1]

基于市场失灵而产生的政府干预同样存在失灵问题,即政府失灵问题。与市场失灵类似,政府失灵同样将产生资源无法有效配置的结果,其危害性可能比市场失灵更严重。公共选择学派认为"政府的缺陷至少与市场一样严重"[2]。作为新古典政治经济学的公共选择理论运用经济人假设分析政府失灵问题。基于经济人假设,公共选择学派把政治市场中的选民、政党和"公务员"(政治家、官员)看作具有自利理性、基于个人成本—收益计算的、追求效用最大化的"经济人"。[3] 因此,政府难以按照社会福利最大化原则行事。[4] 行为政治经济学则将行为经济学原理应用于对政治活动的研究中,采用有限理性、有限自利、偏好内生且易变等经济学假设解释政府失灵,认为由政府官员有限理性导致的认知偏差,会影响政府干预行为的实际效果,最终出现政府失灵问题。[5] 此外,寻租行为、利益集团、监督乏力等因素也影响着政府干预行为效应。

面对政府失灵问题,经济法通过法律形式确认和规范政府干预,从而实现政府失灵矫正。第一,经济法需要确认政府干预。政府具有的干预经济的职能需要通过法律形式得以发挥,而经济法正是政府干预市场的法律依据。经济法通过确认政府干预经济的形式生成宏观调控法和市场规制法。这是政府失灵作为经济法二元体系生成基础的表现形式之一,即经济法在克服政府失灵问题前,需要先确认政府具有干预市场的能力和形式。其背后的逻辑表现为政府失灵的前提是存在政府的干预行为。

第二,经济法需要规范政府干预。政府失灵问题随着由政府实施的市场规制行为和宏观调控行为等政府干预经济行为而出现。为了克服政府失灵问题,经济

---

〔1〕 参见黄新华:《从市场失灵到政府失灵——政府与市场关系的论辩与思考》,载《浙江工商大学学报》2014 年第 5 期。

〔2〕 [美]詹姆斯·M. 布坎南:《自由、市场和国家》,吴良健等译,北京经济学院出版社 1988 年版,第 281 页。

〔3〕 参见周志成:《最优边界:整体资源配置理论—政策—运行再演绎通论》(第 2 卷),复旦大学出版社 2019 年版,第 374 页。

〔4〕 参见林成:《从市场失灵到政府失灵:外部性理论及其政策的演进》,吉林大学出版社 2011 年版,第 104 页。

〔5〕 参见汤吉军、戚振宇:《行为政治经济学研究进展》,载《经济学动态》2017 年第 2 期。

法为政府实施的市场规制和宏观调控等行为设置了一系列实体性和程序性要件,并形成若干规范政府失灵的机制,其通过市场规制法和宏观调控法的规范形式表现。这是政府失灵作为经济法二元体系生成基础的表现形式之二,即经济法具有克服政府失灵的功能,需要规范政府干预行为,使政府依法调控和依法规制。因此,基于确认政府干预和规范政府干预两个角度,政府失灵为经济法二元体系的生成提供第二性基础条件。

三、国家干预:二元体系生成的行为核心

市场与政府的双重失灵只是为经济法二元体系生成提供可能性,但二者之间不具有必然性。相反,由宏观调控和市场规制组成的国家干预为经济法二元体系生成提供必然性,而非可能性。可能性与必然性是一对相互依存的模态逻辑范畴。模态是指示谓词和主词关系的表达,涉及必然性、不可能性和可能性等概念。[1] 借助可能性和必然性的概念可以厘清双重失灵逻辑和国家干预逻辑在经济法二元体系生成过程中的不同作用。市场失灵和政府失灵为经济法干预市场和经济法干预政府提供现实的可能条件,但经济法是否需要运用宏观调控法和市场规制法这两种法律形式克服和纠正市场失灵和政府失灵,不具有必然性。经济法完全可以在宏观调控法和市场规制法的二元体系之外,运用其他法律形式实现市场失灵和政府失灵的双重克服和防范。但国家干预与双重失灵不同,如果将国家干预的内涵界定为宏观调控和市场规制两种类型,而经济法又是确认和规范国家干预之法。那么,经济法确认和规范宏观调控的部分为宏观调控法,经济法确认和规范市场规制的部分为市场规制法。因此,国家干预为经济法二元体系生成提供必然性。可能性和必然性的关系明确双重失灵逻辑仅仅是二元体系生成的现实基础,市场失灵和政府失灵并不必然形成二元体系。而国家干预逻辑则是二元体系生成的行为核心,基于宏观调控和市场规制的国家二元干预逻辑,作为确

---

〔1〕 其中,必然性指示出"存在的永恒的实态"、不可能性指示出"不存在的永恒的实态"、可能性指示出"存在和不存在的永恒的非实态,即不必然性"。参见何博超:《阿维森纳论可能性与必然性》,载《世界哲学》2017 年第 4 期。

认和规范国家干预的经济法则必然形成二元体系。

(一)宏观调控:宏观调控法的生成核心

作为经济法二元体系组成部分的宏观调控法围绕"宏观调控"这一核心概念展开。[1] 宏观调控作为一个经济学概念,被法学研究者移植到法学领域,使之成为法学概念。同时,宏观调控也被写入中央会议文件以及宪法文件中。自党的十二届三中全会首次提出"重视宏观调节"以来,党的十三届三中全会第一次明确使用"宏观调控"概念。1993 年通过的宪法修正案将宏观调控载入宪法,赋予其宪法规范意义,使之成为法律概念。此后,党的第十四届三中全会、党的第十六届三中全会和党的第十八届三中全会的会议公报及其会议决定文件中,均提到要建立和完善宏观调控体系,并将宏观调控体系和现代市场体系、开放型经济体系完善作为深化经济体制改革的内容之一。2020 年 10 月,党的第十九届五中全会形成的会议公报提出"宏观经济治理"概念,这是宏观调控在当下的最新提法。[2]

宏观调控法是宏观调控法治化的直接体现。我国长期以来的宏观经济调控实践活动,形成了财政调控行为、税收调控行为、计划调控行为等多种类型的宏观调控行为。宏观调控法就是以宏观调控授权、宏观调控行为规制、防止宏观调控行为被滥用为宗旨的法律。[3] 这可归结为一句话:宏观调控法是规范政府宏观调控行为的法律,是政府行为规制法。宏观调控权是国家干预和调节市场的经济职能,是国家经济管辖权的具体化,是国家权力的组成内容。[4] 其中,宏观调控的决策权属于全国人民代表大会,宏观调控的执行权属于国务院及其职能部门,如财政部、国家发展和改革委员会、中国人民银行等。从这个角度看,宏观调控法

---

〔1〕 具体包括宏观调控类型、宏观调控主体、宏观调控对象、宏观调控权、宏观调控原则、宏观调控行为、宏观调控责任等法律内容。

〔2〕 《关于新时代加快完善社会主义市场经济体制的意见》中指出:"创新政府管理和服务方式,完善宏观经济治理体制。"《中国共产党第十九届中央委员会第五次全体会议公报》中指出:"要激发各类市场主体活力,完善宏观经济治理,建立现代财税金融体制,建设高标准市场体系,加快转变政府职能。"

〔3〕 参见徐澜波:《论宏观调控法的调整方法——从经济法的调整方法切入》,载《法学》2020 年第 7 期。

〔4〕 参见徐澜波:《宏观调控权的法律属性辨析》,载《法学》2013 年第 6 期。

也是中央政府宏观调控行为规制法。

根据宏观调控手段配置宏观调控权,是宏观调控法生成的主要形式。宏观调控手段包括财政手段、税收手段、计划手段、货币手段等。其中,与财政手段相关的宏观调控法主要表现为财政调控法,其规范的是作为宏观调控手段的财政调控行为;与税收手段相关的宏观调控法主要表现为税收调控法,其规范的是作为宏观调控手段的税收调控行为;与计划手段相关的宏观调控法主要表现为计划调控法,其规范的是作为宏观调控手段的计划调控行为;与货币手段相关的宏观调控法主要表现为金融调控法,其规范的是作为宏观调控手段的金融调控行为。由此,以中央政府实施的宏观调控手段为分类依据,宏观调控法可以分为财政调控法、税收调控法、金融调控法、计划调控法等具体法律规范。

(二)市场规制:市场规制法的生成核心

作为经济法二元体系组成部分的市场规制法围绕"市场规制"这一核心概念展开。市场规制也称市场监管,多数学者在同一层面上理解市场规制和市场监管的关系。[1] 但二者也存在细微差别,主要体现在规制和监管两个概念上。规制和监管的关系可以概括为:规制包含但不等同于监管。规制具有两层含义,第一层含义是包含禁止性和限制性内容的法律规范,第二层含义是监管机构依据前述法律规范实施监督管理活动,即监管。由于规制和监管具有包含关系,并且本书以法律规范为立足点,而非以监管执法为立足点,故本书使用"市场规制"及其"市场规制法"概念较为合理。

"规制"一词最先出现在经济学领域,由 regulation 翻译而来,是规制经济学的核心范畴。规制经济学是在 20 世纪 70 年代后发展起来的新兴西方经济学学

---

〔1〕 部分学者在学术论文中使用"市场监管法"概念,认为市场监管法是规范市场主体及其行为的法律,而规范的方式就是监督管理,即监管。参见陈婉玲:《法律监管抑或权力监管——经济法"市场监管法"定性分析》,载《现代法学》2014 年第 3 期;邢会强:《美国惩罚性赔偿制度对完善我国市场监管法的借鉴》,载《法学》2013 年第 10 期。此外,大部分学者均在其学术论文中使用"市场规制法"概念。参见彭彩虹:《论市场规制法问题研究》,载《前沿》2011 年第 4 期;曾艳军、王全兴:《协调 WTO 规则与市场规制法的法理分析及路径选择》,载《求索》2009 年第 1 期;查名祥:《市场规制法若干问题的思考》,载《特区经济》2007 年第 3 期。

科。日本学者金泽良雄将规制从经济学概念转化为法学概念，认为经济法中的规制是国家从国民经济整体的立场出发，限制经济生活，维持经济秩序的行为。[1]在经济学视野中，规制是政府根据法律规范的授权，针对各种经济主体（主要是企业）实施的限制性措施。[2]从规制类型看，其可以分为社会性规制和经济性规制两类。[3]经济法学通过借鉴和移植经济学理论，将规制引入经济法中，并形成作为法学概念的"市场规制"。所谓市场规制，就是国家运用公共权力依法对市场主体的相关市场行为所进行的积极引导、促进或消极制约、禁止等行为。[4]市场规制中的规制和宏观调控中的调控是相互依存的概念，统一于调制中。[5]

在市场经济环境中，各类损害竞争的行为是市场规制法的规制重点。[6]为了规制竞争损害行为，国家制定了反垄断法和反不正当竞争法，并以此限制或禁止垄断行为和不正当竞争行为。由此，以规制竞争行为为规制对象的竞争法形成，并成为市场规制法的主要内容。此外，市场中还存在损害消费者安全权、知情权等法定权益的行为。为了规制损害消费者权益的行为，国家制定了消费者权益保护法、食品安全法、产品质量法和标准化法等法律法规，并以此限制或禁止经营者的市场行为。由此，消费者保护法开始形成，并成为市场规制法的组成部分。

总之，基于国家干预逻辑，经济法二元体系的生成集中体现在国家干预经济的行为——调制行为中，并据此形成"调控—宏观调控—宏观调控法"和"规制—市场规制—市场规制法"两条体系生成路径。宏观调控和市场规制成为经济法二元体系的直接生成依据。当然，将国家干预逻辑作为二元体系的生成核心，并

---

〔1〕参见［日］金泽良雄：《经济法概论》，满达人译，中国法制出版社2005年版，第45～51页。

〔2〕参见王俊豪：《政府管制经济学导论：基本理论及其在政府管制实践中的应用》，商务印书馆2017年版，第10页。

〔3〕社会性规制主要集中于安全与健康、环境保护、消费者保护等领域，是对信息不对称和外部性两种市场失灵的矫正，主要规制形式是信息规制、经济工具、事前批准、标准；经济性规制主要适用于具有垄断倾向的产业，为"自然垄断"提供一种替代性竞争，主要规制形式是公有制、价格控制、公共特许分配。参见［英］安东尼·奥格斯：《规制：法律形式与经济学理论》，骆梅英译，中国人民大学出版社2008年版，第5～6页。

〔4〕参见于雷：《市场规制法律问题研究》，北京大学出版社2003年版，第6页。

〔5〕参见张守文：《略论经济法上的调制行为》，载《北京大学学报（哲学社会科学版）》2000年第5期。

〔6〕导致竞争损害的行为主要表现为垄断行为和不正当竞争行为两类，前者包括行政垄断行为和经济垄断行为，后者包括混淆行为、虚假宣传行为、商业诋毁行为等。

非否定市场在二元体系形成中的地位和作用。市场机制的有效性保障仍然是国家干预的逻辑基础。同时,政府机构的有为性保障也是国家干预的内在要求,这主要体现为政府干预和干预政府的统一。国家干预逻辑作为二元体系的生成核心,为经济法提供两种具体的调整手段:调控手段和规制手段。

第二章　经济法二元体系问题的三维剖析：内容、逻辑与方法

经济法二元体系代表了经济法学界关于经济法体系的普遍共识。经济法二元体系对中国经济法理论发展的重要意义自然不必赘述。但是，中国经济法理论不会因前期取得的成绩而止步不前，经济法二元体系虽然是学界共识的结晶，同时也不断被学者反思和质疑。这些反思和质疑主要围绕经济法理论和经济法体系两个层面展开，前者包括对国家干预理论、市场失灵理论、政府失灵理论和调整对象理论的反思〔1〕，后者包括对经济法体系划分标准问题、经济法体系内容问题和经济法体系结构问题的反思〔2〕。在经济法理论和经济法体系既有反思性研究的基础上，

---

〔1〕参见卢代富：《经济法中的国家干预解读》，载《现代法学》2019年第4期；秦国荣：《维权与控权：经济法的本质及功能定位——对"需要干预说"的理论评析》，载《中国法学》2006年第2期；单飞跃、徐开元：《从国家的经济干预到经济的宪法治理——经济法学理论基础的转换》，载《社会科学战线》2021年第5期；胡丽文：《论经济法学正当性建构的经济宪法基础——基于范式转换的视角》，载《甘肃政法学院学报》2020年第3期；许明月：《市场、政府与经济法——对经济法几个流行观点的质疑与反思》，载《中国法学》2004年第6期。

〔2〕参见薛克鹏：《经济法体系的重构——以"市场"为标准》，载《现代法学》2019年第1期；薛克鹏：《法典化背景下的经济法体系构造——兼论经济法的法典化》，载《北方法学》2016年第5期；李玉虎：《经济法体系"二元结构"界分与调适》，载岳彩申、盛学军主编：《经济法论坛》第20卷，法律出版社2018年版；杨尊源：《论经济法的体系化标准》，载《河北工业大学学报（社会科学版）》2021年第2期；王斐民：《总结过去、演进新知：经济法体系的"二元六部"构造》，载《河南师范大学学报（哲学社会科学版）》2012年第2期。

经济法二元体系问题可以从内容、逻辑和方法三个维度分成经济法二元体系生成内容问题、经济法二元体系生成逻辑问题和经济法二元体系生成方法问题。这些问题大致可以分为经济法规范和经济法理论两个层面,二元体系生成内容问题属于经济法规范层面存在的问题,而二元体系生成逻辑和二元体系生成方法问题属于经济法理论层面存在的问题。

经济法二元体系存在的上述三个问题是经济法理论问题和经济法体系问题的双重结合。具体而言,第一,经济法二元体系问题表现为内容层面的问题,包括市场规制法的内容问题、宏观调控法的内容问题以及市场规制法和宏观调控的关系问题。该问题主要以经济法二元体系所包含的现行经济法律规范为主要分析对象,如反垄断法、反不正当竞争法、消费者权益保护法、中国人民银行法、预算法、政府采购法等。第二,经济法二元体系问题表现为逻辑层面的问题,该问题是经济法二元体系生成逻辑的问题表现,包括二元市场划分的合理性问题、双重失灵理论的局限性问题和国家干预行为的外部性问题。二元体系生成逻辑存在的问题属于经济法理论层次的问题。第三,经济法二元体系问题表现为方法层面的问题,该问题是存在于经济法二元体系中的构造方法问题,主要表现为调整对象理论在经济法二元体系构造中的局限性以及经济法体系的手段导向型问题。

第一节 经济法二元体系生成内容问题

在经济法发展的初期阶段,经济法二元体系划分促使经济法理论研究走向成熟,为经济法体系、经济法理论体系和经济法学科体系的形成提供理论滋养。但是,这种体系划分也存在体系本身无法克服的问题。[1] 就经济法二元体系而言,市场规制法和宏观调控法模糊了市场主体行为和政府主体行为的关系,其以政府

〔1〕 这些问题包括市场规制法和宏观调控法内容交错、市场监管立法数量远高于宏观调控立法、宏观调控法内部结构混乱、政府对市场“一管就死、一放就乱”现象依然存在。参见李玉虎:《经济法体系“二元结构”界分与调适》,载岳彩申、盛学军主编:《经济法论坛》第20卷,法律出版社2018年版。

主体所实施的市场规制行为和宏观调控行为（调制行为）作为经济法规范对象，容易将经济法局限于政府主体行为中，从而引发“经济法是规制政府主体行为的法律规范，而非规制市场主体行为的法律规范”的误解。实质上，经济法既是政府主体行为规制法，也是市场主体行为规制法。经济法同时承担着规范市场主体经济行为和规范政府主体经济行为的双重任务。[1] 只有分别从这两个角度理解经济法，才能科学合理地建构经济法体系。现有二元体系在揭示经济法具有的双重规制任务方面具有明显不足。上述问题均可以被归入经济法二元体系内容问题范畴。从经济法体系生成内容维度分析，经济法二元体系的问题表现为市场规制法内部存在的双重内容问题、宏观调控法内部存在的双重内容问题、市场规制法和宏观调控法存在的关系矛盾问题。

一、市场规制法存在双重内容问题

我国自 20 世纪 90 年代确立社会主义市场经济体制以来，不断加强经济领域立法，制定并出台了一系列经济法律规范，重点解决市场存在的各类现实问题，规范市场经营秩序和市场竞争秩序，维护经营者权益、消费者权益以及社会公共利益。根据“市场失灵——政府规制——政府失灵——市场规制法”的逻辑，市场规制法内容具有二元特征，同时规范市场主体行为和政府主体行为。市场规制法作为调整市场规制关系、规范市场规制行为的法律，如何同时涵摄市场行为和政府行为，如何平衡市场规制法中的政府责任和市场责任关系，如何评价将政府规制市场的手段行为作为体系划分依据的合理性，如何确定市场规制法主要内容与次要内容，以及如何把握市场规制法中矛盾的主要方面和次要方面，这是市场规制法面临的双重内容问题。该问题可以进一步抽象为市场规制法的形式和内容、能指和所指之间是否统一。

（一）市场规制法双重内容问题的表现

市场规制法双重内容问题是有关市场规制法规制何种行为的问题，即市场规

---

〔1〕 参见薛克鹏：《经济法基本范畴研究》，北京大学出版社 2013 年版，第 86 页。

制法规制的是政府行为还是市场行为,抑或同时规制政府行为和市场行为,以及市场规制法能否有效涵摄双重内容。经济法学界普遍认为,市场规制法是调整市场规制关系和规范市场规制行为的法律。[1] 从市场规制法调整对象角度看,政府主体与市场主体之间的市场规制关系是市场规制法调整的关系对象。从市场规制法规范对象角度看,政府主体针对市场主体所实施的市场规制行为是市场规制法规范的行为对象。从行为角度看,市场规制法内涵可以形成三种不同的认识:第一,市场规制法规范政府行为;第二,市场规制法规范市场行为;第三,市场规制法同时规范政府行为与市场行为。如何评价关于市场规制法内涵的三种不同认识,直接关系着市场规制法体系的存在合理性。

政府行为是市场规制法的应然规范对象。这也是经济法作为政府规制市场经济法律依据的体现。市场规制法中的政府行为不同于政府经济行为和政府行政行为,而是政府作为监督管理部门所实施的监督管理行为。这种行为由主体要素、对象要素和手段要素组成。行为主体要素是政府及其所属监管部门或机构,包括市场监管部门、反垄断执法机构、金融监管部门和证券监管委员会等主体;行为对象要素是市场主体所实施的市场违法行为,包括垄断行为、不正当竞争行为等;行为手段要素是主体实施监督管理行为的方式,包括调查、处罚、责令召回、责令停产等。政府监管行为作为市场规制法的规范对象,意味着市场规制法应当是一部针对政府主体的授权法和限权法。在市场规制法中,政府实施监管行为的原因、方式及其法律责任应当成为市场规制法的主要规范内容。但在具体的经济法律规范中却存在大量关于经营者的市场行为规范及其经营者的法律责任。这似乎冲淡了市场规制法规范政府监管行为的内涵,并引申出市场规制法的第二个内涵认识,即市场行为是市场规制法的规范对象。

市场行为是市场规制法的实然规范对象。此种认识丰富了市场规制法的内涵,也是对现行有效的经济法律规范内容的提炼和总结。将市场主体之间的市场行为作为经济法的规范对象,突破了经济法是国家干预经济或政府规制市场经济的认识。市场行为同样存在主体要素、对象要素和手段要素。行为主体要素和对

---

〔1〕 参见《经济法学》编写组编:《经济法学》,高等教育出版社2018年版,第218页。

象主体均是市场主体，包括经营者、消费者、竞争者等主体，手段要素则是市场行为的方式，如竞争、经营、生产、消费、服务等。其中，政府同样可以作为市场主体实施市场行为，如政府实施竞争行为、生产行为、消费行为等。此时的政府不是作为监管主体身份出现的，而是作为市场主体身份出现的。因此，该政府行为不是前述的政府监管行为，而是市场行为。

通过上述分析，市场规制法不仅规范政府监管行为，同时也规范市场行为。简单将政府行为或市场行为单独作为市场规制法规范对象，均存在不合理性。因此，关于市场规制法内涵的第三种认识具有合理性，即同时规范政府监管行为和市场行为，其完整表达了市场规制法的内涵及其外延。然而，“市场规制法”这一经济法体系表达能否准确反映该体系的完备内容，仍然值得被质疑。这涉及索绪尔结构语言学中的能指和所指问题。语言作为一种符号，是由能指和所指构成的，能指是语言符号的形象，所指是语言符号的意义。[1] 换句话说，语言符号的能指是该符号的应然表达，而所指是语言符号的实然表达。当应然表达和实然表达相一致时，语言形式和语言内容达成统一；当二者不一致时，形式和内容就处于割裂状态。市场规制法作为一种语言符号表达，其应然表达是“政府实施市场规制行为的法律规范”，主要指向政府行为规范。市场规制法的实然表达是“反垄断法、反不正当竞争法和消费者权益保护法”等法律规范，主要指向市场行为规范与政府行为规范。市场规制法如何实现应然表达和实然表达、形式和内容的统一是二元体系需要解决的问题。当然，在市场规制法中，政府实施的市场规制行为需要以市场行为为基础，这似乎实现了市场行为规制和政府行为规制的统一。但此种将规制市场行为和规制政府行为相混淆的方式，不仅需要协调政府与市场关系，而且容易出现重市场侧规制、轻政府侧规制的结果，其直接表现为在市场规制法体系中，市场主体需要承担的法律责任明显重于政府主体需要承担的法律责任。这有悖于市场规制法具有的规制政府行为的目标。

---

〔1〕 参见［瑞士］费迪南·德·索绪尔：《普通语言学教程》，裴文译，江苏教育出版社2002年版，第75页。能指是符号施指（signifant），指认音响形象（image acoustique），所指是符号受指（signifie），指认概念（concept）。如“树”和“tree”都是符号施指，即能指，是树的符号形式，而通过这种符号所表达的概念或意义是现实的树木，这是符号受指，即所指。

(二)市场规制法双重内容问题的法律文本解读

市场规制法是由若干不同类型的法律规范组成的,主要分为普通市场规制法和特殊市场规制法。[1] 在普通市场规制法中,反垄断法、反不正当竞争法和消费者权益保护法是市场规制法中最为重要和基本的规范内容。因此,这三部法律规范成为分析市场规制法双重内容问题的切入点。从法律规范结构和法律规范内容看,反垄断法和反不正当竞争法具有相似性,均包括竞争行为、竞争行为调查、法律责任,其差别在于竞争行为具体表现,前者包括垄断协议、滥用市场支配地位、经营者集中、滥用行政权力排除限制竞争,后者包括7种不正当竞争行为。消费者权益保护法主要内容包括消费者权利、经营者义务、消费者保护以及法律责任等内容。这三部法律规范作为市场规制法的组成部分,无论在法律规范目标还是法律规范内容方面,均不是以规范政府行为为主要目标和内容,而是以规范市场行为为主要目标和内容。

从法律规范目标角度看,这三部法律规范主要规范市场主体行为,而非政府行为。反垄断法指向垄断行为,即预防和制止垄断是反垄断法的立法目标之一;反不正当竞争法指向不正当竞争行为,即制止不正当竞争是该法的立法目标之一;消费者权益保护法同时指向经营者行为和消费者行为,前者包括商品生产行为、商品销售行为和服务提供行为,后者包括商品购买行为、商品使用行为和服务接受行为。当然,这三部法律规范也有条文涉及政府行为,但这些政府行为只是针对市场行为的监督管理,并不能成为这些法律规范的立法目标和宗旨,而是实现立法目标和宗旨的手段。其中,反垄断法有涉及政府滥用行政权力排除限制竞争的行为,即行政垄断行为。这里似乎可以印证,反垄断法不仅指向市场行为,也指向政府行为。也就是规制政府行为能够成为反垄断法的立法目标和宗旨。但此处的政府行为与市场行为具有同质性,即均属于垄断行为,而非政府所实施的市场规制行为。因此,行政垄断和监督管理虽然都表现为政府行为,但二者存在本质的差别,前者是政府主体实施的经济行为,后者是政府主体实施的监管行为。

---

〔1〕 参见张守文:《经济法原理》,北京大学出版社2020年版,第52页。

从法律规范内容角度看，这三部法律规范存在诸多权利、义务、权力和责任条款，包括市场主体权利、义务和责任，以及政府主体权力、义务和责任。在反垄断法、反不正当竞争法和消费者权益保护法中，市场主体权利、义务和责任条款是法律规范的主要内容，占比分别为56.9%、75.7%、76.2%；政府主体权力、义务和责任条款占比分别为43%、27.3%、14.3%。在《反垄断法》中，有30个条款涉及市场主体的权利、义务和责任，有35个条款涉及政府主体的职责和责任。其中，在政府主体职责条款中，第39条到第45条是关于行政垄断的内容，属于政府主体实施的垄断行为，与市场主体实施的垄断行为具有相似性。因此，这7个条款不同于政府主体的市场规制行为，而应归属于市场主体类。由此，《反垄断法》有37个条款涉及市场主体权利、义务和责任，占比达56.9%；有28个条款涉及政府主体权力、义务和责任，占比为43%。其中，市场主体的法律责任条款有11个，政府主体的法律责任条款只有2个，且第67条为两个主体共用的责任条款。在《反不正当竞争法》中，有25个条款涉及市场主体权利、义务和责任，占比为75.7%；有9个条款涉及政府主体权力、义务和责任，占比为27.3%。其中，政府主体的法律责任条款2个，市场主体的法律责任条款13个。在《消费者权益保护法》中，有48个条款涉及市场主体的权利、义务和责任，占比为76.2%；有9个条款涉及政府主体权力、义务和责任，占比为14.3%。其中，政府主体的法律责任条款1个，市场主体的法律责任条款13个。（见表2-1）

表2-1　三类市场规制法条款

名称	市场主体			政府主体	
	权利	义务	责任	职责（权力和义务）	责任
反垄断法（条款）	第6、27、51、65条	第7、8、9、14、17、18、19、20、21、22、25、26、28、29、50条	第56、57、58、59、60、61、62、63、64、67、68条	第4、5、8、10、11、12、13、23、24、30、31、32、33、34、35、36、37、38、39、40、41、42、43、44、45、46、47、48、49、52、53、54、55条	第66、67条

续表

名称	市场主体			政府主体	
	权利	义务	责任	职责(权力和义务)	责任
总计(个)	4	15	11	33	2
反不正当竞争法(条款)	第16、29条	第1、5、6、7、8、9、10、11、12、32条	第17、18、19、20、21、22、23、24、25、26、27、28、31条	第3、4、5、13、14、15、16条	第30、31条
总计(个)	2	10	13	7	2
消费者权益保护法(条款)	第1、7、8、9、10、11、12、13、14、15、39、40、41、42、43、44、47条	第3、4、16、17、18、19、20、21、22、23、24、25、26、27、28、29、37、38条	第45、48、49、50、51、52、53、54、55、56、57、58、59、60条	第5、6、31、32、33、34、35、46条	第61条
总计(个)	17	18	14	8	1

二、宏观调控法存在双重内容问题

宏观调控法在内容上仍然存在应然表达和实然表达不统一的问题。应然表达是规范政府宏观调控行为的法,主要规制政府行为。但在实际内容中,宏观调控法既规制政府行为,同时也规制市场行为。其中,金融法最为典型,该法既规制金融机构行为,同时也规制中央银行行为。这种应然与实然、形式与内容存在的二元性,导致宏观调控法内部体系不协调。这种不协调主要体现在金融法和财税法方面。金融法和财税法并非完全属于宏观调控法,它们处于交叉关系中。受宏观调控法双重内容问题的影响,金融法和财税法都存在法律责任配置不均衡和立法标准不统一问题。前者表现为重调控受体责任、轻调控主体责任,后者表现为混淆金融功能与金融法功能、财税功能与财税法功能。其突出表现为,将金融和财税具有的宏观调控功能当作金融法和财税法的功能,这导致金融法和财税法成为国家对宏观市场进行调控的法律工具,直接违背金融法和财税法具有的规范金融调控行为和财税调控行为的价值目标。

（一）宏观调控法双重内容问题的表现

如何正确认识和理解宏观调控法，是分析宏观调控法内容问题的基础。宏观调控作为宏观调控法的行为核心，是该法的重点规制对象。从结构角度看，宏观调控法所规范的宏观调控行为具有主体、对象、手段三要素。宏观调控法主体具有二元结构特征，表现为调控主体与调控受体。〔1〕具体到宏观调控行为中，行为主体包括全国人民代表大会及其常务委员会、国务院、中国人民银行、国家发展和改革委员会、财政部等国家主体，其中主要以政府为主；行为对象包括经营者和消费者在内的市场主体；行为手段包括财政、金融和价格等。〔2〕

由于宏观调控是政府行为的表现形式，以宏观调控为核心的宏观调控法理应成为政府行为规制法，这也是宏观调控法的应有之义。但从构成宏观调控法的具体法律规范看，财政法、税法、金融法等法律规范既包括政府行为规范，也包括市场行为规范。例如，税法既有市场主体的纳税行为规范，也包括政府主体的征税行为规范，其责任部分也同时包含市场主体责任和政府主体责任。金融法同样存在市场行为规范和政府行为规范，并且还存在与调控行为并列的监管行为规范内容。因此，与市场规制法相同，宏观调控法也存在应然表达和实然表达双重内容问题。宏观调控法的应然表达是调整宏观调控关系、规范宏观调控行为，指向政府行为规范；其实然表达是财政法、税法、金融法等法律规范，指向政府行为规范和市场行为规范。

当然，宏观调控法同时包括市场行为规范和政府行为规范内容，也可以被解释为宏观调控法是政府对市场进行宏观调控的法律形式，即宏观调控是政府调控市场的法。此种对宏观调控法的理解源于经济法是确认和规范国家干预经济的法，而宏观调控又是国家干预经济的形式之一，故宏观调控法成为政府调控市场的法律形式。这种理解混淆了宏观调控和宏观调控法的关系，将宏观调控当作宏观调控法。因此，宏观调控法作为一个独立的概念，具有自身特有的内涵，并非完

〔1〕 参见张守文：《经济法理论的重构》，人民出版社2004年版，第349页。

〔2〕 参见席月民：《宏观调控新常态中的法治考量》，载《上海财经大学学报》2017年第2期。

全等同于财政法、税法、金融法等经济法律规范。二者之间的关系表现为：宏观调控法的具体内容存在于财政法、税法、金融法。后者除了存在宏观调控法的内容，还存在市场规制法的内容，以及市场主体行为规范内容。因此，宏观调控法内涵小于财政法、税法和金融法内容，这导致前者无法有效涵摄后者。为了实现宏观调控法和财政法、税法、金融法等法律规范的统一，后者可以被解释为财政调控法、税收调控法和金融调控法。[1] 这种处理方法会限缩财政法、税法和金融法的内涵，容易导致财政法、税法和金融法内部的割裂。

宏观调控法的应然表达和实然表达，形式和内容之间存在的二元性，导致宏观调控法体系内部存在不协调。作为宏观调控法组成部分的金融法和财税法均存在与宏观调控法不统一的问题。例如，金融法存在市场规制和宏观调控的双重内容，财税法存在多种功能，包括规范政府收支行为、理顺财税体制、平衡税负结构等。现代社会大量存在的政府经济行为应当受到法律约束，故而宏观调控法不是政府调控市场的法律依据，而是约束政府经济行为的法律依据。[2]

（二）金融法与宏观调控法的关系问题

金融法是调整金融关系和金融管理关系的法律规范，前者涉及金融经营者与金融消费者之间的资金融通关系，后者涉及政府等金融管理机构对金融活动的金融监管关系和金融调控关系。[3] 从法律规范价值看，金融法建立在整体经济的基础上，并关注整体性金融风险的预防，维护整体金融利益。[4] 从法律规范内容看，金融法具有公法与私法双重属性，其内容主要分为金融行为法和金融管理法两类，金融行为法包括金融机构组织行为法和金融交易行为法，后者包括金融监管法和金融调控法。[5] 前者指向市场行为，后者指向政府行为。将金融法作为宏观调控法的组成内容具有部分合理性，其关注到金融法具有的规范金融调控行

[1] 参见《经济法学》编写组编：《经济法学》，高等教育出版社2018年版，第116页。
[2] 参见姚海放：《论宏观调控与政府经济行为的契合》，载《法学家》2008年第3期。
[3] 参见徐孟洲、谭立：《金融法》，高等教育出版社2019年版，第7～8页。
[4] 参见刘少军：《金融法学》，中国政法大学出版社2016年版，第9页。
[5] 参见岳彩申、盛学军主编：《金融法学》，中国人民大学出版社2020年版，第23页。

为的功能。但规范金融调控行为只是金融法的众多功能之一，金融法还存在规范金融监管行为和规范市场金融行为的功能。从结构主义角度看，金融法具有明显的二元结构特征，包括金融监管和金融调控两部分内容。[1] 因此，金融法与宏观调控法处于交叉关系，其交叉部分表现为金融调控法。

金融调控法是调整国家对金融活动进行调控过程中所产生的社会关系的法律规范的总称。[2] 金融调控法包括中央银行法、货币管理与反洗钱法、外汇管理法等。[3] 其中，《中国人民银行法》是金融调控法的典型代表。该法确立了中央银行的金融调控主体地位及其职责，明确金融调控目标是保持货币币值稳定和促进经济发展，金融调控手段是货币政策工具。金融调控法作为调整金融调控关系，规范金融调控行为的法，其规制对象应当是作为金融调控机构的中国人民银行及其实施的金融调控行为。这决定了金融调控法应当明确中央银行的金融调控行为内容，以及需要承担的法律责任。以 2003 年修正的《中国人民银行法》为例，其法律责任部分共有 10 个条款，调控主体的法律责任有 4 个条款，调控受体的法律责任有 6 个条款。此外，调控主体的法律责任主要集中于中国人民银行的工作人员、负有直接责任的主管人员和其他直接责任人员，责任形式以行政处分为主，行政处分具体内容以及如何适用并未涉及。在 2020 年公布的《中国人民银行法（修订草案征求意见稿）》中，关于调控主体的法律责任部分未作修改，仅在工作人员泄露国家秘密和商业秘密基础上，增加了泄露个人隐私的法律责任规定。[4] 调控受体的法律责任不仅比调控主体法律责任内容多，而且规定的较为详细，明显展现出调控主体和调控受体法律责任不匹配、调控主体法律责任不明确等问题。这表明，金融宏观调控立法存在双重标准。以《商业银行法》和《中国人民银行法》为例，《商业银行法》是规范商业银行行为的法，为商业银行设置了

[1] 参见邢会强：《金融法的二元结构》，载《法商研究》2011 年第 3 期。

[2] 参见张学森编著：《金融法学》，复旦大学出版社 2020 年版，第 51 页。

[3] 参见吴宏主编：《宏观调控法学——市场与宏观调控法治化》，北京大学出版社 2018 年版，第 150～151 页。

[4] 《中国人民银行法（修订草案征求意见稿）》第 70 条规定："中国人民银行的工作人员泄露国家秘密或者所知悉的商业秘密、个人隐私，构成犯罪的，依法追究刑事责任；尚不构成犯罪的，依法给予处分。"

诸多法律责任;而《中国人民银行法》作为规范中央银行行为的法,却为金融机构、其他单位和个人设置了诸多法律责任。

法律责任内容不均衡问题以及宏观调控立法标准不统一问题表明立法主体的角色定位不准确。立法主体将金融调控法视为调控主体实施调控行为的工具,便是经济法手段导向型体系构造的弊端体现,即将政府干预经济的手段(宏观调控和市场规制)作为体系构造依据。这在金融调控法领域表现为实然与应然相背离,如《中国人民银行法》本应以规范央行调控行为以及配置严格的调控责任为主要内容,但其具体内容明显存在重调控受体责任、轻调控主体责任问题。这有违金融调控法规范金融调控行为、强化金融调控责任的应有之义。

(三)财税法与宏观调控法的关系问题

财税法是调整财税关系和规范财税行为的法律规范,其主要包含财政收入法、财政支出法和财政监管法。[1] 作为宏观调控法的财税法主要以财税调控法形式出现。这意味着财税法与宏观调控法存在交叉关系,交叉部分表现为财税调控法。因此,财税法并不完全等同于宏观调控法。从理论构造上看,宏观调控是财税法的非常态功能和次要功能。[2] 财税法最主要的功能是组织公共财产和分配公共财产,包括保证政府收入合法、保证政府支出合理以及管理财政资金。[3] 从宏观调控角度理解财税法难以洞察财税法全貌。其以经济学为基点,运用财税的经济功能解释财税法,从而导致财税功能和财税法功能的混淆。

经济法对财税功能和财税法功能的混淆,使财税法成为宏观调控法的组成部分,并强调财税法具有的宏观调控作用。其实,发挥宏观调控作用的并非财税法,而是财税法中的财政和税收。国家通过政府预算、政府举债、政府采购、转移支付以及税收方式,影响经济总收入和经济总支出,实现对国民经济的宏观调节。财税法作为宏观调控法,无法实现宏观经济调控,只能规范财税调控行为。如果将

---

〔1〕 参见刘剑文等:《财税法总论》,北京大学出版社2016年版,第12页。

〔2〕 参见刘剑文:《财税法功能的定位及其当代变迁》,载《中国法学》2015年第4期。

〔3〕 参见刘剑文:《理财治国观——财税法的历史担当》,法律出版社2016年版,第24页。

财税具有的宏观调控功能误认为是财税法具有的,将导致对财税法的误读,进而将财税法认为是国家对市场进行宏观调控的法律工具,其法律规范内容也将以如何规范市场行为、如何授予调控主体权力和负担市场主体法律责任为主。例如,1994年的《预算法》强调预算法具有宏观调控功能,并且只设置三条调控主体的法律责任。2014年修正的《预算法》开始转变立法思路,强调预算法具有规范政府收支行为功能,并充实法律责任条款,增加预算违法行为类型和范围,细化法律责任承担形式。然而,2014年修正的《预算法》在法律责任部分仍然存在一些问题。第一,责任形式局限于行政责任,并且追责主体和责任主体均为政府,违反自然公正原则;第二,承担责任的主体局限于负有直接责任的主管人员和其他直接责任人员,真正行使决定权的领导人员不在追责范围内。[1] 作为规范政府收支行为的预算法,如果将预算法律责任流于形式,无法落到实处,则必然降低预算法在规范预算行为方面的实际效果。

因此,财税法不完全属于宏观调控法,强行将财税法纳入宏观调控法体系内,必然导致财税法自身的分崩离析。此外,能够被宏观调控法涵摄的财税调控法部分也存在混淆财税功能和财税法功能的问题。这一问题的根源在于宏观调控法本身也存在混淆问题,即混淆了宏观调控与宏观调控法,包括将宏观调控目标等同于宏观调控法目标,以及将规范政府调控行为的宏观调控法视为调控市场的法。这种混淆将导致相关经济立法目标和立法思路南辕北辙。过去的预算法内容就建立在混淆的基础上。随着财税法的功能从"绝对服务于财政转向对财政权力的控制"[2],2014年《预算法》开始纠正原有的混淆问题。但是,该法在法律责任设置部分仍然有错误思想的残留印记,使预算法律责任流于形式,难以实现预算的实质法治化。

三、市场规制法与宏观调控法的关系

市场规制法与宏观调控法的关系在经济法体系形式和经济法体系内容两个

---

〔1〕 参见刘剑文:《财税法——原理、案例与材料》,北京大学出版社2020年版,第87页。

〔2〕 陈少英:《财税法的法律属性——以财税法调控功能的演进为视角》,载《法学》2016年第7期。

方面呈现不同的特征。在经济法体系形式维度，市场规制法和宏观调控法处于并列关系中；在经济法体系内容维度，市场规制法和宏观调控法处于交叉关系中。因此，市场规制法与宏观调控法存在的关系问题表现为并列关系和交叉关系的矛盾。这种关系矛盾问题源于市场规制法和宏观调控法规范对象存在的性质差别。市场规制法规范对象是市场规制行为，宏观调控法规范对象是宏观调控行为。市场规制行为和宏观调控行为均属于政府行为。市场规制行为是政府监管行为，表现为通过禁止或限制形式监督管理市场的行为，宏观调控行为是政府经济行为，表现为通过财政、税收和金融形式实施政府生产行为、政府分配行为、政府交换行为、政府消费行为以及政府服务行为。

（一）市场规制法与宏观调控法关系矛盾问题的表现

经济法中的市场规制法和宏观调控法与经济学中的微观经济学和宏观经济学存在关联。市场规制和宏观调控分别对应微观经济和宏观经济、微观市场和宏观市场。这是将经济学领域微观与宏观的关系运用到市场规制和宏观调控中，并进一步运用到市场规制法和宏观调控法中。由此，市场规制法和宏观调控法存在并列关系。这也是经济法二元论关于经济法二元体系的关系判断。但是，从市场规制法和宏观调控法具体内容看，二者并非绝对处于并列关系中，还处于交叉关系中。因此，市场规制法和宏观调控法至少存在两种关系判断，第一种是并列关系，第二种是交叉关系。并列关系和交叉关系本身是相互矛盾的，这也是市场规制法和宏观调控法在关系问题上的体现。这个问题可以被概括为：市场规制法和宏观调控法在形式上是并列关系，在内容上是交叉关系。

一方面，从经济法体系形式看，市场规制法和宏观调控法是并列关系。这种并列关系源于国家干预经济的行为模式，即市场规制行为和宏观调控行为。由此，经济法作为确认和规范政府干预经济的法律形式，以干预行为类型为依据，形成市场规制法和宏观调控法的并列结构。此时，作为并列关系的市场规制行为和宏观调控行为应当表述为“微观市场规制行为”和“宏观市场规制行为”，或者“微观市场监管行为”和“宏观市场监管行为”。此种分类方式从客观上造成调制主体与调制受体关系混乱，将政府作为干预主体，将市场作为干预的受体，容易忽略政府本身应当是被干预的对象,导致政府责任缺位。

另一方面,从经济法体系内容看,市场规制法和宏观调控法是交叉关系。这种交叉关系在金融法领域和财税法领域表现最为典型。此外,如果跳出"宏观调控"看"宏观调控法",政府进行宏观调控的行为常常表现为生产、分配、交换、消费和服务等经济行为。例如,政府提供公共产品的行为可以被视为生产经济行为,政府采购行为可以被视为消费经济行为,政府预算和税收行为可以被视为分配经济行为等。这些政府主体所实施的经济行为,与市场主体实施的经济行为具有同质性,同样应当接受监督管理。因此,从宏观市场规制和微观市场规制角度看,市场主体实施的经济行为是微观市场规制的对象,政府主体实施的宏观调控行为应当成为宏观市场规制的对象。

(二)市场规制法与宏观调控关系矛盾问题的成因

市场规制法和宏观调控法在关系问题上的矛盾性,与市场规制法和宏观调控法调整对象与规范对象的性质有关。主流经济法学理论从国家干预经济的角度建构经济法体系,认为国家干预经济的主要方式包括市场规制方式和宏观调控方式,并由此形成市场规制行为和宏观调控行为。从政府干预市场的角度看,市场规制行为和宏观调控行为都是政府干预经济的行为形式,具有同质性。然而,通过深入分析市场规制行为和宏观调控行为的本质特征,这两种行为性质并不相同。市场规制行为的性质是监管行为,而宏观调控行为的性质是经济行为。此外,经济行为是监管行为所监管的对象。因此,市场规制法和宏观调控法在关系问题上相互矛盾和冲突,源于二者所规范的行为性质存在差异。建立在两种不同性质行为基础上的市场规制法和宏观调控法,必然无法达成体系的协调统一。

1. 市场规制行为性质:监管行为

市场规制行为是规制主体依据法律规范针对市场行为所开展的监督管理活

动，主要表现为政府监管行为。[1] 这种行为是“政府—市场”二元结构在经济法领域的体现，即政府站在市场之外监督管理市场。经济法语境下的市场规制具有二阶性（法律规则＋监督管理）。第一，作为法律规则的市场规制是立法主体通过制定强制性或禁止性法律规范的方式，规定市场主体的准入条件、产品或服务标准等内容，从而禁止或限制市场主体的行为；第二，作为监督管理的市场规制是行政主体通过许可、定价、检查监督和处罚等手段实现对市场的监管。[2] 这种对市场规制的广义理解涵盖立法与行政双重内容。市场规制具有的二阶属性最终可以被市场监管概念所吸收，立法是监管的前设条件，也是监管的应有之义。市场规制的最后形态表现为市场监管。监管行为成为市场规制的行为性质，主要表现为禁止或者限制，同时通过处罚手段保障对市场行为的禁止或限制效果。

以《反垄断法》的“禁止”表述为例，其包含的规范表达有 13 处，内容涵盖垄断协议、滥用市场支配地位和经营者集中。当然，反垄断法虽然禁止经营者实施上述三种行为，但并未完全禁止，而是存在例外条款。因此，反垄断法中的“禁止”并非完全否定经营者行为，而是部分否定经营者行为，具有“限制”的规范含义。例如，在第三章部分，《反垄断法》列举了 7 种滥用市场支配地位的行为类型。[3] 其

---

〔1〕 此处需要说明的是，“市场规制”与“政府规制”存在语言学上的细微区别。从构词法和语义学角度看，“市场规制”和“政府规制”两个名词具有不同的生成逻辑。在经济法学理论中，市场规制的含义是政府规制市场，其等同于政府规制。但从构词法角度看，市场规制的本来含义应当是市场作为主体去规制其他对象，正如政府规制是政府作为主体去规制一样。因此，市场规制应当表述为规制市场。虽然市场规制含义基本等同于政府规制，但二者分别使用了不同的逻辑组合词语，“市场规制”采用的是倒装结构，“政府规制”采用的是主谓结构。由于市场规制长期被运用于学术表达和实践中，强行矫正其用法将面临观念和认识层面的困难。但作为相同或相似含义的市场规制和政府规制在语言表达上存在差别，这一点应当被认识到。政府规制和市场规制并非相同概念，这一点已经被部分学者所提出。有学者比较分析了政府监管和市场监管的差别，这表明政府监管≠市场监管。参见周燕：《政府监管与市场监管孰优孰劣》，载《学术研究》2016 年第 3 期。

〔2〕 参见薛克鹏：《经济法基本范畴研究》，北京大学出版社 2013 年版，第 135 页。

〔3〕 《反垄断法》第 22 条规定：“禁止具有市场支配地位的经营者从事下列滥用市场支配地位的行为：（一）以不公平的高价销售商品或者以不公平的低价购买商品；（二）没有正当理由，以低于成本的价格销售商品；（三）没有正当理由，拒绝与交易相对人进行交易；（四）没有正当理由，限定交易相对人只能与其进行交易或者只能与其指定的经营者进行交易；（五）没有正当理由搭售商品，或者在交易时附加其他不合理的交易条件；（六）没有正当理由，对条件相同的交易相对人在交易价格等交易条件上实行差别待遇；（七）国务院反垄断执法机构认定的其他滥用市场支配地位的行为。”

中,完全否定的是第一种行为,其余行为类型均设有“没有正当理由”的限制,属于部分否定经营者行为。在达成垄断协议和经营者集中两类垄断行为中,《反垄断法》同样没有完全禁止这两类垄断行为,而是规定了例外情形。[1] 通过分析《反垄断法》载明的条文,其对垄断行为给予完全否定性评价的情形包括低买高卖、组织垄断和行政垄断。[2] 除了这三类情形,其他垄断行为均是被《反垄断法》所限制的行为,即部分否定。此外,为了实现对垄断行为的禁止效果或者限制效果,《反垄断法》规定了违法行为主体的法律责任,并赋予监管机构处罚权限,处罚违法行为主体,其处罚方式包括责令停止违法行为等,而违法行为主体的民事责任和刑事责任则依据其他法律规范确定。

2. 宏观调控行为性质:经济行为

与市场规制行为相对应,宏观调控行为被认为是调控主体运用调控工具面向市场所开展的调节控制活动,行为方式主要包括财政、税收、金融等。此种定义沿用市场规制定义逻辑,将宏观调控放在“政府—市场”二元结构中,并将调控行为与规制行为并列作为政府干预经济的行为模式。这种定义方法忽略了调控行为与规制行为存在的差异性,这也是产生经济法二元体系内容问题的根源。调控行为与规制行为具有不同的理论逻辑,简单套用市场规制的定义逻辑将混淆规制行为和调控行为的本质差异。调控行为不能套用“政府—市场”二元结构,政府也并未站在市场之外监督管理市场,而是在市场之内通过经济行为主动参与市场活动的。因此,宏观调控行为是一种需要被规制的政府经济行为,而不是与规制行为并列的行为类型。

学术界关于宏观调控行为的法律性质界定主要集中于国家行为、民事行为和行政行为三大类。从宏观决策角度看,宏观调控行为具有国家行为性质,是国家

---

[1] 在《反垄断法》第二章垄断协议部分,《反垄断法》通过第17条、第18条和第19条禁止具有竞争关系的经营者之间、经营者与交易相对人之间达成垄断协议、组织达成垄断协议或提供实质性帮助,并在第20条中规定了例外情形;在第四章经营者集中部分,反垄断法只禁止具有排除、限制竞争效果,以及损害社会公共利益的经营者集中。

[2] 低买高卖表现为经营者滥用市场支配地位,以不公平高价销售商品或不公平低价购买商品的行为;组织垄断表现为行业协会组织本行业经营者实施达成垄断协议的行为;行政垄断表现为行政机关以及法律法规授权的管理公共事务的组织滥用行政权力,排除和限制竞争的行为。

机关行使宏观调控权的行为,包括计划决策、财政决策和金融决策;[1]从宏观立法角度看,宏观调控行为具有抽象行政行为性质,是中央政府及其部门的宏观调控立法行为;从宏观执行角度看,宏观调控行为具有具体行政行为性质或者民事行为性质。[2] 决策行为和执行行为是在区分宏观调控行为的阶段,而非宏观调控行为的性质。宏观调控行为是决策行为和执行行为的综合体。[3] 把宏观调控行为界定为行政行为和民事行为,是站在传统公法与私法二元立场上得出的,无法体现宏观调控行为具有的现代性特征。从经济法角度看,宏观调控行为是一种具有公共利益属性的经济行为,行政行为只是这种行为的外在表现形式,而民事行为则是一种具有私益属性的行为。

宏观调控行为在财税领域和金融领域都具有经济法意义上的经济行为性质,即政府经济行为。政府经济行为是政府以类似于市场主体的身份进行投资、提供产品或服务以及参与市场交易和消费等活动。[4] 在财税领域,宏观调控行为表现为财税调控行为,包括政府预算行为、政府举债行为、政府采购行为、转移支付行为、税收行为等。其中,预算行为和税收行为就属于政府分配行为,政府采购行为属于政府消费行为和交换行为,政府提供公共产品属于政府生产行为。在金融领域,宏观调控行为表现为金融调控行为,主要以货币政策工具运用行为为主,包括货币供应、利率、汇率、存款准备金、再贴现、再贷款、公开市场业务等。其中,货币供应(货币发行行为)属于政府生产行为,确定利率、汇率、存款准备率和再贴现率是一种类似定价行为,公开市场业务是一种有价证券买卖行为。

第二节　经济法二元体系生成逻辑问题

二元市场逻辑、双重失灵逻辑和国家干预逻辑作为经济法二元体系生成逻

---

〔1〕 参见邢会强:《宏观调控行为的不可诉性探析》,载《法商研究》2002 年第 5 期。

〔2〕 参见屠世超:《论宏观调控行为的法律性质》,载《中州学刊》2009 年第 1 期。

〔3〕 参见胡光志:《论宏观调控行为的可诉性》,载《现代法学》2008 年第 2 期。

〔4〕 参见薛克鹏:《经济法基本范畴研究》,北京大学出版社 2013 年版,第 86 页。

辑，分别为二元体系生成提供市场领域、现实基础和行为核心。分析经济法二元体系存在的问题离不开二元体系的三个生成逻辑问题分析。二元体系和生成逻辑是现象和本质、形式和实质的关系。如果本质和实质存在问题，则在此基础上的现象和形式也随之会出现问题。从经济法二元体系的三个生成逻辑看，它们分别存在合理性问题、局限性问题和外部性问题。第一，二元市场划分的合理性问题，即从宏观和微观角度区分市场是否合理，包括二元市场划分标准问题、二元市场问题和经济法体系问题；第二，双重失灵理论的局限性问题，即双重失灵理论能否有效解释中国经济法，包括双重失灵理论的经济法解释力局限问题、市场失灵作为经济法起点的局限性问题和政府失灵经由经济法克服的局限性问题；第三，国家干预行为的外部性问题，包括凸显国家主义风险、形成公共利益悖论和引发经济行政法误读。经济法二元体系生成逻辑存在的上述问题是经济法二元体系问题的深层次表现，并触及经济法二元体系背后的理论问题。

一、二元市场划分的合理性问题

经济法二元体系建立在微观与宏观二元市场基础上，微观市场为市场规制法提供市场基础，宏观市场为宏观调控法提供市场基础。二元市场的划分不仅为经济法体系构造提供市场基础，也为经济法体系的二元结构提供方向指引。二元市场划分以宏观经济学和微观经济学为理论基础，遵循宏观与微观的市场规模标准。在计划经济体制向市场经济体制转轨阶段，建立在二元市场基础上的经济法体系推动经济法理论从幼稚走向成熟，不仅夯实了经济法的部门法地位，也培养了一批经济法学者，为中国经济法发展作出了历史性贡献。在新时代背景下，随着经济法理论研究向纵深发展，基于宏微观市场结构标准的二元市场开始显现出新问题，包括选择性忽视中观市场的存在、强化政府对市场的单向干预、形成粗放型经济法体系、导致经济法体系与其他部门法脱节等问题。

（一）二元市场划分标准：市场结构

作为二元市场划分标准而存在的市场结构，不同于微观经济学中的市场结构概念。前者是划分二元市场的结构标准，后者是针对竞争性市场的类型区分，包括完全竞争、垄断竞争、寡头竞争和完全垄断。结构标准遵循宏观与微观的二元视角，将市场划分为宏观市场和微观市场，从而形成宏观与微观的二元市场结构，并将其作为经济法二元体系建构的两个支点。政府面向宏观市场和微观市场，分别行使调控权和规制权，实现对宏观市场和微观市场的双重干预。宏观与微观的二元论是整个经济法理论研究及其经济法体系建构的中心思想。宏观论强调总体市场的协调和经济总量的平衡，微观论强调个体市场的有序和公平。

经济法二元体系建构之所以采用宏观与微观的结构标准，是因为经济学理论对经济法理论的影响。经济法理论存在大量经济学学科知识和理论内容，使经济法与其他部门法存在显著差异，甚至被法学界质疑其不具有独立的部门法地位。其中，宏观经济学理论和微观经济学理论中的大量内容被直接引入经济法理论，并将其转化为法学内容，包括货币、财政、劳动、金融、竞争、垄断、消费等。这些宏观经济学概念和微观经济学概念充斥在经济法学中，为理解和适用经济法律规范带来困难，也为经济法学研究设置了潜在门槛。经济学理论和经济法学理论具有相似性和内在融通性，这表明经济法学与其他传统部门法学存在差异和区别。然而，经济法学和经济学的密切关联也无法改变经济法学的本质：经济法学是法学的分支学科，而非经济学的分支学科。经济法学和经济学的差别体现出法学和经济学的差别，前者是规则之学，而后者是规律之学。面对同一种经济问题或经济现象，法学主要任务是创设法律规则，经济学主要任务是发现经济规律。[1] 经济法学和经济学存在显著差异，这要求经济法学正确处理其与法学和经济学的关系，即站在法学立场运用经济学概念。宏观与微观的二元结构，是理论经济学划分宏观经济学和微观经济学的标准。这种标准能否简单套用到经济法体系划分中，适用市场结构标准生成经济法二元体系是否合理，以及建立在市场结构标准基础上的经济法体系是否存在问题，这些都是经济法二元体系构造可能面临的问题。

---

〔1〕 经济法学研究需要用法律手段解决经济问题，并依据经济理论和经济政策提出法律对策和制度设计；经济学研究主要分析经济问题产生的原因和机理，描述其过程和后果，并据此发现经济问题背后隐藏的不为人知的经济规律。参见丛中笑：《法与经济之学：法经济学与经济法学》，载《当代法学》2011 年第 2 期。

从宏观与微观二元结构角度划分市场，是以经济学理论为基础，实现市场类型化的。倘若以经济法学理论为基础，这会出现另一个问题，即如何实现市场的类型化。这将涉及经济学理论中的市场和经济法学理论中的市场是否等同的问题。该问题可以进一步阐述为经济学理论和经济法学理论中的市场是否包含政府，无论政府是在市场之内还是在市场之外。在经济学理论中，政府站在市场之外，解决宏观市场和微观市场可能存在的问题，其解决方式为提供公共产品、发行货币、政府投资、政府采购等。在经济法学理论中，市场本身就包含政府，政府既站在市场之外监管市场，同时也站在市场之内参与市场。例如，政府投资、政府采购、提供公共产品、发行货币等行为都是政府在市场内部从事的政府经济行为，该行为同市场主体从事的经济行为一样需要受到监管。假设市场中不包含政府，则市场具有纯粹性，纯粹市场划分为宏观市场和微观市场两种类型具有合理性。但是，如果市场中本身包含政府，即市场不具有纯粹性，不纯粹市场无法实现宏观与微观的区分。否则，不仅会出现宏观市场和微观市场的划分，还会出现宏观政府和微观政府的划分。因此，如何对不纯粹市场进行类型区分，才是经济法学理论需要研究的问题。单纯区分纯粹市场，将政府排除在市场之外，容易产生政府经济行为监管弱化风险。

（二）基于结构标准的二元市场问题

基于结构标准所形成的宏观与微观二元市场存在的问题主要表现为市场划分问题和经济法体系问题。前者是基于宏观与微观二元结构所形成的市场问题，后者是基于二元市场划分的经济法存在的体系问题。市场划分问题主要表现为宏观市场与微观市场存在交叉、选择性忽视中观市场结构和强化政府对市场的单向干预，经济法体系问题主要表现为形成粗放型经济法体系以及经济法体系和其他部门法脱节。

第一，宏观市场与微观市场存在交叉，这将影响建立在二元市场之上的经济法二元体系关系。宏观市场和微观市场之间的关系可以通过整体与个体的关系予以解读。[1] 宏观经济学面向宏观市场所采用的总量分析方法,也离不开微观经济学面向微观市场所采用的微观分析方法。在宏观经济学理论和微观经济学理论中,产品市场、货币市场和劳动市场均涉及宏观市场和微观市场两个层面的内容。宏观市场和微观市场只是面对不同市场类型采用二元结构划分标准得出的,其内部界限并非泾渭分明,而是相互交叉。这种宏观与微观的交叉关系,必然影响建立在此基础上的经济法体系关系,并使之天然存在交叉关系。

第二,选择性忽视中观市场结构。西方经济学对中国的影响主要集中在宏观经济学和微观经济学两个层面,前者聚焦政府经济行为,包括金融、财政和货币,后者聚焦个体经济行为,涉及产品和服务、供给和消费之间的关系。[2] 中观经济学及其中观市场处于被经济学研究者忽视的地位。[3] 中观经济会形成中观市场,这突破了传统的宏观与微观的二元论。中观市场结构在消费和生产两方面主要表现为中观消费和中观生产,前者包括衣食住行以及服务消费,分为农产品消费、轻型产品消费、重型产品消费和服务消费,后者包括衣食住行和服务生产,分为农业生产、轻工业生产、重工业生产和第三产业生产。[4]

第三,强化政府对市场的单向干预。无论是宏观市场、中观市场还是微观市场,其在划分市场的过程中均存在将政府排除于市场之外的趋势。政府以上帝视角,带着主体性意识参与市场类型区分,并在划分宏观市场和微观市场之后,通过配置权力的方式实现政府对市场的干预。在当前的经济法主流理论中,政府对市场的干预依据宏观市场和微观市场不同特性,分别通过宏观调控权和市场规制权的公权力形式实现。此种二元市场划分方式强化了政府对市场的单向干预度。其实,放弃政府在市场类型划分中的上帝视角和主体意识,转而将政府置于市场

---

〔1〕 整体内部的每个个体都受整体规律约束,并且整体规律决定着整体的特征和个体的特征,其在整体内赋予个体的属性要远比个体在整体之外获得的属性大得多。参见杨立雄:《"个体主义"抑或"整体主义"》,载《经济学家》2000 年第 1 期。

〔2〕 参见刘洋:《评〈马克思中观经济学〉》,载《统计与决策》2020 年第 17 期。

〔3〕 在国家的经济结构中,不仅有宏观经济和微观经济,还有处于两者之间的中观经济,如地区经济、部门经济和集团经济等。参见段浩:《区域经济调控权运行的法律问题》,中国政法大学出版社 2015 年版,第 47 页。

〔4〕 参见周学:《构建"微观、中观、宏观三位一体"的经济学理论体系——兼论破解我国内需不足的方略》,载《经济学动态》2014 年第 4 期。

内部并共同实现类型化,这将赋予整个经济法理论新面貌,并为监管政府和监管市场同时提供理论依据。此时,包含政府在内的市场无须采用宏观与微观的二元市场结构标准,而是采用政府与市场的二元经济行为标准,形成政府主体经济行为和市场主体经济行为。而经济法的主要功能则是实现政府主体经济行为规制和市场主体经济行为规制。

第四,形成粗放型经济法体系。根据宏观与微观的二元市场结构标准,经济法体系也被分为宏观维度的宏观调控法和微观维度的市场规制法。这种粗放型经济法体系不仅在内容上存在二元性问题,还在关系上存在并列与交叉的矛盾问题。此外,粗放型经济法体系划分难以有效区分政府和市场的作用,并且存在强化政府作用和抑制市场作用的风险。此种经济法二元体系凸显政府主体在干预市场经济过程中的公权力作用,掩盖市场主体的经济法权利。因此,经济法二元体系无法给市场主体提供清晰的权利、义务和责任清单。[1]

第五,经济法体系与其他部门法脱节。作为部门法的经济法在构建其规范体系的过程中,需要注意与其他部门法之间的协调和对话。从民法、行政法和经济法角度看,这三大部门法体系均存在共通性,其共性可以归结为"行为+监督"二阶模式。《民法典》作为民法体系的集大成者,主要由民事行为规范和针对民事行为的监督规范组成,前者包括合同行为、物权行为、人格权行为、婚姻家庭行为、继承行为等民事行为规范,后者主要是指侵犯民事权利的后果规范,其具有类似"监督"的作用。行政法主要由行政行为规范和针对行政行为的监督规范组成,前者包括各类抽象行政行为和具体行政行为,后者则是一系列监督检查规范。经济法主要由经济行为规范和针对经济行为的监管规范组成,前者包括竞争行为、消费行为、金融行为、财税行为等,后者则是一系列监督检查规范。这也是具体法律规范的立法体系内容,而经济法二元体系脱离了上述部门法体系的共性,并转向政府如何调控和规制市场。这必然为经济法与其他部门法的展开对话制造障碍。

〔1〕 参见单飞跃等:《改革开放40年中国经济法学研究的回顾和展望笔谈》,载《现代法学》2019年第1期。

二、双重失灵理论的局限性问题

双重失灵理论的局限性问题主要表现在经济法解释力局限方面,其无法有效解释我国经济法为什么会产生以及我国经济法为什么具有促进功能。从双重失灵理论的具体内容看,其解释力局限问题可以细化为市场失灵作为经济法起点的局限性问题和政府失灵经由经济法克服的局限性问题。双重失灵理论作为政府干预和干预政府的理论基础具有正当性和合理性,但其只能揭示我国经济法的部分内容,无法完整展现经济法全貌。这是由双重失灵理论局限性所导致的固有缺陷。

(一)双重失灵理论的经济法解释力局限问题

双重失灵理论的局限性问题主要表现为解释力局限,其无法有效解释我国经济法的产生过程和功能定位。这主要源于双重失灵理论具有的域外性,我国经济法学界全盘接受西方国家的双重失灵理论,并将其作为我国经济法的根基。由于政治体制、经济体制和社会形态的差别,我国经济法的产生过程和功能地位与西方经济法不同。双重失灵理论无法解释以下问题:(1)为什么我国经济法在没有市场失灵和政府失灵的前提下仍然自主形成,在不存在市场失灵和政府失灵的领域仍然发挥作用;(2)为什么我国经济法存在大量经济促进和经济激励性质的规范。

双重失灵无法有效解释我国经济法的产生过程。西方经济法学建立在公法和私法的基础上,突破了传统法律的公私二元化体系,是公法私法化和私法公法化的结果。从历史经验看,经济法产生于垄断资本主义时期,而非自由资本主义时期。资本家为获取高额垄断利润,不断侵害劳动者和消费者的利益,劳动者运动和消费者运动大规模爆发,资本主义社会陷入统治危机。西方经济法正是在这种资本主义社会危机的背景下诞生的。尤其是20世纪30年代的经济危机,凯恩斯的国家全面干预主义开始被重视。经济危机在政府全面干预经济的背景下得到缓解,这也为西方经济法发展提供了实践基础。我国经济法是经济体制改革的产物,其产生并未建立在双重失灵基础上。中国实行改革开放后,逐步放开市场,并在20世纪90年代初开始建立中国特色社会主义市场经济体制。计划经济转向市场经济后,中国经济法开始萌芽、生长。中国经济法产生前以及产生后,都具有浓厚的行政色彩,其发展道路不同于西方经济法发展道路。西方经济法发展道路是从自由放任,再到垄断,最后到政府干预,表现为"由松到严"的过程。中国经济法发展道路则相反,是从政府高度干预,再到政府放松干预,最后到政府有限干预,表现为"由严到松"的过程。

双重失灵无法有效解释我国经济法的功能定位。经济法具有克服双重失灵的功能,但不意味着经济法只能克服双重失灵,或者双重失灵只能由经济法所克服。除了克服市场失灵和政府失灵外,经济法还具有信息传递、激励、控制市场竞争、经济合理分配、保证经济秩序、社会整合、社会保障、民生改善等各项功能。[1]经济法的上述功能大致可以分为经济功能和社会功能两大类。其中,经济功能是经济法主要的功能表现,社会功能是经济法次要的功能表现。克服双重失灵主要表现为经济法的经济功能,该功能的实现方式表现为禁止或限制,这是限禁型经济法的功能表现。经济法除了限禁型经济法,还包括促进型经济法,即以促进和鼓励为目的,并采取温和运作方式的经济法规范。[2] 促进型经济法通过各类优惠政策,以财政补贴、税费减免、竞争保障、金融优惠、产业扶持等方式,积极引导市场主体的经济行为。基于双重失灵理论的经济法强调限制或禁止可能产生市场失灵和政府失灵的各种行为,从而实现矫正双重失灵的目标,其属于限禁型经济法的内容。限禁型经济法和促进型经济法是处于并列关系的两类经济法规范,前者无法解释后者。

(二)市场失灵作为经济法起点的局限性问题

经济法理论将市场失灵作为经济法的逻辑起点,形成"市场失灵—政府干预—政府失灵—经济法"的逻辑结构。市场失灵作为政府干预的前提具有合理性,并且推动我国经济法理论走向独立和成熟。但自市场失灵出现之日起,经济

---

〔1〕 参见肖京:《经济法的经济社会二元功能之冲突与平衡》,载《法学论坛》2012年第6期。

〔2〕 参见焦海涛:《论"促进型"经济法的功能与结构》,载《政治与法律》2009年第8期。

法学界便不乏反思和质疑之声。[1] 这些反思和质疑主要集中在我国经济法的本土现实和市场不失灵两个方面。

在我国经济法本土现实方面,市场失灵理论形成了非客观的经济法历史生成论。[2] 这一点可以经由双重失灵无法有效解释我国经济法的产生过程得到论证。从国外经验看,德国经济法的产生也并非为了克服市场失灵。例如,德国在20世纪初制定的一系列经济法,包括《钾矿业法》《碳酸钾经济法》等,其目的是服务于战争以及在战败后恢复国家经济。"自由放任—市场失灵—国家干预"的逻辑更适用于解释美国经济立法过程,其《谢尔曼法》正是依照该逻辑产生的。[3] 因此,照搬照抄美国经济法律规范的生成逻辑,并直接运用于中国经济法,没有充分考虑中国国情具有的特殊性。在中国经济法语境下,市场失灵不是经济法产生的原因,而是经济法产生的结果。当然,原因和结果处于相互转化的辩证关系中。中国经济法在经济体制改革过程中形成,并在形成之后具有克服市场失灵的功能。经济法的出现具有克服市场失灵的结果,当出现新的市场失灵问题时,为了克服新的市场失灵问题,经济法需要通过立法的形式完善规范内容,从而形成新的经济法规范。此时,市场失灵可以成为新的经济法规范产生的原因。

在没有出现失灵的市场领域,市场失灵理论难以发挥作用。依据市场失灵理论,国家对经济的调控和规制需要以市场失灵为前提。[4] 在不存在市场失灵的

---

〔1〕 经济法学界反思和质疑市场失灵的相关文献,包括但不限于以下内容,(1)单飞跃、徐开元:《从国家的经济干预到经济的宪法治理——经济法学理论基础的转换》,载《社会科学战线》2021年第5期;(2)胡丽文:《论经济法学正当性建构的经济宪法基础——基于范式转换的视角》,载《甘肃政法学院学报》2020年第3期;(3)刘凯:《经济法学科学化的法教义学路径》,载《政法论坛》2020年第1期;(4)卢代富:《经济法中的国家干预解读》,载《现代法学》2019年第4期;(5)张德淼、康兰平:《范式与路径的交互映照:中国经济法的理论负重与现实拓宽》,载《社会科学战线》2015年第9期;(6)陈婉玲:《经济法调整:从"权力干预"到"法律治理"》,载《政法论坛》2014年第1期;(7)古小刚:《国家干预进入和退出的判断标准——兼论经济法逻辑体系的一个缺陷》,载《青海社会科学》2013年第3期。

〔2〕 参见单飞跃、徐开元:《从国家的经济干预到经济的宪法治理——经济法学理论基础的转换》,载《社会科学战线》2021年第5期。

〔3〕 参见单飞跃、徐开元:《从国家的经济干预到经济的宪法治理——经济法学理论基础的转换》,载《社会科学战线》2021年第5期。

〔4〕 参见《经济法学》编写组编:《经济法学》,高等教育出版社2018年版,第72页。

领域,国家不应当调控和规制经济。这也是以市场失灵为逻辑起点的经济法理论必然得出的一个结论。但该结论和我国政府长期进行经济治理的事实不相符合。此外,这会带来一些新的疑问,政府对经济生活的治理是否只是为了应对市场失灵问题?倘若没有市场失灵,国家和政府是否就不需要介入经济生活?[1]市场失灵只从失灵角度回答国家干预经济的正当性,其无法从不失灵角度回答国家干预经济的正当性。当然,根据市场失灵理论,国家在市场不失灵的情况下仍然可以调控和规制经济,其目的是预防市场失灵问题的出现。这种解释具有合理性,但也存在混淆经济学价值观和经济法学价值观的问题。经济学价值观以经济效率价值为主,经济法学价值观以经济公平价值为主。[2] 矫正市场失灵或者预防市场失灵的内在原因是市场失灵导致经济效率降低,这是经济学效率价值观的体现。经济法学虽然也关注经济效率问题,但其重点在于实现公平和正义、维护经济秩序和保护弱势群体利益。市场规制法作为经济法二元体系组成部分之一,其内部就存在效率价值和公平价值的冲突,这种冲突就源于市场失灵理论本身具有的解释力局限问题。此外,在宏观调控法中,市场出现失灵问题只是国家实施宏观调控行为的因素之一,不能成为宏观经济调控的全部因素。政府通过财政、税收、金融、计划、产业和价格等调控手段参与经济运行,是为了平衡经济供给总量和经济需求总量,实现国民经济的健康协调发展。把国家实施宏观调控行为的目的限定在市场失灵问题,片面夸大了市场失灵的地位和作用。

(三)政府失灵经由经济法克服的局限性问题

经济法具有克服市场失灵的功能,但其是否具备克服政府失灵的功能,尚存在争议。支持经济法能够克服政府失灵的观点认为,政府失灵是“政府配置资源存在低效或无效情形”[3],矫正政府失灵需要规范政府干预经济的行为,而经济

---

〔1〕 参见刘文华:《中国经济法“干预论”之批判》,载《首都师范大学学报(社会科学版)》2017 年第 6 期。

〔2〕 参见李剑:《论市场失灵与经济法的关系——以市场规制法为视角的考察》,载《学习与探索》2012 年第 1 期。

〔3〕 张守文:《经济法学的基本假设》,载《现代法学》2001 年第 6 期。

法作为确认和规范政府干预经济的法律可以克服政府失灵问题。反对经济法能够克服政府失灵的观点认为,政府失灵是政府依据经济法规范在干预经济社会过程中所出现的背离干预目标的状态,其本质是经济法失灵,而失灵的经济法无法克服经济法失灵。[1]

政府具有市场主体和干预主体的双重身份,区分政府双重身份可以通过政府是否行使公权力实现。作为市场主体的政府在实施经济行为的过程中,若遵循市场规律并通过市场实现资源配置,则此时出现的失灵应属于市场失灵,可以经由经济法所克服。作为干预主体的政府通过行使公权力的方式规制市场主体的经济活动时出现的失灵属于政府失灵。经济法作为确认和规范政府干预的法律,虽然可以通过设定政府干预范围、干预目标、干预工具、干预程序和干预责任的方式发挥克服政府失灵的作用,但也存在一定局限性。

第一,经济法克服政府失灵的方式主要通过政府实现,即政府矫正政府失灵。行政垄断作为政府失灵问题表现之一被纳入反垄断法的规制范围。而我国反垄断法规制行政垄断的方式包括上级机关责令改正和给予处分,这属于典型的政府规制政府。政府同时充当运动员和裁判员双重角色,违反自然公正原则。第二,克服政府失灵需要通过分权机制和控权机制实现,这超出了经济法的规范能力。政府失灵问题的背后是政府权力不受约束和限制,克服政府失灵就是要控制和约束政府的公权力,而这更多地需要由宪法和行政法完成。[2] 第三,经济法作为政府干预经济的法律,政府失灵意味着政府依据经济法作出的干预行为无效。这包含两层含义:法律本身无效;法律有效,政府没有依法干预。前者意味着经济法已经无法承担克服政府失灵的任务,后者意味着经济法无法发挥规范政府行为的作用。因此,正如市场无法克服市场失灵而需要政府干预,政府也无法克服政府失灵而需要其他主体干预,经济法也无法克服经济法本身的无效而需要其他法律介入。

---

〔1〕 参见许明月:《市场、政府与经济法——对经济法几个流行观点的质疑与反思》,载《中国法学》2004年第6期。

〔2〕 参见陈婉玲:《经济法权力干预思维的反思——以政府角色定位为视角》,载《法学》2013年第3期。

三、国家干预行为的外部性问题

国家干预作为经济法二元体系生成的行为核心，为宏观调控法和市场规制法提供规范内核，也为中国经济法发展奠定理论基础，但其长期处于被质疑和反思的过程中。经济法学界往往将市场失灵和国家干预作为一个整体进行质疑和反思，其更多涉及国家干预理论，而较少涉及国家干预理论中的国家干预行为。国家干预行为作为国家干预理论的一个组成部分，其本身存在外部性问题。国家干预行为的外部性是指该行为没有实现干预目标，并产生了其他方面的问题，主要表现为负外部性问题。具体而言，国家干预行为的外部性问题可以分为以下三种：国家干预行为凸显国家主义风险、国家干预行为形成公共利益悖论、国家干预行为引发经济行政法误读。这些问题将危及经济法二元体系及其整个经济法理论根基，这是中国经济法必须面对且需要寻找应对之策的问题。

（一）国家干预行为凸显国家主义风险

国家主义，是指以国家权力为核心、以“权力至上”为价值基础的观念体系，强调国家权力支配一切、提倡以义务性和禁止性等命令性法律规范为主构建法律体系结构。[1] 这种国家主义观念潜存于我国立法、执法和司法领域。[2] 经济法中的国家主义在理论上主要体现在政府与市场之间的调制与被调制关系。[3] 建立在双重失灵理论基础上的经济法为国家干预行为提供法律依据，国家根据经济法律规范内容实施宏观调控行为和市场规制行为。经济法对宏观调控和市场规制的强化和重视，使得国家干预行为凸显潜存的国家主义风险，并表现为政府与市场关系错位、权力与权利关系错位和实体与程序关系错位。

第一，经济法中的政府与市场关系错位。政府与市场长期处于干预与被干

〔1〕 参见吕世伦、贺小荣：《国家主义的衰微与中国法制现代化》，载《法律科学》1999年第3期。

〔2〕 其呈现出重国家轻社会、重权力轻权利、重人治轻法治、重实体轻程序等特征。参见吕世伦、贺小荣：《国家主义的衰微与中国法制现代化》，载《法律科学》1999年第3期。

〔3〕 也就是经济法调整市场规制关系和宏观调控关系，并将政府作为经济法律关系中的主动主体，享有调控权和规制权，将市场作为经济法律关系中的被动主体，处于被调控和被规制的地位。

预、调控与被调控、规制与被规制的关系中。从具体的经济法律规范内容看,市场规制法调整的是强势市场主体与弱势市场主体之间的竞争关系、经营关系和消费关系,宏观调控法调整的是国民经济整体中强质与弱质主体之间的利益协调与平衡关系。[1] 作为干预主体的政府应当以裁判者的身份出现在市场经济领域,解决市场主体之间的法律问题,而不是直接加入市场主体之间的经济活动中。此外,政府自身也应当和市场同时成为经济法所规制的对象。

第二,经济法中的权力与权利关系错位。国家干预行为就是国家行使公权力的表现,权力应当为保护权利而存在,而不能侵害权利。但由于权力与权利之间天然具有不对等性,以及权力本身具有的扩张性,容易导致权力向权利扩张并损害权利。这就会导致权力与权利关系的错位。经济法中权力和权利的关系常常因为部门立法而被错置。政府及其部门制定单行经济法律,过分重视赋予主管部门行政权,而较少关注对个体权利的确认及其救济。[2] 例如,我国《中国人民银行法》本应是规范中央银行行为的法律,并为中央银行设置法律责任,但该法却为其他金融机构、单位和个人规定大量行为准则,并设置相应法律责任,而中央银行成了追究他人法律责任的执法主体。

第三,经济法中的实体与程序关系错位。重实体轻程序是国家主义在法律及其法学领域的体现。经济法无论在理论研究层面,还是法律实践层面,都存在重视实体内容,轻视程序内容的问题。经济法中的程序法建设不足,这体现在经济法制度运行的行政化以及中国经济制度运行的司法缺位两个方面。[3]

(二)国家干预行为中的公共利益悖论

国家干预行为中的公共利益悖论使干预行为的手段与公共利益的目标存在不一致问题。经济法中的国家干预行为与公共利益相关联,且是为了实现公共利益而存在的。因此,若国家干预行为造成公共利益损害将与国家干预行为的内在

---

〔1〕 参见陈婉玲:《经济法调整:从“权力干预”到“法律治理”》,载《政法论坛》2014 年第 1 期。
〔2〕 参见孟庆瑜:《经济法基本问题研究》,人民出版社 2017 年版,第 22 页。
〔3〕 参见孟庆瑜:《经济法基本问题研究》,人民出版社 2017 年版,第 24 页。

价值目标相冲突。这使“国家干预行为出现公共利益损害”具有伪命题性质。其实,国家干预行为主要由以政府代表的干预主体作出,具有明显的公权力色彩,权力具有的扩张性使得国家干预行为可能偏离公共利益目标,最终导致公共利益受损。经济法作为维护社会公共利益的法律,需要同时规制市场主体的经济行为和国家干预行为。这是因为,市场主体的经济行为和国家干预行为都可能导致公共利益受损。其中,国家干预行为存在公共利益悖论。一方面,市场主体的经济行为可能导致公共利益损害,此时需要国家干预行为介入维护公共利益;另一方面,国家干预行为在维护公共利益的同时,也可能因政府有限理性和权力“寻租”等原因,借“维护公共利益”之名,行“损害公共利益”之实。

国家干预行为中公共利益损害的典型表现为政府失灵或政府干预失灵。国家虽然实施了市场规制行为和宏观调控行为,但这些国家干预行为并没有实现秩序、公平和社会公共利益等目的。[1] 以市场规制行为为例,市场规制行为的目标是克服经济自由主义,维护公平竞争秩序和保护消费者等弱势群体权益。但社会现实表明,国家干预行为常常处于失败状态。为了预防公共卫生危机和保护公众生命健康安全,我国通过制定《野生动物保护法》《动物防疫法》《传染病防治法》等一系列法律法规,系统规制野生动物猎捕行为、饲养行为、购买行为、运输行为和加工行为等。但大量存在的从猎捕、收购、运输、销售到餐饮服务的野生动物交易市场表明,有关野生动物保护立法和监管出现整体性失灵,包括监管猎捕者的失灵、监管交通运输行为的失灵、市场交易监管的失灵和餐饮服务监管的失灵。[2] 国家在野生动物领域的干预行为失效,不仅对公众生命健康造成威胁,同时也损害环境公共利益,造成濒危和珍贵野生动物灭绝。此外,在三鹿奶粉事件中,由于相关政府监管机构在乳制品行业监管失败,导致不符合产品质量标准的奶粉流入市场,损害众多消费者的身体健康利益。

---

〔1〕 参见薛克鹏:《经济法基本范畴研究》,北京大学出版社 2013 年版,第 143 页。

〔2〕 参见薛克鹏:《野生动物产业规制的双重失灵及其矫正——非法野生动物产业链的法律分析》,载《财经法学》2020 年第 4 期。

除了造成政府失灵的原因外[1],国家干预导致公共利益受损源于对国家干预行为的限制和禁止力度不足,包括程序性限制和禁止不足以及实体性限制和禁止不足。包括反垄断法、预算法和中国人民银行法等在内的现有经济法律规范,在政府干预法律责任的实体内容和追究程序方面都存在规则简单、可操作性不强、威慑力不够等问题。法律责任是法律的重要组成部分,缺少责任制度或者责任制度不完善都将影响整个法律的运行效果。

(三)国家干预行为引发经济行政法误读

经济法二元论将宏观调控权和市场规制权作为体系建构的依据,通过行政权形式构建宏观调控法和市场规制法。这种以政府行政权力为中心的经济法体系,没有正确区分经济法和行政法的关系,使经济法沦为行政法的组成部分。经济行政法受到诸多行政法学研究者的推崇,其被认为是国家管理经济的法律。[2] 将宏观调控和市场规制作为经济法体系构造的行为核心,正好契合经济行政法关于经济法的理解。国家干预行为被认为是经济行政行为,是为了公共利益的需要限制经济活动中行政相对人权利,对经济活动进行监督与管理,或者为实现特定经

---

〔1〕 导致政府失灵的原因包括利益集团的影响、政府的代理人性质、政府官员的经济人属性、政府决策者和执行者的能力和素质、信息不完全、政府的民族性、局部性和时效性等。参见薛克鹏:《经济法基本范畴研究》,北京大学出版社 2013 年版,第 151 页。

〔2〕 持经济行政法论的观点主要包括:(1)经济行政法是规范经济行政的法,是有关经济行政组织和经济行政活动的法。参见[日]室井力主编:《日本现代行政法》,吴微译,中国政法大学出版社 1995 年版,第 511 页。(2)经济行政法是指以干预、计划、监督、指导和支持基础设施和信息方面的经济现象为目的,对经济行政主体的设立和经济行政活动进行调整,以及对经济生活的参与者与行政主体之间的法律关系进行调整和规范的总和。参见[德]罗尔夫・斯特博:《德国经济行政法》,苏颖霞、陈少康译,中国政法大学出版社 1999 年版,第 12 页。(3)经济行政法是指所有普通法上的对调整经济的国家机构授予权力,赋予其义务或对这类调整、监督经济的机构进行组织规范的法律规范的总和。参见[德]乌茨・施利斯基:《经济公法》,喻文光译,法律出版社 2006 年版,第 8 页。(4)经济行政法主要是政府对经济的管理和调控的法律。参见宋功德:《论经济行政法的制度结构——交易费用的视角》,北京大学出版社 2003 年版,第 15 页。(5)经济行政法是国家管理经济的法,主要为市场主体的经营活动提供指导和帮助,进行宏观调控,引导和促进经济的发展,实施必要的经济规制和经济监督,维护国家的经济安全和经济秩序,保护市场公平竞争,保护经营者和消费者的合法权益。参见王克稳:《经济行政法基本论》,北京大学出版社 2004 年版,第 20~24 页。

济政策目的，通过经济诱导手段强制或引导行政相对人遵守特定的行为准则。[1] 从国家干预的行为方式角度思考经济法体系，其背后体现的是管理行政法思想，强调国家对经济生活的管理。国家干预与管理行政都起源于计划经济体制向市场经济体制的过渡时期，可以说二者是同根同源的关系。随着行政法学研究的发展，管理行政开始向控权行政转变。在控权行政法中，不存在一个与《行政处罚法》《行政许可法》《国家赔偿法》相并列的经济行政法。[2] 控权行政法设定政府权力行使的程序，而经济法则设定政府权力的实体内容。[3] 虽然我国关于行政法的理论已转向控权论，但管理论的思维惯性仍然不会立即消失，行政法误读和经济行政法误读现象仍然会出现。[4] 目前，管理论的思维惯性在经济法领域集中表现为以宏观调控法和市场规制法为内容的经济法二元体系。

在以宏观调控为行为核心的宏观调控法中，政府与市场的关系表现为宏观调控关系，政府作为调控主体，市场作为调控受体，市场接受政府调控。这种主体与受体、主动与被动关系的形成正是管理论思维的体现，即政府通过宏观调控行为管理市场。例如，政府通过财政调控、税收调控、计划调控和价格调控等方式，影响和干预市场经济活动，从而完成政府对市场的管理。在以市场规制为行为核心的市场规制法中，政府与市场的关系表现为市场规制关系或市场监管关系，政府作为规制主体或监管主体、市场作为规制受体监管受体，市场接受政府规制或监管。市场规制关系的形成同样是管理论思维的体现，即政府通过市场规制行为管理市场。

这种管理论思想存在一些弊端，主要表现为强化政府权力思维并容易导致市场权利受到政府权力侵害。为了克服管理论思想的弊端，经济法学者从理论层面提出干预政府的主张，并将政府作为经济法规制的对象，从而试图平衡政府与市场之间的管理与被管理关系。由此，政府干预和干预政府成为经济法的两大主要

---

〔1〕 参见宋华琳：《中国行政法学分论研究：体系、课题与立场》，载《安徽大学学报（哲学社会科学版）》2020 年第 3 期。

〔2〕 参见薛克鹏：《经济法基本范畴研究》，北京大学出版社 2013 年版，第 63 页。

〔3〕 参见孙笑侠：《法律对行政的控制》，光明日报出版社 2018 年版，第 82 页。

〔4〕 参见薛克鹏：《误读行政法及其对经济法的危害》，载《现代法学》2009 年第 5 期。

任务,并通过宏观调控法和市场规制法两种法律形式来实现。但正如前文所述,宏观调控法和市场规制法需要同时承担政府干预和干预政府的功能,最终导致市场规制法和宏观调控法出现双重内容问题,即形式与内容、应当与实然、能指和所指的不统一。政府干预和干预政府分别属于两种不同层次且具有冲突关系的内容,强行将二者同时融入经济法体系会导致体系的不稳定和内容的不协调。政府和市场的法律责任不匹配和不协调问题就是将政府干预和干预政府合二为一的问题表现,直接影响了经济法体系的稳定性和协调性。

第三节　经济法二元体系生成方法问题

经济法二元体系生成方法是经济法二元论在建构经济法体系过程中所使用的理论工具,具体包括调整对象、规范对象、调整目的和调整手段等。[1] 其中,调整对象是经济法二元体系的主要构造方法,主张从法律所调整的社会关系角度实现经济法体系化。从经济法老诸论到经济法新诸论,再到经济法二元论,调整对象理论都是整个经济法理论研究的中心。经济法定义和经济法体系都围绕着经济法调整对象展开,甚至调整对象可以直接影响经济法体系内容。在20世纪80年代,经济法与民法之间的论战主要以经济法是否有独立的调整对象和经济法的调整对象是什么两个问题展开。在调整对象问题上,经济法一度被其他法学界质疑不具有独立的部门法地位。经济法学者为捍卫经济法的部门法地位,也花费大量精力和时间研究经济法调整对象。[2] 调整对象理论从社会关系角度研究法学及其经济法学具有合理性,但凡事过犹不及,经济法过度强调调整对象的重要性,并将其作为经济法二元体系建构的主要内容,存在经济关系不确定性和调制关系不周延性两方面局限性。此外,以调整对象理论为基础的经济法利用市场规制和宏观调控两种国家干预手段,形成市场规制法和宏观调控法,具有鲜明的手段导

[1] 参见薛克鹏:《经济法基本范畴研究》,北京大学出版社2013年版,第23~28页。
[2] 参见王全兴:《经济法基础理论专题研究》,中国检察出版社2002年版,第67页。

向型色彩。

一、经济法二元体系生成方法类型

从中国经济法诞生之日起，经济法老诸论、经济法新诸论和经济法二元论开始尝试从多个角度研究经济法，并提出不同的经济法体系方案。经济法各论运用包括调整对象、规范对象、调整目的等在内的多种方法，最终在理论层面达成了以市场规制法和宏观调控法为主要内容的经济法二元体系。这种二元体系的形成离不开体系构造方法的运用，虽然调整对象是各种经济法学说在经济法体系构造研究中最主要的方法选择，但规范对象、调整目的和调整手段也发挥着不同程度的作用。

（一）调整对象

调整对象从经济法所调整的经济关系角度，区分市场规制关系和宏观调控关系。经济法调整对象源于法学界关于法与社会关系的基本认知。这也是法理学区分部门法划分的依据，其主要逻辑为：法调整社会关系、社会关系区分法的不同部门、部门法划分源于历史唯物主义的哲学基础。[1] 法理学中的法律关系是法律规范在调整社会关系的过程中所形成的权利和义务关系。[2] 此种关系在民法中表现为平等主体的人身关系和财产关系，在行政法中表现为不平等主体之间的行政关系。经济法借用法理学中的调整对象理论，并参照民法和行政法关于调整对象的界定，提炼出经济法所特有的调整对象，为向传统部门法靠拢而努力。在经济法“老诸论”和经济法“新诸论”中，经济法调整对象被运用到极致的状态，各类经济法学说均从不同角度揭示经济法所调整的特定经济关系。这些内容最终被经济法二元论所吸收，并达成共识：经济法调整国家为了整体利益的需要对经济运行过程施加影响所形成的市场规制经济关系和宏观调控经济关系。

---

〔1〕 参见肖江平：《中国经济法学史研究》，人民法院出版社 2002 年版，第 157 页。
〔2〕 参见张文显：《法哲学范畴研究》，中国政法大学出版社 2001 年版，第 96 页。

（二）规范对象

规范对象从经济法所规范的国家干预行为角度，区分市场规制行为和宏观调控行为，进而形成市场规制法和宏观调控法。法律是一种行为规范，而非关系规范。卡尔·马克思曾指出："对于法律来说，除了我的行为以外，我是根本不存在的，我根本不是法律的对象。"[1]经济法二元论虽然强调整对象在经济法体系建构中的重要性，但也注意到行为在经济法体系建构中的作用，并尝试从行为角度重构经济法。[2] 调整对象和规范对象具有内在关联，前者指向社会关系，后者指向社会行为，而社会关系的形成来自主体间的社会行为。传统公法和私法虽然以调整对象作为概念界定和体系划分的主要依据，但最终也将回归到具体的行为中。行政法作为调整行政关系的法律，其规范对象是行政主体实施的抽象行政行为和具体行政行为；民法作为调整民事关系的法律，其规范对象是民事主体之间的合同行为、物权行为、人格权行为、婚姻家庭行为、继承行为和侵权行为等民事行为。就经济法而言，经济法调整对象也是基于规范对象而形成的，即干预关系源于干预行为。无论是市场规制关系还是宏观调控关系，都是基于干预主体针对宏观市场和微观市场实施的规制行为和调控行为。因此，从规范对象角度看，经济法所规范的行为是国家为了国家整体利益或社会公共利益对宏观经济的调控行为和对微观经济的规制行为。[3]

（三）调整目的

调整目的从经济法意欲实现的目标角度论证经济法概念和构造经济法体系。经济法调整目的包括克服双重失灵、促进经济发展、实现经济政策、维持竞争秩序、维持社会经济秩序、保护消费者权益、促进社会公平等。从目的角度衡量法可以揭示出法的品格。社会学法学奠基人罗斯科·庞德把利益视为个人所提出来

---

〔1〕《马克思恩格斯全集》（第1卷），人民出版社1956年版，第16页。

〔2〕参见张守文：《经济法理论的重构》，人民出版社2004年版，第363～392页。

〔3〕参见肖江平：《经济法定义的中国学术史考察——侧重于经济法调整对象》，载《北京大学学报（哲学社会科学版）》2012年第5期。

的一些要求、愿望或需要，而法律则是满足这些要求、愿望或需要的方式，并将利益分为个人利益、公共利益和社会利益。[1] 其中，公共利益代表的是国家利益。在民法、行政法和经济法三大部门法中，由于法目的不同，它们呈现不同的法品格。民法目的是保护私权，行政法目的是控制公权，经济法目的是保护公益。由此，民法具有私法品格，行政法具有公法品格，经济法具有社会法品格。从利益角度看，民法和行政法主要侧重于保护个人利益，经济法侧重于保护社会公共利益。前述所及的经济法调整目的，均是社会公共利益的具体表现形式。其中，克服市场失灵和政府失灵是构造经济法二元体系的最为直接的目的。无论是市场规制法还是宏观调控法，都是为了通过干预行为弥补市场缺陷，同时通过规范干预行为弥补政府缺陷。

（四）调整手段

调整手段从经济法实现调整目的的形式角度，提炼出经济法所使用的具体方式。经济法主要通过国家介入的方式调整政府与市场的经济关系，国家介入的方式包括干预、调节、协调、管理、规制和调控等。在经济法二元论中，调制是经济法的主要调整手段，具体包括市场规制和宏观调控。通过比较经济法调整对象、规范对象和调整手段，可以发现当前经济法主流观点没有准确区分调整对象、规范对象和调整手段，而是将其混为一谈。从规范对象角度看，经济法规范对象是市场规制行为和宏观调控行为。从调整手段角度看，经济法调整手段是市场规制手段和宏观调控手段。其存在逻辑缺陷：倘若市场规制关系和宏观调控关系是经济法调整对象，那么经济法调整手段应当以各种手段形式调整市场规制关系和宏观调控关系。但市场规制手段和宏观调控手段所指向的调整对象却是市场经济行为，如竞争行为、经营行为和金融行为等。此外，用市场规制手段和宏观调控手段去调整市场规制关系和宏观调控关系，存在同义反复的逻辑矛盾。

---

〔1〕 参见［美］罗斯科·庞德：《通过法律的社会控制》，沈宗灵译，商务印书馆2010年版，第41页。

二、调整对象理论的体系构造局限

经济法二元体系的形成建立在包含调整对象、规范对象、调整目的和调整手段等在内的多种理论方法基础上。在这些方法类型中,调整对象是经济法理论及其经济法体系研究主流的方法选择。但当下经济法理论研究在经济法调整对象的认知方面存在混淆调整对象和调整手段的问题。此外,作为划分传统部门法类型的调整对象理论,其在新兴部门法划分及其体系建构过程中存在理论适用局限。这些理论局限在经济法体系构造中表现为经济关系的不确定性、调制关系的不周延性以及调制关系非经济关系。上述问题影响了经济法二元体系自身的逻辑自洽性,这也是作为新兴部门法的经济法机械套用传统部门法理论的结果,即将传统部门法所运用的调整对象理论运用于经济法中,使经济法局限在特定经济关系中难以自拔。

(一)经济关系的不确定性

经济法为了向传统部门法靠拢,借用调整对象理论将经济法调整对象界定为经济关系,并努力发现经济法所特有的经济关系类型,最终将市场规制关系和宏观调控关系确定为经济法所调整的特定经济关系。经济法老诸论和经济法新诸论就经济法调整对象展开过广泛的讨论,并形成了多种经济关系类型。这些分歧认识表明,在调整对象理论视域下,经济法所调整的经济关系具有不确定性。

在过去经济法理论研究过程中,学者对经济关系的确定进行了长期的论证和研究,提出了多种经济关系类型。[1] 然而,经济法“老诸论”和“新诸论”关于经

---

〔1〕 在经济法“老诸论”中,经济法所调整的经济关系被分为纵向经济关系、横向经济关系和经济管理关系;在经济法“新诸论”中,经济法所调整的经济关系类型更加丰富。国家协调论将经济关系分为企业组织管理关系、市场管理关系、宏观调控关系、社会保障关系;需要国家干预论将经济关系分为市场主体调控关系、市场秩序调控关系、宏观经济调控和可持续发展保障关系、社会分配关系;社会公共性经济管理论将经济关系分为市场管理关系、宏观经济管理关系和对外经济管理关系;国家调制论将经济关系分为市场规制关系和宏观调控关系;纵横统一论将经济关系分为纵向经济管理关系、横向经营协调关系、内部经济关系和涉外经济关系;国家调节论将经济关系分为市场障碍排除关系、国家投资经营管理关系、宏观调控关系。

济法所调整的经济关系的认识并不统一。这表明，调整对象理论在经济法中的适用并没有为经济法带来相对确定的经济关系，反而产生了更多争论和分歧。这是经济关系具有不确定性的表现。

在经济法二元论中，经济法调整的经济关系被确定为市场规制关系和宏观调控关系。这看似实现经济关系的确定性，但同时又产生了新的问题。例如，竞争法作为市场规制法的组成部分，其调整对象是发生在政府与经营者之间的市场竞争规制关系。但从竞争法的内容看，其调整对象是经营者与经营者之间的竞争关系，而政府实施的市场规制行为只是调整竞争关系的手段。将经济法调整手段当作经济法调整对象，混淆调制关系和经济关系，会导致调制关系具有不周延性。此外，市场规制关系和宏观调控关系并非形式意义上的经济关系，而是针对经济关系的管理关系。

（二）调制关系的不周延性

调制关系是宏观调控关系和市场规制关系的统称。宏观调控关系和市场规制关系的提出，揭示了经济法中的政府与市场关系，为政府调控经济和规制市场提供了理论基础。调制关系的提出也促使经济法学界在“经济法调整何种经济关系”问题层面达成共通性认识，结束了不同中国经济法理论学说的争论局面，有助于形成经济法学研究的合力，防止中国经济法学出现四分五裂的结果。但是，将调制关系作为经济法调整对象也存在逻辑上的不周延问题，其将经济法的关注对象放到政府对市场的规制和调控方面，却忽视了发生在市场主体之间的经济关系。经济法对市场规制关系和宏观调控关系的关注是合理的，但这并非经济法的全部内容。作为维护社会公共利益的经济法应当重点关注发生在市场经济中的具体经济行为。市场规制和宏观调控作为经济法实现社会公共利益的手段不应当成为经济法的主要内容。

在市场规制法中，调制关系的不周延性表现为只揭示出政府主体与市场主体之间的规制关系，而没有揭示出市场主体与市场主体之间的经济关系。以反不正当竞争法为例，从市场规制关系的角度看，反不正当竞争法调整针对不正当竞争行为的市场规制关系，其内容应当是规定规制机构如何规制不正当竞争行为，是规范市场规制行为的法律,即指向政府的规制行为。但从我国的反不正当竞争法规范内容看,该法不仅包括市场规制机构的规制行为,同时也包括作为市场主体的经营者行为,即不正当竞争行为。反不正当竞争法除了调整市场规制关系,还调整经营者不正当竞争关系。前者是政府与市场的关系,后者是市场与市场的关系。因此,在市场规制法中,调制关系只揭示了政府主体与市场主体之间基于监管行为而产生的规制关系,而没有揭示市场主体与市场主体之间基于经济行为而产生的经济关系。

在宏观调控法中,调制关系的不周延性表现为只揭示出政府主体和市场主体的调控关系,而没有揭示出政府作为市场主体与市场主体之间的经济关系。在经济法二元体系中,市场规制关系和宏观调控关系是市场规制法和宏观调控法的调整对象。这种并列关系将宏观调控类比为市场规制,从而使宏观调控呈现出与市场规制相同的逻辑结构,即发生在政府主体与市场主体之间的调控关系。此种类比将作为调控主体的政府与受控主体的市场相对立,与市场规制关系一样,揭示出政府与市场的关系。其实,由于宏观调控行为具有经济行为的性质,其不同于具有监管行为性质的市场规制行为,而是需要受到监管的政府经济行为。因此,宏观调控关系所展现的政府主体与市场主体之间的关系,不同于市场规制关系,而是政府以市场主体身份参与到市场主体之间的经济活动中。例如,作为财税法组成部分的政府采购法,就是政府与市场之间的采购经济行为。因此,调制关系在宏观调控法中的不周延性表现为只揭示出作为调控主体的政府与市场之间的调控关系,而没有揭示出作为市场主体的政府与市场之间的经济关系。

(三)调制关系非经济关系

经济法所调整的经济关系应当建立在市场主体和政府主体实施的经济行为基础上。[1] 经济法二元论将调制关系作为经济法所调整的经济关系,偏离了经

---

〔1〕 经济行为是人们为了获得财富,或者以营利为目的,利用稀缺资源进行生产、交换、分配、消费以及提供服务等一系列活动的总称。参见薛克鹏:《经济法基本范畴研究》,北京大学出版社 2013 年版,第 111 页。

济关系的应然内容。市场规制关系和宏观调控关系建立在市场规制行为和宏观调控行为的基础上，是调制主体向调制受体作出的具有强制属性的行为。这种行为不是通常意义上的经济行为，也不是通常意义上的经济关系。当然，由于上述两种关系本身具有不同属性，判断它们是否属于经济关系还需要作更为详尽的分析。

第一，市场规制关系不是经济关系。在“市场规制法和宏观调控法关系问题”部分，市场规制行为性质是政府监管行为，这是一种针对市场主体经济行为的监督管理活动。例如，市场监管机构针对经营者产品生产行为的监督管理活动就属于市场规制行为。此时，在经营者和市场监管机构之间存在两种行为模式。就经营者而言，其行为是具有产品生产性质的经济行为；就市场监管机构而言，其行为是具有监督管理性质的市场规制行为。前者属于经济关系，后者属于市场规制关系。这是两种不同性质的关系，不能将市场规制关系当作经济关系。当然，这两种关系也存在内在关联，即市场规制关系建立在经济关系的基础上。没有经济关系，市场规制将因丧失行为对象而无法存在。那种将市场规制关系视为经济关系的观点，就是在混淆监管行为和监管行为对象，把监管行为当作监管行为对象。

第二，宏观调控关系存在形式和实质的区分，形式上不属于经济关系，实质上属于经济关系。所谓宏观调控关系的形式，是站在宏观调控和市场规制并列关系的角度认识宏观调控关系的性质。此时，宏观调控与市场规制类似，是调控主体在宏观经济领域针对市场主体的经济行为所采取的调节措施。将调控行为当作经济关系，是把调控行为当作调控行为对象。所谓宏观调控关系的实质，是站在宏观调控和市场规制交叉关系的角度认识宏观调控关系的性质。此时，宏观调控行为不是与市场规制行为相并列的概念，而是一种由政府主体实施的经济行为。这种经济行为与市场主体的经济行为一样需要受到特别的规制。由于此处的宏观调控行为本质是经济行为，因而它属于经济关系。

调整对象理论存在的上述局限性表明，经济法无法像传统公法和私法那般直接适用调整对象理论。简单套用该理论或强行适用该理论，无法为经济法理论研究及其体系建构提供有益帮助。那么，为什么经济法不能像民法或行政法那样，适用调整对象理论就能够完美实现经济法概念界定和体系建构？这是因为民法和行政法具有主体上的同质性,而经济法在主体上具有异质性特征。民法可以运用调整对象理论实现概念界定,源于主体的同质性。民法所调整的人身关系和财产关系是在自然人、法人和非法人组织之间产生的,它们具有平等性。行政法可以运用调整对象理论实现概念界定,同样源于主体的同质性,其主体包括行政主体和行政相对人,它们具有不平等性。经济法所涉及的主体同时包括民法主体和行政法主体,是平等的同质性和不平等的同质性的结合。若经济法简单套用传统公法和传统私法的定义方法,则是在削足适履。遵循调整对象的理论逻辑,经济法的调整对象是特定经济关系,并将经济关系界定为市场规制关系和宏观调控关系。但是,何谓经济关系,何谓市场规制关系和宏观调控关系,以及市场规制关系和宏观调控关系是否属于经济关系,这些问题的存在都动摇着经济法的根基。由于关系涉及复数主体,而行为只涉及单数主体,从关系角度理解经济法将迷失在经济法的多元主体中。从行为角度理解经济法则可以跳出经济法的多主体迷境。经济法是规范具有公共利益性质的市场主体经济行为和政府主体经济行为的法律。同时,为了保障市场主体和政府主体的经济行为符合公共利益,经济法应设置相应的监督管理部门实现对经济行为的监管。市场规制行为就是此处的监管行为,宏观调控行为主要表现为政府主体的经济行为,同样需要受到监管。

三、经济法体系的手段导向型问题

法体系可以分为目的导向型体系和手段导向型体系。目的导向型体系是将法目的作为体系建构的依据,目的经由体系而表现;手段导向型体系是将法手段作为体系建构的依据,手段经由体系而表现。目的导向和手段导向作为法规范体系两种不同构造模式,是法规范价值在法规范体系中的直接映射。以民法体系为例,《民法典》作为民法体系的终极表现形式,主要由总则、物权、合同、人格权、婚姻家庭、继承和侵权责任七个部分组成。民法规范的目的是保护民事主体权利并维护个人利益,民法规范的手段是意思自治和平等协商。民法体系是一种目的导向型体系,而非手段导向型体系。民事权利是构成民法体系各个部分的主要内容,包括物权、合同权、人格权、婚姻家庭权和继承权,以及与民事权利相关联的侵权责任。因此,在民法体系中,民法规范的目的构成民法体系的主要内容,而民法规范的手段是民法体系的实质特征,即民法是自治法。

经济法体系同样可以分为目的导向型体系和手段导向型体系。其中,经济法规范的目的是保护市场主体权利并维护社会公共利益,而经济法规范的手段是国家干预,主要包括市场规制和宏观调控两种手段。根据经济法规范的手段类型,经济法常被视为干预法、规制法或调控法。经济法二元体系将市场规制和宏观调控作为体系划分依据,是手段导向型体系的体现,但其只揭示出了经济法规范体系的特征,而没有揭示出经济法规范体系的内容。手段导向型经济法体系将经济法调整手段当作经济法调整对象,围绕政府权力设计经济法规范内容,没有正确处理经济法规范目的和经济法规范手段的关系,强化政府主体权力而弱化市场主体权利,最终经济法将沦为政府针对市场进行规制和调控的工具之法,而不是实现包括市场主体权益在内的社会公共利益的目的之法。

(一)经济法规范目的手段关系错位

具有手段导向型特征的经济法二元体系将调整手段视为调整对象,混淆了政府与市场之间的调制关系和市场与市场之间的经济关系,从而使经济法二元体系内容呈现出"重手段轻目的"的结果,没有正确反映经济法规范中的目的与手段的关系。经济法规范的目的是维护社会公共利益,这种利益包括经济秩序、经济安全、经济增长、公共设施、公益设施、自然资源和环境、弱势群体利益等。〔1〕经济法规范难以单独实现社会公共利益目的,需要借助国家之手通过市场规制和宏观调控的方式完成经济法目标。目的才是经济法规范的重心,手段只是实现目标的方式或者工具。

在经济法二元体系中,作为经济法手段的市场规制和宏观调控成为经济法体系构造的核心,并形成以规范市场规制行为为内容的市场规制法和以规范宏观调控行为为内容的宏观调控法,导致经济法体系呈现内部分裂的格局。其中,市场规制法不仅要规范市场规制行为,同时也要规范市场主体从事的竞争行为、经营

〔1〕 参见薛克鹏:《经济法基本范畴研究》,北京大学出版社2013年版,第220~224页。

行为、消费行为、劳动行为等经济行为。前者是政府行为,后者是市场行为。这意味着市场规制法需要同时规制政府行为和市场行为,且这两种行为具有完全不同的性质,前者是监管行为,而后者是经济行为。相较于市场规制法而言,宏观调控法同样存在相同的问题,但也存在差异。宏观调控法是规范宏观调控行为的法律规范,但宏观调控行为不同于市场规制行为,其属于政府主体实施的经济行为,而非监管行为。因此,宏观调控法名义上是规范政府宏观调控行为的法,而实质上是规范政府经济行为的法。

然而,在经济法二元体系中,宏观调控与市场规制是并列关系,这意味着二元论将宏观调控行为和市场规制行为视为相同性质的政府行为。这将产生新的问题,即经济法二元体系划分标准不统一。这存在两个假设,第一个假设以手段行为作为划分经济法二元体系的标准,即市场规制行为和宏观调控行为是政府干预经济的两种手段形式,但这与"市场规制行为是政府监管行为"和"宏观调控行为是政府经济行为"相矛盾。第二个假设以目的行为作为划分经济法二元体系的标准,即宏观调控作为政府经济行为需要受到经济法的规制,从而实现社会公共利益,但市场规制行为并非政府经济行为,而是政府针对市场主体经济行为所实施的监管行为。这两个假设都存在经济法二元体系划分标准不统一的问题。

(二)政府权力与市场权利关系错位

政府权力和市场权利的关系是在经济法视域下政府与市场关系理论的具象化。中国经济法伴随经济体系改革而出现,经济法发展史就表现为政府权力向市场权利过渡史。我国经济体制改革,正是为了解决计划经济体制下的政府权力集中问题。随着经济体制改革的深化,政府权力不断向市场权利让位,强化市场权利和弱化政府权力是中国经济法的主旋律。

学界关于经济法调整对象是市场规制关系和宏观调控关系的基本认识主要形成于20世纪90年代,并在进入21世纪后得到普遍认同。这种形成于经济体制改革初期的认识,在新时代背景下需要进行重新修正。进入全面实现社会主义现代化建设的历史阶段,继续沿用旧时期的经济法调整对象理论无异于新妇穿旧衣,无法体现新时代特点。围绕政府市场规制权和宏观调控权构建经济法体系,难以摆脱经济法是经济行政法的误读。我国经济法应当以保障市场主体权利、限制政府干预权力为目标，将国家干预经济的手段作为经济法体系基础将导致经济法成为行政权力扩张法，违背现代法治理念。[1]

我国之所以进行经济体制改革，并不断强调市场在资源配置过程中的决定性作用，是为了矫正形成于旧经济体制时期的政府权力相较于市场权利的错位。建立在市场规制和宏观调控基础上的经济法二元论为了克服这种权力思维的弊端，在旧有理论基础上又提出了规范政府干预行为的主张。这种对旧有理论的缝缝补补终究局限在政府对市场的行政权力干预中，未来还会继续出现政府权力和市场权利的关系错位问题。因此，要让政府和市场关系回归正常，与其对旧有理论进行缝缝补补，不如转变经济法研究思维，寻找经济法应然调整的经济关系，而不是用手段关系替代经济关系。

（三）经济法存在的法律工具化问题

手段导向型经济法体系存在将法律工具化的问题，即将经济法视为国家干预经济的工具，具体表现为市场规制的工具和宏观调控的工具。与法律工具化相对应的概念是工具的法律化，是指通过立法的形式赋予工具法律意义。工具法律化的典型代表是宏观经济政策的法律化，如货币政策和财政政策通过立法形式实现合法化。工具法律化是法律工具化的前提，法律工具化是工具法律化的发展。法律的工具化和工具的法律化都存在正当性基础，即为国家管理社会提供法律依据。

法律工具化是法律工具主义的表现，其将法律作为改造社会的工具。早在1897年，霍姆斯就在《法律的道路》一书中提出，法律可以成为推动社会发展的工具。[2] 这种工具论的法律观将法律作为公权力的工具，旨在实现社会利益，即“人创造的法律应当作为工具服务于人的目的”[3]。从实现社会利益角度看，法律工具化具有正当性。但这并不意味着法律工具化就不存在任何问题。法律具

〔1〕 参见秦国荣：《维权与控权：经济法的本质及功能定位——对“需要干预说”的理论评析》，载《中国法学》2006年第2期。

〔2〕 Oliver Wendell Holmes, *The Path of the Law*, Harvard Law Review 110, No. 5 (1977): 991 – 1009.

〔3〕 朱明哲：《从19世纪三次演讲看“法典化时代”的法律观》，载《清华法学》2019年第3期。

有工具属性,可以成为促进社会发展的工具,但将法律工具化也存在弊端。第一,法律是人民意志的体现,法律工具化意味着人民意志工具化,这违背法的基本理念,即保障人权、限制公权。第二,将法律工具化后,有用和无用将成为评价法律的标准。在经济法中,有利于政府干预经济的规范内容将被重视,而不利于政府干预经济的规范内容则会被束之高阁。第三,法律的工具化还将导致法律价值被工具化,从而使公平和正义等法律价值成为可有可无的工具。第四,经济法将成为政府干预经济的工具之法,即成为政府行使市场规制权力和宏观调控权力的工具,这为政府通过行政权侵害市场主体权益留下隐患。

法律工具化是一柄"双刃剑",需要予以正确对待,防止经济法成为政府过度干预经济甚至侵害市场主体权益的工具。作为工具而存在的经济法应当是限制政府权力和保障市场权利的工具。对于政府通过市场规制和宏观调控干预经济的行为而言,经济法不能也不应当成为工具。但在手段导向型经济法体系中,此种法律工具主义存在将经济法当作市场规制权力和宏观调控权力等公权力工具的倾向,这不利于形成正确的经济法的法律观,也招致学者对国家干预的批判和反思。

第三章　经济法二元体系构造理论反思："政府(社会)—市场"模式

经济法二元体系在生成内容、生成逻辑和生成方法三个维度存在的问题，都与经济法二元体系的构造理论有关。中国经济法二元体系建立在"政府(社会)—市场"理论模式之上，是国家干预理论在经济法体系构造中的表现形式。这种理论的内在逻辑表现为：(1)市场失灵是国家干预经济的正当性依据；(2)市场失灵问题将导致社会公共利益受损；(3)国家为了维护社会公共利益需要干预经济；(4)国家干预经济的主体以政府为主；(5)国家干预经济的手段包括市场规制和宏观调控；(6)政府干预同样存在失灵问题，并将导致社会公共利益受损；(7)政府干预行为需要受到干预。在"政府(社会)—市场"理论模式下，政府成为社会的代表主体，并为了社会公共利益的需要对市场进行规制和调控，从而克服市场失灵问题。经济法二元体系存在的生成内容问题、生成逻辑问题和生成方法问题，源于"政府(社会)—市场"模式对政府、社会和市场关系的错置。从理论上看，政府、社会和市场关系可以分为政府与市场关系、政府与社会关系、市场与社会关系三部分内容。这意味着在分析政府、社会和市场关系的措置问题时也需要从上述三组关系入手。然而，由于市场与社会关系并非经济法的主要关注对象，且对经济法二元体系构造的影响不如政府与市场关系、政府与社会关系深入。因此，本部分在对经济法二元体系构造理论进行反思的过程中,主要集中于政府与市场关系、政府与社会关系,分析其对经济法二元体系构造的影响。在"政府(社会)—市场"模式中,政府、社会和市场三者关系的错置主要表现为:政府与市场的补充关系和政府与社会的混同关系。

第一节 经济法二元体系构造的理论模式

经济法二元体系构造理论主要表现为"政府(社会)—市场"模式,即政府为了实现社会公共利益需要通过市场规制和宏观调控等手段干预市场经济。经济法二元体系就建立在该理论模式之上。"政府(社会)—市场"模式的核心是政府与市场关系,其起源于自由资本主义时期的自由放任政策,而后由于自由放任经济政策导致经济危机,便出现了国家干预政策,又由于国家干预出现无效等问题,而出现放松规制趋势。在长期的经济发展过程中,政府为了实现社会公共利益而干预经济成为不同国家的共识。"政府(社会)—市场"模式正是该共识在理论上的集中体现,其重点回答了政府与市场的关系问题,为政府规制市场和政府调控市场提供理论解释,推动经济法体系向市场规制法和宏观调控法靠拢。

一、"政府(社会)—市场"模式的起源

"政府(社会)—市场"模式起源于西方资本主义经济,并随着资本主义不同发展阶段而具有不同的理论内容。自 18 世纪以来,政府与市场关系成为经济学家争论的焦点,政府为管理市场而享有的职能大致可分为守夜人、裁判员、经济管理者、市场干预者和产权保护者 5 个方面。[1] 在政府与市场理论发展过程中,政

〔1〕 第一,政府是守夜人,其职能限定为保护国防安全、建立行政司法和维持竞争秩序;第二,政府是裁判员,即竞争规则的制定者和市场竞争的裁判者;第三,政府是经济管理者,即通过扩大公共支出管理宏观经济;第四,政府是市场干预者,即通过监督管理等方式克服市场失灵;第五,政府是产权保护者,即建立产权制度,为市场主体界定产权关系,明晰产权。参见[美]维托·坦茨:《政府与市场:变革中的政府职能》,王宇等译,商务印书馆 2023 年版,"译者序"第 10 页。

府与市场关系存在两个极端,即以政府配置资源的计划经济和以市场配置资源的市场经济,前者强调政府作用而忽视市场作用,后者强调市场作用而忽视政府作用。在这两个极端的中间,存在混合经济形式,即强调政府和市场在资源配置中的双重作用。在社会主义市场经济背景下,我国的政府和市场关系表现为有效市场和有为政府的结合。

(一)自由市场阶段

在西方资本主义经济发展过程中,政府与市场关系在自由放任和国家干预之间不断转变,并表现出"钟摆效应"。在 20 世纪 30 年代之前,受经济自由主义思想影响,政府与市场处于自由放任关系中。这种经济自由主义思想源于亚当·斯密,其在《国民财富的性质和原因的研究》中系统阐述了自由主义理论,认为看不见的手能够自发解决市场问题。亚当·斯密的继承者在经济自由主义基础上,发展出以自由放任为核心的经济自由观,坚持"看不见的手"在资源配置中的重要性,并且反对政府干预,认为市场可通过其内在机制解决一切问题。大卫·李嘉图、巴蒂斯特·萨伊、哈耶克、米尔顿·弗里德曼、詹姆斯·布坎南等经济学家均提倡经济自由主义以及政府对市场的自由放任。自由放任的经济观是古典经济学理论的核心内容。在古典经济学理论中,政府成为市场的"守夜人",其不应当过多干预市场经济活动。[1] 政府替代市场成为配置资源的主要机制并由此形成中央计划经济体制,这被哈耶克视为一条"通往奴役之路"。[2] 市场经济下的自由竞争才是实现个人自由的最有效路径。自由放任的经济发展观和经济自由主义思想观促进了自由资本主义发展,并使自由资本主义逐渐演变为垄断资本主义,为第一次世界大战爆发埋下经济种子。由于前期的自由放任政策,多数资本主义国家都出现了垄断、不正当竞争、分配不公等经济问题,并产生了公共伦理失范、法律调节失衡等社会秩序问题。自由放任的资本主义经济发展历程被 20 世

---

〔1〕 参见郑飞鸿、田淑英:《论政府与市场关系理论的历史演变》,载《云南社会科学》2018 年第 4 期。

〔2〕 参见[英]弗里德利希·奥古斯特·冯·哈耶克:《通往奴役之路》,王明毅等译,中国社会科学出版社 2013 年版,第 4 页。

纪30年代爆发的经济危机中断。

（二）国家干预阶段

20世纪30年代的经济危机改变了经济自由主义的发展方向,也影响了政府与市场关系,政府为了缓解经济危机以及实现社会公共利益,开始全面介入社会经济生活,并以各种经济政策干预市场经济。此时,政府以社会之名成为社会公共利益的守护者。凯恩斯提出的国家干预主义成为政府解决经济危机的经济学理论工具,从而替代了以亚当·斯密为代表的经济自由主义。1936年,凯恩斯出版《就业、利息与货币通论》,认为市场无法解决市场失灵问题,该问题需要由政府介入,并提出政府干预理论以应对世界性经济危机。凯恩斯主义从宏观经济角度为政府干预经济提供了若干宏观经济政策工具,并主要从货币政策和财政政策两个角度提出政府需要扩大政府支出,加强宏观调控,完善需求管理。凯恩斯主义是国家干预理论的体现,为国家干预经济提供理论依据。罗斯福新政践行了凯恩斯提出的国家干预主义,这标志着资本主义国家开始从自由放任走向国家干预,由市场主导经济走向政府主导经济。国家干预理论的提出以及罗斯福新政实践使资本主义国家开始重视政府在市场经济中的作用。美国在国家干预经济中的成功经验也被其他国家所吸收借鉴。国家干预理论视域下的政府与市场关系也被我国经济法学界所吸收,并形成了中国经济法学理论之一,即需要国家干预理论。受英国凯恩斯主义的理论影响和美国国家干预经济的实践影响,我国经济法也注重国家干预经济,其干预手段主要由市场规制和宏观调控组成。凯恩斯的国家干预理论是经济法二元体系构造理论模式的主要理论基础,并形成了“政府—市场”的干预理论模式。

（三）放松干预阶段

罗斯福新政缓解了经济危机给美国带来的经济负面影响,并带动美国经济繁荣发展。直到20世纪七八十年代,美国经济陷入停滞状态并出现严重通货膨胀。经济增长率降低,失业率提高,通货膨胀率居高不下,国民经济开始持续衰退。这些异常经济现象的出现标志着传统的凯恩斯国家干预理论的破产,国家干预主义走向末路。此时，倡导经济自由的经济学家开始重提经济自由主义，主张小政府和大市场。政府与市场关系开始从政府干预市场转向市场主导经济。资本主义国家开始反思政府干预，并出现了政府放松管制的浪潮，主张发挥市场在资源配置中的作用，反对政府过度干预。围绕着经济滞涨问题以及传统凯恩斯理论局限性问题，西方经济学家开始寻找解决问题的出路，并诞生了新凯恩斯主义学派和供给学派等学派理论丛林。[1] 随着2008年金融危机爆发，资本主义国家出现经济衰退问题，各个国家又一次加大政府干预力度。[2]

资本主义国家中的政府与市场关系一直处于变动状态中，其总体趋势表现为由市场到政府、再由政府到市场的螺旋式变化。新中国成立以来，我国政府与市场关系同样处于变动过程中，其总体趋势表现为从政府主导型经济转向市场主导型经济，并注重政府与市场双重作用的发挥。我国的政府与市场关系经历了5个阶段的变化：第一，在1956年社会主义改造完成到1978年，政府完全替代市场实现资源配置，这一时期我国实行计划经济；第二，从1978年到1992年，政府开始放开市场，突破计划经济体制并引入市场经济；第三，从1992年到2002年，政府开始调控市场，建立社会主义市场经济体制，并认识到市场应当发挥资源配置的基础性作用；第四，从2002年到2012年，政府受到市场约束，充分发挥市场的基础作用，同时进行政府行政体制改革；第五，从2012年至今，市场在资源配置中起决定性作用，同时更好地发挥政府作用。[3]

二、"政府（社会）—市场"模式的价值

"政府（社会）—市场"模式被引入经济法领域后，成为经济法理论的核心内容。经济法理论研究主要围绕政府与市场的关系展开，在社会本位的基础上探讨

---

〔1〕这些经济学派都致力于回答政府与市场关系问题，寻找能促使政府与市场共生互补、协同创新的突破性策略。参见郑飞鸿、田淑英：《论政府与市场关系理论的历史演变》，载《云南社会科学》2018年第4期。

〔2〕参见石涛：《政府和市场关系类型、历史演变及启示》，载《上海经济研究》2018年第12期。

〔3〕参见包炜杰、周文：《政府与市场关系的演变和突破——兼论中国特色社会主义政治经济学的国家主体性》，载《学术研究》2020年第11期。

政府如何规制和调控市场。在经济法中,“政府(社会)—市场”模式的价值包括奠定经济法的部门法地位、成为经济法二元体系构造的理论工具、实现市场失灵和政府失灵在经济法中的统一、为政府基于社会公共利益的需要干预市场提供理论解释、为政府干预市场的手段形式提供理论依据。

(一)为经济法发展提供理论动力

“政府(社会)—市场”模式奠定了经济法作为部门法的独立地位,为既来者学习和理解经济法提供了理论工具。老一辈经济法学者披荆斩棘,从经济法调整对象角度论证经济法作为部门法的独立地位,并形成了“经济法是调整政府在干预经济过程中所达成的市场规制关系和宏观调控关系的法律”这一基本共识。市场规制关系和宏观调控关系成为经济法所调整的特定经济关系,这回应了来自传统部门法学者对经济法缺少特定调整对象的质疑,使经济法能够成为中国部门法的独立成员。经济法调整对象正是借助“政府(社会)—市场”模式得以确立,其回答了政府如何在市场中发挥作用的问题。虽然市场规制关系和宏观调控关系作为经济法调整对象仍然存在问题,包括调整关系不周延性、调制关系非经济关系、混淆调整手段和调整对象的关系等,但这不影响市场规制关系和宏观调控关系在经济法理论发展过程中的重要性。可以说,没有老一辈经济法学者对经济法理论研究的坚守和对经济法调整对象的挖掘,中国经济法便难以在作为传统部门法的民法和行政法夹缝中生存和发展。在这个过程中所形成的“政府(社会)—市场”模式是经济法理论研究的宝贵财富,无论未来的经济法理论将发展为何种形态,其必将以现有的“政府(社会)—市场”模式为基础,或继续坚守该理论模式,或修正该理论模式,或否定并提出新的理论模式。

(二)经济法二元体系构造的理论工具

“政府(社会)—市场”模式是经济法二元体系构造的理论工具。经济法体系构造离不开经济法理论指导,经济法二元体系正是在政府与市场关系理论指导下形成的。从“政府(社会)—市场”模式中形成的经济法调整对象——市场规制关系和宏观调控关系,不仅被用于解释经济法的定义和经济法作为部门法的独立性，也被用于构建经济法的二元体系。调整对象贯穿经济法体系的全部内容，经济法作为调整市场规制关系和宏观调控关系的法律，自然被划分为两部分内容：市场规制法和宏观调控法。存在于政府与市场之间的市场规制关系和宏观调控关系与市场的二元化分存在对应性。在"政府(社会)—市场"模式下，政府与市场的关系会随着市场的类型区分表现为不同的关系结构，如政府与微观市场的关系、政府与宏观市场的关系。作为经济法二元体系组成内容的市场规制法和宏观调控法，分别体现了政府与微观市场存在的规制关系和政府与宏观市场存在的调控关系。

(三)实现市场失灵和政府失灵的统一

"政府(社会)—市场"模式实现了市场失灵和政府失灵在经济法中的统一，为经济法研究提供切入点。双重失灵作为经济法二元体系生成的现实基础，从市场失灵和政府失灵两个角度确立经济法的功能，即克服市场失灵问题和克服政府失灵问题。双重失灵原本是经济学理论内容，其被引入经济法学理论后被赋予了法学属性，成为"政府(社会)—市场"理论模式的表现形式之一，也为经济法二元体系形成提供依据。基于失灵视角的政府与市场关系具体表现为政府失灵和市场失灵关系。在"政府(社会)—市场"模式中，市场失灵是政府失灵的前设条件。政府失灵问题所展现的逻辑为"市场失灵—政府干预—政府失灵"，这意味着没有市场失灵则没有政府失灵。这也是资本主义国家从自由资本主义经济到垄断资本主义经济，再到国家资本主义经济的经济发展逻辑。这套经济发展逻辑虽然无法解释我国的经济体制改革和经济发展历程，也无法解释我国经济法的产生原因，但在经济体制改革初期和我国经济法形成的初始阶段，基于"政府(社会)—市场"模式的双重失灵逻辑框定了我国经济法具有的克服市场失灵和克服政府失灵的功能作用，为经济法理论的深层次研究提供了学术平台。

(四)为政府干预市场提供理论依据

"政府(社会)—市场"模式为政府基于社会公共利益的需要干预市场提供理论依据。在"政府(社会)—市场"模式中，政府总是以社会公共利益的守护者身份出现在市场中,并为了实现社会公共利益而干预经济。这意味着,政府成为社会的化身,政府干预市场总是存在社会公共利益的正当依据。社会公共利益的实现确实需要运用到政府的看得见之手,市场并不会自发维护社会公共利益。相反,市场主体为了获取个体经济利益常常作出损害社会公共利益的行为,从而出现垄断和不正当竞争等市场失灵问题。虽然政府干预市场具有社会公共利益的正当性依据,但政府失灵问题的出现使得政府也会像市场一样损害社会公共利益,甚至会假借社会公共利益之名行侵害市场主体利益之实。因此,政府借用社会公共利益的名义干预市场的行为也需要受到干预,即干预政府干预。这意味着经济法需要同时承担干预市场和干预政府的双重任务。就经济法具有的干预政府的功能而言,"政府(社会)—市场"模式主要从政府失灵角度切入,克服政府失灵即干预政府干预。就经济法具有的干预市场的功能而言,"政府(社会)—市场"模式主要从失灵市场角度切入,克服市场失灵即干预市场。"政府(社会)—市场"模式价值主要体现在为政府干预市场提供社会公共利益的依据,从而实现经济法具有的限制市场主体经济行为的作用,如限制经营者垄断行为、不正当竞争行为、侵害消费者权益行为等。

(五)揭示政府干预市场的两种手段

"政府(社会)—市场"模式内含政府干预市场的两种手段,即市场规制手段和宏观调控手段。政府为实现社会公共利益而干预市场是"政府(社会)—市场"模式的应有之义,而政府干预市场需要通过政府实施的干预行为实现。在干预市场过程中,政府主要使用市场规制手段和宏观调控手段维护社会公共利益。作为经济法二元体系构造理论的"政府(社会)—市场"模式主要价值在于,通过厘清市场失灵和政府失灵的逻辑关系,为政府基于社会公共利益的需要,运用市场规制和宏观调控两种手段干预市场提供理论依据,并同时兼顾规范政府市场规制行为和宏观调控行为,最终形成市场规制法和宏观调控法的经济法二元体系。虽然经济法理论将干预市场和干预政府相结合,但建立在"政府(社会)—市场"模式基础上的经济法二元体系主要侧重于干预市场。例如,"政府(社会)—市场"模式论证了政府干预市场的目的正当性、利益正当性和手段正当性,但在论证干预政府的目的正当性、利益正当性和手段正当性方面存在薄弱问题。其最典型的表现为强调政府干预市场的手段,即市场规制和宏观调控,而忽视了干预政府的手段。也就是在“政府(社会)—市场”模式中,干预政府的手段难以显现。

三、“政府(社会)—市场”模式的内容

“政府(社会)—市场”模式体现的是政府、社会、市场三者之间的相互关系。其中,政府与市场的关系是“政府(社会)—市场”模式的核心内容,政府与社会的关系、市场与社会的关系是“政府(社会)—市场”模式的基础内容。因此,“政府(社会)—市场”模式的内容可以概括为“一个核心、两个基础”。政府、市场和社会相互区分、相互渗透,并非完全同质,政府是社会和市场的代表,负有保证市场和社会良性运行的责任,政府和市场统一于社会中,是社会的一体两翼。[1]

(一)政府与市场关系内容

在经济法二元体系构造过程中,政府与市场的关系是论证经济法概念成立和经济法体系内容的核心要素。无论是经济法“老诸论”、“新诸论”还是“二元论”,它们均围绕政府为什么作用于市场和政府如何作用于市场的问题,实现政府与市场的关系界定。不同学科视野下的政府与市场关系具有不同的内容表现。其中,经济学和经济法学是研究政府与市场关系内容的主要阵地,并呈现不同的内容形式。

在经济学视野中,研究政府与市场的关系就是研究政府和市场如何在资源配置中发挥各自的作用。从政府与市场关系在西方经济学发展历程中可以看出,其存在明显的阶段区分:19 世纪以及之前的经济学理论将市场作为配置资源的唯一方式;20 世纪以后的经济学理论认为政府需要在市场出现失灵问题时,全面介入市场,发挥政府在资源配置中的作用。[2] 经济学作为规律之学,在政府与市场

〔1〕 参见史际春:《政府与市场关系的法治思考》,载《中共中央党校学报》2014 年第 6 期。

〔2〕 参见张思锋、王舟浩、张立:《政府与市场:理论演进、美国改进、中国改革》,载《西安交通大学学报(社会科学版)》2015 年第 3 期。

关系研究中主要揭示出市场和政府在资源配置中的规律表现,以及对市场失灵、政府失灵等现象作出经济学解释,从而为如何解决经济问题和促进经济发展提供素材。

经济法学研究政府与市场关系需要以经济学研究成果为基础,侧重于政府如何通过法律途径规制和调控市场。这些研究成果包括二元市场、双重失灵、政府干预、市场规制和宏观调控等内容。经济法的产生建立在经济学对政府与市场关系的认识基础上,即市场和政府均存在失灵问题。市场虽然能够发挥配置资源的作用,但同样存在失灵问题,这为政府干预市场提供了正当性依据。此外,政府干预也会出现类似于市场失灵的问题,即政府失灵,这为经济法干预政府提供正当性依据。当下,经济法理论面临的主要矛盾是政府与市场关系。从经济法二元体系内容角度看,主要矛盾的主要方面是政府通过市场规制手段和宏观调控手段干预市场经济。

(二)政府与社会关系内容

政府与社会的关系是“政府(社会)—市场”模式的基础内容之一。在经济法理论中,政府规制和调控市场解决的是政府干预市场的手段问题,而没有解决政府干预市场的正当性问题。因此,政府与市场关系内容回答的是政府如何干预市场的问题,政府为什么要干预市场需要从政府与社会关系中寻找答案。在政府与市场关系内容中,政府干预市场的正当性依据之一是克服市场失灵问题。市场失灵问题之所以需要被克服和矫正,是因为该问题会导致社会公共利益的损害。政府为了保护社会公共利益,需要运用规制手段和调控手段干预市场。因此,在“政府(社会)—市场”模式中,政府与社会关系内容为政府与市场关系内容提供正当性基础。

政府与社会关系内容根据强弱性质可以分为强政府强社会、强政府弱社会、弱政府强社会和弱政府弱社会四种形式。[1] 第一,强政府强社会的特点表现为政府和社会能够在制度框架内对话,前者具有明显的自主性,后者具有强大的社

---

〔1〕 参见高建华:《政府社会管理:职能定位与体制建构》,载《上海行政学院学报》2015年第2期。

会力量和组织化程度。[1] 这也是政府与社会关系的理想模式,能够充分实现政府和社会之间的优势互补。第二,强政府弱社会的特点表现为政府主导和社会协助,是政府管理社会的关系模式。这种模式下,政府会认为基层社会组织无法完成社会管理的任务,从而强化政府责任,弱化社会组织的地位和作用,加强政府对社会的管理。[2] 第三,弱政府强社会的特点表现为社会力量强大、社会组织化程度高,而政府力量弱小,难以实现对社会的干预。这种关系模式下,社会主要通过自治方式处理事务。第四,弱政府弱社会的特点是政府和社会的力量弱小,社会极度不稳定,不仅政府无法有效管理社会,社会也难以实现自我管理。这种关系模式主要存在于贫穷落后的国家和地区。

我国政府与社会的关系经历了社会管理和社会治理两个阶段。经济法二元体系形成于社会管理阶段,这一阶段的政府与社会关系内容包括政府管理社会、政府是社会的代表主体、政府是社会的组成部分。第一,在市场规制法和宏观调控法的二元体系中,政府通过对市场进行规制和调控,从而实现对社会的管理,这是典型的政府管理社会,也是强政府弱社会关系模式。第二,政府之所以需要管理社会,原因在于社会无法自发实现公共利益,政府是社会的代表主体,从而维护社会公共利益。第三,政府是社会的组成部分之一,其代表社会实现公共利益,但不能凌驾于社会。也就是政府在社会范围内实施市场规制行为和宏观调控行为,而非社会存在于政府范围内。我国进入社会治理阶段后,形成于社会管理阶段的经济法二元体系能否适应社会治理的需求,以及社会治理阶段的经济法体系应当如何完善,这些问题是当下经济法体系研究的重要内容。

(三)市场与社会关系内容

市场与社会的关系是“政府(社会)—市场”模式的基础内容之二。市场与社会的关系、政府与社会的关系都以社会为主体,分别展现出社会如何与政府产生

---

〔1〕 参见涂开均、袁阳:《强政府强社会及其运行关系解构》,载《重庆社会科学》2014 年第 3 期。

〔2〕 参见李秀义:《社会治理体制改革创新中政府与社会关系的发展路径探析——基于国内基层管理创新的典型模式分析》,载《中南大学学报(社会科学版)》2014 年第 2 期。

联系、社会如何与市场产生联系。作为社会的相对方,政府与市场关系的存在以社会为基础。市场与社会的关系不仅是"政府(社会)—市场"模式的基础内容之一,同时也是经济社会学的核心议题。在经济社会学视野中,市场与社会关系是为回应新古典经济学的扩张而提出的。在新古典经济学理论中,市场存在独立的运作逻辑,其通过完全竞争和资源最优配置发挥作用,而社会则被排除在市场之外,且随着新古典经济学的发展,经济学不断向其他领域扩张,并试图通过数学模型和公式计算分析解决问题,与经济有关的市场、价格、货币等议题都被纳入了经济学研究范围。[1]

经济社会学从市场与社会的关系角度分析经济问题和社会问题,并形成三种不同的市场与社会关系内容。第一,卡尔·波兰尼将经济界定为"一个由相互锁连的市场组成的体系"[2],同时认为市场就是人们为了交换或者为了买卖而会聚的场所,市场处于社会之内,市场经济只有在市场社会中才能正常运转,而市场秩序受社会制度约束。[3] 市场与社会具有嵌入关系,市场嵌入社会,并无法脱嵌于社会,这意味着市场从属于政治、宗教和社会,不具有独立性和自主性。[4] 第二,格兰诺维特认为市场有独立的运作逻辑,社会处于市场之外。第三,帕森斯认为市场既不归属于社会,也未完全独立于社会,市场与社会相互渗透。格兰诺维特和波兰尼都主张市场嵌入社会,两者的区别在于后者认为市场和社会不可分割,前者认为市场和社会可以区分,社会从外部对市场产生影响,帕森斯则认为市场和社会是渗透关系,即市场和社会相互独立,但却你中有我、我中有你,市场秩序来自经济利益、象征意义和共有价值对行动者的约束。[5]

在"政府(社会)—市场"模式中,与政府与市场关系、政府与社会关系相比,

---

〔1〕 See Convert Johan, *Where did the New Economic Sociology Come From*, *Theory and Society*, Vol. 36:1, p.31-54(2007).

〔2〕 [英]卡尔·波兰尼:《大转型:我们时代的政治与经济起源》,冯钢等译,当代世界出版社2020年版,"导言"第16页。

〔3〕 参见[英]卡尔·波兰尼:《大转型:我们时代的政治与经济起源》,冯钢等译,当代世界出版社2020年版,第57~58页。

〔4〕 参见[英]卡尔·波兰尼:《大转型:我们时代的政治与经济起源》,冯钢等译,当代世界出版社2020年版,"导言"第17页。

〔5〕 参见陈治国:《嵌入到互渗——市场与社会的关系再考察》,载《社会科学家》2019年第3期。

市场与社会关系没有明显的存在感,在主流经济法学教材和著述中也较少被提及。究其原因,大抵是经济法学者过度重视政府在市场和社会中的作用,从而无意识地忽略了市场和社会之间的相互作用。这一点尤其体现在经济法二元体系划分标准之上,政府权力及其行为成为划分经济法二元体系的标准,经济法成为政府干预市场和干预社会的法律工具。倘若经济法的视野不再局限于政府,而是放大到整个市场和社会,经济法面貌将焕然一新,并能够跳出政府主体审视政府主体。此时,政府不再是经济法二元体系中的市场规制主体和宏观调控主体,而是集规制与被规制、监管与被监管于一体的机构。作为政府规制和调控对象的市场,其需要受到规制和调控的原因不再局限于市场失灵问题,而在于市场与社会存在嵌入和互渗关系,市场需要向社会承担责任,而非向个人承担责任。

第二节　经济法中政府与市场的补充关系

政府机制和市场机制都会在资源配置中出现失灵问题,人们面对这两种机制的选择时,是在不完全的市场、不完全的政府以及两者多种组合类型中进行选择的。[1] 在政府与市场之间,至少存在两种选择,即政府补充市场和市场补充政府。我国经历了从计划经济转型为市场经济的过程,过去的政府与市场关系是市场补充政府,当下的政府与市场关系是政府补充市场。

一、政府与市场补充关系的经济法表现

新中国成立以来,政府与市场的补充关系演化可以分为三个阶段:计划经济体制阶段的政府与市场补充关系、经济体制转型阶段的政府与市场补充关系、社会主义市场经济体制完善阶段的政府与市场补充关系。[2] 第一,在改革开放前,

---

〔1〕 参见[美]查尔斯·沃尔夫:《市场,还是政府:市场、政府失灵真相》,陆俊、谢旭等译,重庆出版社2007年版,第8页。

〔2〕 参见刘儒、郭荔:《社会主义市场经济条件下政府和市场的互补关系及特征》,载《东南学术》2021年第1期。

我国处于计划经济体制阶段,政府与市场的补充关系表现为强政府和弱市场的补充。政府代替市场实现资源配置,市场难以发挥作用。作为市场经济之法的经济法在这一时期没有生存的土壤,自然也无法形成经济法体系。第二,在 1978 年到 1991 年间,我国处于由计划经济体制过渡到市场经济体制的转型阶段,政府与市场关系表现为政府主导和市场培育的补充。在政府主导的基础上,国家实行有计划的商品经济。第三,1992 年至今,我国处于社会主义市场经济体制完善时期,这一时期根据市场的作用可划分为基础作用型市场和决定作用型市场两个阶段。1992 年到 2011 年是基础作用型市场阶段;2012 年至今是决定作用型市场阶段。

经济法二元体系形成和发展均建立在计划经济体制、计划经济体制向市场经济体制过渡以及社会主义市场经济体制三个历史阶段演化背景下。其中,经济法二元体系形成于计划经济体制到市场经济体制的转型阶段,并发展于社会主义市场经济体制完善阶段。政府与市场的补充关系是政府补充市场,而非市场补充政府。前者以市场为主,后者以政府为主。政府与市场的补充关系在经济法中具体表现为法律主体角色的补充关系、资源配置功能的补充关系以及资源配置手段的补充关系。

(一)法律主体角色的补充关系

在法律主体角色层面,政府主体与市场主体存在补充关系。在经济法中,政府主体与市场主体具有法律主体身份,享有法定的权利、义务、权力和责任,能够实施具有经济法效果的法律行为。但政府主体和市场主体在法律主体角色扮演过程中,存在政府主体对市场主体的补充现象。这种补充现象表现为政府主体以市场主体的存在为其自身存在的基础,即没有市场主体则政府主体存在无意义。政府主体主要扮演调控角色和监管角色,并与市场主体形成法律关系。无论政府主体扮演何种主体角色,其均需要以市场主体的存在为前提。扮演调控角色的政府主体离不开市场主体,后者是前者的调控对象,政府主体需要向其他市场主体作出经济行为,如财政经济行为和货币经济行为等,从而影响和改变市场主体的经济行为;扮演监管角色的政府主体同样离不开市场主体,后者是前者的监督管理对象,政府主体需要向其他市场主体作出监管行为,如监督检查、处罚、强制等,从而限制或禁止市场主体的经济行为。

一方面,市场主体是政府主体存在的前提,在法律上主要表现为经营者、消费者和劳动者等主体形式。在经济法视野中,市场主体不同于民法视野中的民事主体,不仅仅表现为平等化的抽象自然人、法人和非法人组织,还表现为差异化的具体经营者、消费者和劳动者。这些市场主体之间存在强势与弱势的差别,尤其是在经济实力、经济资源、市场影响力等方面表现出差异化特征。这使强势市场主体会剥削、压榨、控制弱势市场主体,进而损害弱势市场主体权益。其典型表现为垄断、强买强卖、强迫劳动等。这些问题为政府主体依据法律规范介入市场主体间的经济活动提供正当性,并客观上形成了经济法权利。市场主体基于经济法的弱者倾斜救济原则而享有利益优先权,并通过法律强制责任的承担保障权利实现。[1]

另一方面,政府主体是市场主体存在的补充,在法律上主要表现为市场监管部门和宏观调控部门。政府作为具有强制力属性的第三方主体,是市场主体权利实现和市场秩序维持的外在手段。在市场主体存在的基础上,政府通过监管手段和调控手段实现市场主体权利和维持市场秩序,从而补充市场主体的局限性。例如,为了实现市场公平竞争和自由竞争,政府需要打击垄断行为和不正当竞争行为;为了维护消费者和劳动者权益,政府需要打击经营者和用工单位的违法经营和违法用工行为;为了维持整体经济健康运行,政府需要综合运用预算、税收、采购、金融等财政工具和货币工具调节宏观经济总量和供给平衡。此外,针对不同市场和不同行业,政府还需要因地制宜实施监管和调控措施,以保证市场和行业的健康发展。

(二)资源配置功能的补充关系

政府与市场都具有资源配置的功能,前者作为“看得见的手”强制配置资源,后者作为“看不见的手”自发配置资源。政府和市场在配置资源过程中存在次序

〔1〕　参见陈婉玲:《判断与甄别:经济法权利辨析——以市场主体权利为视角》,载《政法论坛》2017年第4期。

优先级,即市场优先配置资源、政府补充配置资源。这准确表述了市场机制和政府机制在资源配置功能层面的补充关系。政府机制不应优先于市场机制,而应在市场机制优先的基础上,作为补充机制弥补市场机制存在的局限性和不足。

第一,市场机制具有资源配置优先级。基于效率的角度考量,凡是市场机制配置资源的效率更高时,实行市场化就具有必要性;当市场机制存在资源配置失灵时,政府机制如果能够提高资源配置效率,它就可以发挥同市场机制同样的资源配置功能;同政府机制配置资源相比较,市场机制在资源配置的范围和规范上具有优势,这决定了资源配置应当交由市场机制完成,充分发挥市场无形之手的决定性地位和作用。[1] 市场机制在资源配置中的优先性和决定性具有逻辑上的先行性,这也是社会主义市场经济的应有之义。

第二,市场机制存在局限性,即市场失灵。市场失灵作为经济法二元体系生成的第一性现实基础,为市场机制和政府机制共同发挥资源配置功能提供桥梁,也为政府机制补充市场机制提供现实依据。市场失灵问题的存在表明市场机制虽然具有资源配置的优先性和决定性,但也存在局限性和有限性,从而有助于避免陷入市场万能主义陷阱。市场万能主义源于崇尚市场的自由主义,此种思想容易导致市场恶性竞争,尤其是教育、医疗和社会保障领域的市场化,使得经济弱势群体陷入被经济强势主体剥削和控制的境地。[2]

第三,政府机制可以弥补市场机制的局限性。在经济法二元体系的逻辑中,市场失灵是市场在配置资源过程中出现低效或无效的情形,表现为垄断、不正当竞争、信息不对称、公共物品、周期性经济危机等。此时,政府机制可以通过行政指令或命令的形式取代市场机制对资源的无效配置,从而提高资源配置效率。此外,政府机制还可以通过经济调节的方式补充市场机制,如调整宏观经济供给总量和需求总量、制定产业发展政策和规划等。政府机制对市场机制的补充作用集中于市场失灵问题,是对市场低效或无效的补充,而非对市场有效的补充。

当然,虽然政府机制可以补充市场机制发挥资源配置功能,但政府机制本身

〔1〕 参见张守文:《政府与市场关系的法律调整》,载《中国法学》2014 年第 5 期。
〔2〕 参见郑永年:《国际发展格局中的中国模式》,载《中国社会科学》2009 年第 5 期。

也存在局限性,即政府失灵。由此,政府机制也同市场机制一样具有局限性和有限性。在政府与市场补充关系内容中,政府可以补充市场失灵,市场也能补充政府失灵,从而将政府与市场的补充关系形成闭环,表现为互补状态。这从逻辑上可以实现政府与市场关系的自洽,但政府失灵是否能够经由市场机制得到弥补仍需进一步讨论。假设政府能够遵循市场规律,自然可以减少政府失灵的可能性。但政府失灵作为政府公权力失控的结果,不能仅依靠政府自觉遵循市场规律,而需要具有强制力性质的某种机制控制和约束政府。控制和约束政府的方式只能通过法律而非市场来实现。因此,从表面上看,市场机制似乎可以补充政府机制的不足,但此种补充并非市场完成,而是经由具有强制力性质的法律完成的。此时,政府主体以外的其他强制主体可以借由法律实现对政府的控制,从而克服政府失灵问题。

(三)资源配置手段的补充关系

政府机制和市场机制在资源配置中的补充关系,不仅表现在二者所具备的资源配置功能层面,还表现在二者的资源配置手段层面,即政府机制和市场机制在资源配置手段层面也存在补充关系。政府和市场通过不同手段实现资源配置,前者配置资源的手段主要表现为市场规制和宏观调控,后者配置资源的手段主要表现为价格、供求和竞争。政府与市场在资源配置手段中的补充关系是政府配置资源的手段补充市场配置资源的手段,即市场配置资源手段优先,政府配置资源手段补充。

市场配置资源的手段主要包括价格、供求和竞争。其中,价格主要反映商品或服务的价值,并围绕着价值上下波动,成为商品或服务价值的外在表现形式。经营者和消费者对价格存在反向追求,前者为谋取个体利益追求高价格,后者为谋取个体利益追求低价格。这使经营者和消费者在商品或服务价格方面具有矛盾关系。这种矛盾关系可以通过供求和竞争得以缓解。供求包括经营者的供给和消费者的需求两个方面。对消费者而言,当经营者提供的商品或服务价格过高时,会降低消费者的需求,而价格过低会提高消费者需求。对经营者而言,消费者对某类商品或服务需求过高,经营者会提高价格,而需求过低会使得经营者降低价格。同时,由于经营者与其他经营者之间处于竞争关系,经营同类商品或服务的不同经营者会通过质量以及价格竞争,获得消费者的购买需求。通过供求和竞争的影响,市场将不断调整商品或服务价格从而缓解经营者和消费者之间的矛盾关系,促成双方达成合意并完成交易。当然,市场决定作用不等同于自由主义的市场决定论。那种只依靠价格、供求和竞争的市场机制会导致市场恶性竞争和侵犯消费者权益。此时,政府需要完成资源配置的任务。

政府为了完成资源配置任务,常常将市场规制和宏观调控作为资源配置的手段。在市场配置资源起决定性作用的前提下,政府作为市场配置资源的补充机制,其应当同市场机制相衔接共同实现资源优化配置。总体而言,政府的作用表现为完善市场机制和配置公共资源。具体而言,在完善市场机制方面,政府的作用包括规范和保护产权、建立公平开放透明的市场规则、建立统一开放的市场等,这需要政府通过市场监管手段维持市场秩序、保护公平交易,并解决干预过度和监管不到位问题;在配置公共资源方面,政府在产业发展、克服市场失灵、提供公共服务和维持市场秩序等方面尊重市场规律和利用市场机制,并通过自身改革退出直接配置资源,强化社会信用体系建设,配合市场机制共同发挥作用。[1] 在发挥政府作用的过程中,监管和调控是政府常用的资源配置手段,强监管和良调控作为市场机制的补充机制,可以达到规范市场行为、维持市场秩序和稳定市场预期的目标。

二、政府与市场补充关系问题及其成因

政府与市场补充关系具有合理性,经济法二元体系正是建立在政府补充市场的基础上,并强调政府通过市场规制和宏观调控克服市场失灵问题。政府与市场的补充关系虽然划定了二者的边界,但也存在政府与市场的对立统一问题和政府主体内容不匹配问题。这些问题背后彰显着经济法中的市场管理思维以及政府主体的双重性质,这影响了经济法二元体系在新时代背景下的解释力。

---

〔1〕 参见洪银兴:《关键是厘清市场与政府作用的边界——市场对资源配置起决定性作用后政府作用的转型》,载《红旗文稿》2014 年第 3 期。

(一)政府与市场补充关系存在的问题

如何处理政府与市场关系问题是经济法研究的重要内容。有学者总结了我国政府和市场关系存在的以下问题:政府功能定位不清、权责界定不明、政企不分、监管不足等。[1] 国家从改革开放以来实施的各项改革举措都旨在解决政府与市场存在的上述问题,致力于推动政府与市场从对立走向统一,并提出了政府与市场的补充关系,强调政府对市场失灵问题的补充。虽然政府与市场补充关系基本厘清了政府与市场的边界,并在国家政策层面确立了“有效市场和有为政府”的结合。但形成于20世纪末期的经济法二元体系已经难以适应当下的政府与市场关系内容。建立在市场规制手段和宏观调控手段基础上的经济二元体系存在以下两个问题:政府与市场对立统一问题和政府主体内容不匹配问题。

1. 政府与市场对立统一问题

政府与市场的二元对立问题源于西方资本主义经济发展实践,并在西方经济学层面表现为自由主义和干预主义的理论对立。西方国家的政府与市场关系主要分为自由放任型市场经济模式和政府管制型市场经济模式。[2] 小政府大市场或者大政府小市场成为政府与市场关系的表现形式。在这种形而上学的认识论下,市场似乎可以脱离政府而独立存在。此外,西方经济学者将政府作为公共利益代表,认为政府作用在于克服市场失灵问题,这加大了政府与市场的对立程度,并导致学者不得不作出在政府与市场之间进行二选一的行为。站在政府侧的学者认为,政府有必要通过干预手段矫正市场失灵问题,即凯恩斯国家干预主义学派的观点;站在市场侧的学者认为,政府没有必要干预市场,市场能够自发解决经济问题,政府干预只会阻碍市场机制发挥作用,即经济自由主义学派的观点。[3]

政府与市场的补充关系容易导致政府与市场的二元对立。这种二元对立在经济法体系中表现为手段导向型经济法体系的形成,即市场规制法和宏观调控

---

〔1〕 参见张杰、李和中:《清单式治理视域下的政府、市场与社会关系研究》,载《广西大学学报(哲学社会科学版)》2018年第2期。

〔2〕 前者主要以英国、美国、澳大利亚为代表,后者主要以德国、日本为代表。

〔3〕 参见刘凤义:《论社会主义市场经济中政府和市场的关系》,载《马克思主义研究》2020年第2期。

法。政府通过市场规制手段和宏观调控手段补充市场机制的不足，从而实现政府对市场经济的干预。政府与市场的二元对立还体现在经济法所采用的调整对象理论中，即经济法所调整的经济关系是市场规制关系和宏观调控关系。这同样建立在政府干预手段的基础上，市场规制关系和宏观调控关系不仅不是经济关系的体系，还将经济法引入政府与市场的对立局面中。当然，政府与市场如果处于相互补充关系中，那么政府与市场就可以打破对立而实现统一。可问题在于，政府与市场的补充关系能否进一步概括为政府与市场的互补关系，以及此处所谈及的"相互补充"的真实含义是否还处于补充关系范畴？

互补关系即相互补充，表面上看政府与市场可以相互补充，即政府补充市场和市场补充政府。但此种互补关系已非补充关系范畴，而是一种共生关系。在补充关系中，不存在政府与市场的互补。补充关系存在主次和先后的逻辑前提，即政府补充市场意味着市场优先和政府次之，市场补充政府意味着政府优先和市场次之。假设政府和市场同时优先且没有主次和先后差别，补充关系也将不复存在，取而代之的是政府与市场的共生关系。假设政府和市场存在主次和先后差别，补充关系只能存在一种形式，即要么政府补充市场，要么市场补充政府。如果同时存在政府补充市场和市场补充政府，政府和市场的主次关系和先后顺序将陷入逻辑上的自相矛盾，即政府同时处于主要位置和次要位置，市场也同时处于主要位置和次要位置，从而形成政府与市场关系悖论。因此，简单套用相互补充关系来解释政府与市场的补充关系，会陷入逻辑悖论。

2. 政府主体内容不匹配问题

政府与市场的补充关系其实是政府干预与市场失灵的补充关系，从而为政府规制和调控市场提供理论基础，并构建了政府主体的监督、管理、调节、控制的内容。在经济法二元体系中，政府主体内容主要体现为市场规制主体内容和宏观调控主体内容，这也是政府补充市场机制的主要形式。作为市场规制主体的政府主要通过监管的方式限制或禁止市场主体的行为，而作为宏观调控主体的政府主要通过财政、税收和金融途径引导市场主体的行为。

建立在政府与市场补充关系基础上的经济法二元体系看似完整表述了政府主体内容，实现了政府在规制主体和调控主体两方面的统一，但从经济法二元体系生成内容问题中可以看出,市场规制法和宏观调控法在内容上存在矛盾关系。这种矛盾关系基于市场规制行为和宏观调控行为的不同性质而产生。这表明,政府所具有的两类主体内容同样存在矛盾关系,具体表现为市场规制主体性质和宏观调控主体性质的矛盾,或者说市场规制主体性质和宏观调控主体性质不匹配,前者是监管主体,后者是经济主体。

在市场规制主体内容中,政府作为监管主体而出现,其监管对象是市场主体及其经济行为,这也是市场规制法的主要内容。其中,经营者是最主要的监管对象,其实施的垄断行为、不正当竞争行为、生产行为、交易行为等需要纳入监管主体的监管范围。此外,作为监管主体的政府还要针对不同行业和不同市场实施监督管理,包括平台经济监管、网络直播监管、食品安全监管、房地产市场监管、金融市场监管、医药市场监管等。监管主体的监管行为包括监督检查、调查、查封扣押、罚款、没收、吊销、撤销。从监管主体、监管行为、监管对象三个角度看,政府的市场规制主体性质具有指向市场主体经济行为的经济监管性质。从主体和行为角度看,此种经济监管性质是监管市场主体和监管市场行为,并与其形成监管关系,而非经济主体、经济行为和经济关系。因此,在市场规制主体内容中,政府主体性质明确,是经济行为的监管主体。

在宏观调控主体内容中,政府作为调控主体而出现,其调控对象同样是市场及其经济行为,这也是宏观调控法的主要内容。作为调控主体的政府会通过财政政策和货币政策等宏观经济政策调节经济和实现经济总量平衡,如财政预算、税收、政府采购、政府借债、转移支付、发行货币、制定货币利率等。这也是政府补充市场的形式之一。但从宏观调控手段的内容可以看出,作为宏观调控主体的政府实施的所谓宏观调控行为不同于市场监管行为,不具有监管性质,而是应当受到监管的经济行为。市场监管行为和宏观调控行为虽然都是政府主体实施的行为,但后者其实是类似于市场主体经济行为的政府主体实施的经济行为。将政府主体实施的监管行为和经济行为并列为政府的市场规制行为和宏观调控行为,不仅混淆了二者的性质,也造成了经济法二元体系的内部混乱。以市场规制法和宏观调控法为基础的经济法二元体系最终陷入市场主体经济行为、政府主体监管行为和政府主体经济行为三者的纠缠中。这也使经济法二元体系在市场规制法中存在双重内容问题、在宏观调控法中存在双重内容问题、市场规制法和宏观调控法之间存在矛盾问题。

（二）政府与市场补充关系问题的成因

要分析政府与市场对立统一问题出现的原因，需要回答政府与市场为什么会形成补充关系。要分析政府主体内容不匹配问题出现的原因，需要回答政府与市场补充关系为什么存在局限。前者是解决政府与市场补充关系的来源问题，后者是解决政府与市场补充关系的局限问题。

从经济学角度看，政府与市场补充关系基于以下几个因素而出现：第一，西方经济学主要研究稀缺性资源配置问题，包括资源的生产、分配、交换、消费等行为。资源优化配置主要通过市场途径而非政府途径实现，市场途径表现为供给和需求在价格和数量等方面达成市场均衡，市场主体需要为达成均衡而相互竞争与合作。这意味着政府在资源配置中处于边缘地位。第二，自由主义和个体主义方法论在经济学中的运用，形成了市场偏好的个人自由主义经济秩序。西方自启蒙运动以来，人的主体意识开始觉醒，并形成了自由主义传统。个体意识突破了神的意志，使个人能够独立思考和独立存在。笛卡尔的"我思故我在"唤起了对神的绝对怀疑。在个体的意识中，国家或者政府被认为是个人之间通过契约而形成的产物，是一种作为恶的如利维坦的存在。例如，霍布斯的《利维坦》和卢梭的《社会契约论》均以个体主义方法论论证政府的存在。基于这种认识，政府权力应当受限制，从而保证人民自由，该认识为强市场弱政府的市场自由主义提供了理论依据。第三，资本主义经济的发展历程表明政府与市场长期处于经济自由和国家干预的变动中。自由资本主义阶段强调经济自由，反对政府干预；资本主义经济危机时期则强调政府干预，限制经济自由；资本主义经济停滞和通货膨胀阶段则强调经济自由，反对政府过度干预。[1]

政府与市场补充关系重点回答了政府为什么补充市场和政府如何补充市场

---

〔1〕 参见包炜杰、周文：《政府与市场关系的演变和突破——兼论中国特色社会主义政治经济学的国家主体性》，载《学术研究》2020年第11期。

两个问题，前者基于市场机制存在不足，后者基于政府实施的市场规制手段和宏观调控手段。但上述内容均是从市场外部考察政府作用的，强调政府需要的监督、管理、调节和控制职能，而弱化了政府的市场职能和市场主体性质。这是政府与市场补充关系存在的局限性，即没有完整展现政府主体的全部内容。政府与市场补充关系存在的政府与市场对立统一问题和政府主体内容不匹配问题，其深层次原因可以归结于经济法中的市场管理思维和政府主体地位的双重性质两方面。

第一，政府与市场补充关系存在的问题背后体现了传统经济法中的市场管理思维。在2013年党的十八届三中全会之前，管理论占据国家政策的主流位置。在党的十八届三中全会提出治理概念后，国家政策的基本理念实现了从管理到治理的转型。在国家治理现代化背景下，政府与市场的关系也应从政府管理市场转向政府治理市场。但形成于国家管理背景下的经济法二元体系以政府与市场补充关系为理论基础，强调经济法就是政府干预市场经济的法律依据，用市场规制和宏观调控将政府与市场联系起来，其背后的逻辑为政府运用强制性的命令控制手段管理市场。建立在此基础上的经济法也可以被唤作经济管理法，和管理论行政法结合后，又被称为经济行政法。这种管理法强调管理者对被管理者的命令控制，具有鲜明的二元对立性质，体现了浓重的法律家长主义色彩，政府作为市场的管理主体，可以通过行政命令的方式直接干预市场运行和指挥市场发展。[1] 改革开放以来，中央关于政府与市场关系的政策的一系列变化，是在逐步转变国家的市场管理倾向，实现从管理到治理的转型。[2] 但是，这种管理论的思想长期存在于经济法理论中，以市场规制法和宏观调控法为基础的经济法二元体系就是管理论思想在经济法中的集中体现。

第二，政府主体地位同时具备干预主体和市场主体的双重性质。无论是市场规制还是宏观调控都是政府干预主体地位的彰显。除此之外，政府主体能够与其他市场主体共同参与经济活动，此时的政府主体具备市场主体性质。在政府与市

〔1〕 参见徐凤：《国家治理现代化与法制转轨——从"管理法"走向"治理法"》，载《首都师范大学学报（社会科学版）》2017年第3期。

〔2〕 其政策变化表现为从"有计划发展商品经济""市场在国家宏观调控下发挥资源配置的基础性作用"到"市场在资源配置中发挥决定性作用和更好地发挥政府作用"。

场补充关系中，政府主体内容不匹配问题产生的原因就在于政府主体同时具备干预性质和市场性质。这就需要从干预主体和市场主体角度一分为二地看待政府主体，而非仅仅从干预主体角度将政府主体区分为市场规制主体和宏观调控主体。作为干预主体的政府是政府与市场关系的主要组成主体，也是规制和调控市场的主要主体，同时也是经济法二元体系及其经济法二元论所揭示的政府主体内容。作为市场主体的政府在经济法二元体系及其经济法二元论中处于边缘位置，即便涉及政府作为市场主体参与经济互动时，也是将其纳入宏观调控的范畴，并以宏观调控主体而非市场主体的身份出现。这导致政府主体的市场性质和干预性质出现混淆，也使作为市场主体身份出现的政府长期处于监管灰色地带，典型表现为宏观调控法存在双重内容问题，即本应监管政府经济行为的法成为监管市场主体经济行为的法，并为市场主体设置大量法律责任，而缺少政府主体的实质性的法律责任，政府主体责任追究机制运行也处于薄弱环节。因此，能否准确且有效区分政府主体的双重性质应当成为检验经济法体系构造合理性的标准之一。

第三节　经济法中政府与社会的混同关系

在经济法二元体系中，市场规制法和宏观调控法既是规范政府市场规制行为和宏观调控行为的法律依据，同时也是政府规制和调控市场经济的法律依据。对后者而言，维护社会公共利益是政府规制和调控市场经济的唯一正当性理由。其背后的逻辑为：社会无法自发实现公共利益，而需要政府代表社会实现公共利益。这使得政府和社会之间形成了混同关系，即政府与社会出现混同。政府和社会混同关系主要表现在主体和目标两个维度。从主体维度看，政府和社会混同关系表现为政府作为社会的代表主体而存在；从目标维度看，政府和社会混同关系表现为政府为了社会公共利益目标干预市场。以我国《土地管理法》第 45 条规定的内容为例，政府为了公共利益的需要可以征收集体所有的土地，并将其用于军事、外交、基础设施建设和公共事业建设等。由于社会主体无法自发实现公共利益，政府便成为社会的代理人，并为社会公共利益的需要开展经济活动。运用经济法解读政府与社会的混同关系,可以发现混同关系背后体现的是政府主体的社会管理思维,表现为强政府弱社会的社会管理模式。在政府主体的权力扩张诱惑、社会实体地位独立性地位争论和政社间良性合作关系缺失等因素的共同作用下,这种社会管理模式将导致政府与社会关系存在矛盾和社会行政化等问题。在经济法二元体系中,这些问题表现为政府行为规制法和市场行为规制法界限不清、政府行为和市场行为在经济法体系内部交错混乱,从而导致政府主导经济法体系内容,并形成手段导向型经济法体系。

一、政府与社会混同关系的经济法解读

政府与社会混同关系的经济法解读主要围绕政府与社会混同关系形成以及政府与社会混同关系内涵两个问题展开。就第一个问题而言,政府与社会混同关系的形成与中央制定的社会管理政策相关。在一系列社会管理政策驱动下,在政府与社会之间形成了一套完整的社会管理模式,并呈现出强政府弱社会局面。强政府弱社会是在强弱划分标准下形成的政府与社会关系的形式之一。在强政府弱社会关系形式中,政府基于其地位和力量的优势成为大政府,同时扩张自身权力、挤压社会空间,导致社会变为小社会,大政府小社会是强政府弱社会的另一种表现形式。[1] 强政府弱社会也成为政府与社会混同关系的内涵。

(一)政府与社会混同关系形成:社会管理政策[2]

政府与社会混同关系是长期存在于政府内部的社会管理理念外化所形成的

[1] 参见杨立华:《建设强政府与强社会组成的强国家——国家治理现代化的必然目标》,载《国家行政学院学报》2018年第6期。

[2] 当前中国的社会管理的实际含义或曰特定含义是"对社会事务(包括部分政治事务或国家事务和几乎全部社会事务)的管理",而不是严格意义上的社会管理。严格意义上的社会管理是和国家管理相对应的概念,是指社会组织或公民个人等社会主体针对自身事务的自我管理,而非政府管理社会。社会管理概念和市场规制或市场监管概念具有相同的内在逻辑,虽然在实际运用中,社会管理等同于政府管理、市场规制等同于政府规制、市场监管等同于政府监管,但从理论上看,它们属于不同的语义范围,应当有所区别。本部分内容采用实践意义上的社会管理概念,即等同于政府管理,是政府对社会的管理。关于社会管理概念的严格区分,参见施雪华:《当前中国社会管理的成就、问题与改革》,载《学习与探索》2013年第3期。

政府与社会的关系形式。基于社会管理理念而产生的社会管理模式,是一种单向度的政府管理市场模式,是适用于传统社会和计划经济体制的命令型的强制形式。从 1949 年新中国成立到 2013 年党的十八届三中全会,政府与社会关系经历了行政管理和社会管理两个阶段。管理论基础上的政府与社会关系建立在政府本位基础上,由此形成的社会管理体制表现为:(1)政府是唯一管理主体,对被管理主体而言具有绝对的权威,其他主体只能依附于政府主体而存在;(2)行政管制是政府管理社会的主要方式,社会仅仅是政府监管的对象;(3)政府运用单一行政手段管理社会。[1]

在改革开放前,中国实行计划经济体制,政府决定资源分配,并对整个社会实行高度集中的管控。这一时期,国家通过制度设计确立了政府和集体在社会中的主导地位,为了应对新中国成立初期的复杂的国内外环境,稳定新兴政权,中国开启了由政府兴办社会的管理模式,并在社会建设问题上具有鲜明政治特性。[2]

从 1978 年到 1992 年,中国处于计划经济向市场经济过渡的阶段,国家发展重心从阶级斗争转向经济建设。这一时期,国家确立了富强、民主和文明的社会主义现代化建设目标,并对社会实施行政管理,将实现社会平安稳定作为国家行政管理工作重点。这一阶段,国家对社会的行政管理呈现出三个显著特征,第一,社会管理始终围绕以经济建设为中心,并服务于经济发展;第二,在社会管理理念上实现了从"办社会"向"管社会"的转变;第三,没有摆脱计划经济影响,导致阻碍社会发展的体制机制尚存,进而影响社会活力。[3]

从 1993 年到 2002 年,中国进入社会主义市场经济体制时期,市场开始在资源配置中发挥基础性作用,这意味着政府开始放松对市场和社会的管控力度,改变过去政府统管一切社会建设工作的做法,将社会管理和经济建设共同作为政府

---

〔1〕 参见童志锋、郁建兴:《从政府本位到社会本位:社会管理体制变革的新分析框架》,载《中共浙江省委党校学报》2011 年第 1 期。

〔2〕 参见耿立春、张瑞才:《中国社会治理变迁:历史考察、经验启示与未来展望》,载《辽宁大学学报(哲学社会科学版)》2020 年第 6 期。

〔3〕 参见耿立春、张瑞才:《中国社会治理变迁:历史考察、经验启示与未来展望》,载《辽宁大学学报(哲学社会科学版)》2020 年第 6 期。

及其部门的重要职能之一。1998 年,第九届全国人民代表大会第一次会议确立国务院机构改革的原则之一是转变政府职能从而实现政企分离,政府职能包括宏观调控、社会管理和公共服务。[1] 这次会议正式将社会管理确立为政府职能之一,这使政府对社会具有官方的正式管理权威。

从 2003 年到 2013 年,社会管理不断在党的重要会议文件中出现。2003 年党的十六届三中全会第一次明确提到“社会管理”概念,其所涉内容为“完善政府社会管理和公共服务职能”“明确中央和地方对经济调节、市场监管、社会管理、公共服务方面的管理责权”。[2] 官方文件中将政府的社会管理职责具体概括为四个部分内容。[3] 党的十七大则将社会管理纳入社会建设的六大任务之一。[4] 党的十八大提出创新社会管理,构建社会管理体系,形成社会管理体制和社会管理机制。[5]

纵观我国社会管理政策演变过程,虽然我国社会管理理念、社会管理方式、社会管理制度随着新中国建设和改革开放的推进在不断创新和完善,但受制于计划经济惯性思维和我国长期实行的社会管理实践,我国的社会管理仍然坚持以社会管控为目的,社会建设还处于管理理念的束缚下。[6] 政府本位仍然在影响着政

---

[1] 参见《第九届全国人民代表大会第一次会议关于国务院机构改革方案的决定》,载《中华人民共和国全国人民代表大会常务委员会公报》1998 年第 1 期。

[2] 《中共中央关于完善社会主义市场经济体制若干问题的决定》(2003 年 10 月 14 日中国共产党第十六届中央委员会第三次全体会议通过):……(2)完善社会主义市场经济体制的目标和任务。……健全国家宏观调控,完善政府社会管理和公共服务职能……(37)合理划分中央和地方经济社会事务的管理责权。按照中央统一领导、充分发挥地方主动性积极性的原则,明确中央和地方对经济调节、市场监管、社会管理、公共服务方面的管理责权……

[3] 其分别是依法管理并规范社会组织和社会事务、化解社会矛盾、调节收入分配,以及维护社会公正、社会秩序和社会稳定。参见中共中央文献研究室编:《十六大以来重要文献选编》(上),中央文献出版社 2005 年版,第 773 页。

[4] 具体包括健全党委领导、政府负责、社会协同、公众参与的社会管理格局。参见胡锦涛:《高举中国特色社会主义伟大旗帜　为夺取全面建设小康社会新胜利而奋斗——在中国共产党第十七次全国代表大会上的报告》,载《求是》2007 年第 21 期。

[5] 参见胡锦涛:《坚定不移沿着中国特色社会主义道路前进　为全面建成小康社会而奋斗——在中国共产党第十八次全国代表大会上的报告》,载《求是》2012 年第 22 期。

[6] 参见胡映兰、王国斌:《从管理到治理:中国共产党社会建设的理念创新》,载《湖湘论坛》2017 年第 4 期。

府与社会的关系,社会相对于政府而言还处于被管理的地位。

(二)政府与社会混同关系内涵:强政府弱社会

在社会管理模式下,政府与社会混同关系性质是强政府和弱社会的结合。强政府弱社会关系在我国具有历史基础,是改革开放前30年我国政府与社会关系的主要模式。随着社会治理理念的提出和社会治理模式的形成,社会管理理念和社会管理模式下的政府与社会关系将发生改变,由强政府弱社会转变为强政府强社会。强政府弱社会和强政府强社会分别是社会管理模式和社会治理模式下政府与社会关系的两种表现形式。虽然在社会管理模式下政府与社会混同关系表现为强政府弱社会形式,但这种形式在政府与社会混同关系的两个不同阶段表现为不同内容。这两个阶段分别是社会管理模式阶段和社会管理模式向社会治理模式过渡阶段。在这两个阶段中,政府与社会混同关系存在从强到弱的转化过程,具体表现为弱社会向强社会的转化。因此,在这两个阶段中,政府与社会混同关系虽然都是强政府弱社会形式,但后一阶段的社会具有由弱到强的发展过程。

在社会管理模式阶段,政府与社会具有强混同关系,表现为政府的管控和限制。这一阶段的社会力量和政府力量差距悬殊,各类社会组织不具有独立地位,需要依附于政府而存在,并成为政府权力体系的组成部分。对政府而言,强政府使政府权力和职能不受限制,机构膨胀、人员臃肿,行政成本高、行政效率低,职能混乱、角色错位,官僚主义和政治腐败严重,政府权力不受监督;对社会而言,弱社会使社会自我发展能力不足,无法获得足够力量,社会作为客体而非主体而存在。〔1〕

在社会管理模式向社会治理模式过渡阶段,政府与社会关系具有弱混同关系,表现为政府进行自我改革并完善强政府,同时政府还权于社会并培育强社会。第一,政府通过机构改革完善相关职能。改革开放以来,我国政府分别经历了九

〔1〕 参见周伟、邹巧丽:《国家治理体系现代化中政府与社会关系的定位与重塑》,载《观察与思考》2018年第3期。

次机构改革。[1] 这九次改革缩减了政府职能部门,明晰了政府职能范围,限缩了政府行政权力。经过这九次机构改革,我国政府部门从1982年上百个减少到2023年的26个,并将政府职能范围概括为宏观调控、市场监管、社会管理、公共服务和环境保护。政府部门的缩减和政府职能的限定是政府行政权力限缩的表现,其目标是改变计划经济体制下的政府职能配置和政府机构设置,并使其适应社会主义市场经济体制发展。这为将计划经济下的强政府转变为市场经济下的强政府提供了条件。第二,政府对社会管理方式从集权管理转向放权管理。所谓集权管理是以压力型行政管理体制为基本框架,通过行政整合对社会实行控制的管理模式。[2] 放权管理则是将政府部分权力下放,相关事务交由社会各类主体自行处理,改变政府对社会居高临下的姿态,提高社会主体在社会事务中的地位,积极培育社会组织和民间机构,将社会从政府管理的客体中解放出来,使之成为独立的主体的管理模式。

无论是社会管理模式阶段还是社会管理模式向社会治理模式过渡阶段,其遵循的都是政府管理社会的理念,只是存在程度上的差别。在管理论的框架下,虽然弱社会在朝着强社会的方向发展,但仍然没有实质性改变社会管理模式下政府与社会之间的混同关系,而是将政府与社会之间的强混同关系优化为弱混同关系。国家实行改革开放之后,通过建立和完善社会主义市场经济体制、改革国有企业以及改革社会体制等举措,初步构建了一个与国家相对分离的现代社会形态。[3]

二、政府与社会混同关系问题及其成因

在社会管理模式下,强政府弱社会是政府与社会混同关系的内涵表现,其会导致政府与社会关系之间存在理论模式和实践现实的不匹配,也会使作为社会主

---

〔1〕 这九次机构改革分别发生于1982年、1988年、1993年、1998年、2003年、2008年、2013年、2018年、2023年。

〔2〕 参见高建华:《社会管理:政府社会管理抑或社会自我管理》,载《行政论坛》2014年第4期。

〔3〕 参见胡文木:《强国家—强社会:中国国家治理现代化的结构模式与实现路径》,载《学习与实践》2020年第2期。

体之一的社会组织行政化,更会形成政府主导型经济法体系内容,混淆市场和政府的经济行为关系。分析政府与社会混同关系问题的成因,需要分别从政府角度、社会角度以及政府和社会关系角度入手。

(一)社会管理模式下政社混同关系存在的问题

有学者总结了政府与社会关系存在的问题:社会组织独立性和自主性程度较低、公民及基层组织自治能力有待增强以及治理主体法律素养和法治能力不足等。[1] 社会组织和公众等社会主体存在的问题是政府与社会混同关系中强政府和弱社会对立问题的表现,但这些问题的发现只是站在社会维度思考社会管理模式下政府与社会关系,缺少对政府和社会的整体性把握以及政社关系对整个经济法体系的影响。总体来看,社会管理模式下政府与社会混同关系问题包括:政府与社会关系存在矛盾、混同关系下的社会行政化、政府主导经济法体系内容。

第一,政府与社会关系存在矛盾。随着改革开放推进和社会进步发展,政府与社会混同关系存在的理论与现实的矛盾,使主流的社会管理模式逐渐难以适应政府职能和社会现实。具体而言,政府与社会关系的矛盾表现为社会管理模式下的强政府弱社会关系与社会不断发展进化的现实之间的矛盾。从理论上看,社会管理模式下的政社混同关系是强政府和弱社会的结合,这是对改革开放前30年中国社会发展现状的总结,在当时能够实现理论和现实的呼应和契合,但这种契合关系随着改革开放的开始逐渐发生变化。从现实看,经过40年改革开放实践,我国已经消除绝对贫困并全面建成小康社会,虽然社会相对于政府而言仍然处于弱势地位,但当下的弱社会已不同于40年前的弱社会,社会组织发展和社会力量增强的现实促使政府和社会之间的强混同关系发展为弱混同关系。在社会逐渐发展和力量壮大的同时,政府对社会的管理和控制惯性仍然存在。因此,政府和社会关系处于社会发展和社会压制的矛盾状态中。而在传统的社会管理模式下,

---

〔1〕 参见张杰、李和中:《清单式治理视域下的政府、市场与社会关系研究》,载《广西大学学报(哲学社会科学版)》2018年第2期。

政府与社会关系之间矛盾更加明显。传统社会管理模式强调维护社会秩序稳定、强调社会控制、强调政府在社会基础的影响力、强调社会管理技术和方法的工具理性、强调放权于社会,同时忽略社会组织等社会主体的能力、忽略社会管理技术工具的价值理性、忽略放什么权于社会以及如何放权于社会。[1] 这导致政府与社会没有脱离主体和客体的二元对立关系,不断发展的社会现实也迫使政府开始反思传统社会管理模式存在的弊端,并寻求新的破解政府与社会关系的策略。

第二,混同关系下的社会行政化。在政府与社会的混同关系中,社会行政化主要通过社会组织行政化予以表现,以社会管理思维为基础的政府主体倾向于将社会组织行政化,进而更方便将其纳入政府管理体系框架中。一方面,政府强化对社会组织的控制;另一方面,社会组织对政府具有依赖性。在我国社会组织的发展历程中,出现过三类性质的社会组织:团结型社会组织、行政型社会组织和治理型社会组织,第一类社会组织形成于新中国成立初期,是国家巩固新生政权和建设社会的工具;第二类社会组织形成于改革开放前后,由政府直接发起并控制,第三类社会组织形成于21世纪之后,强调社会组织的自主性。[2] 虽然当下的社会组织形态以治理型社会组织为主,但在该类型社会组织中仍然存在团结型和行政型社会组织的运行逻辑。以我国社会组织发展变迁为基础,政府对社会组织的管理先后采取“行政化控制”和“体制性吸纳”两种方式,前者运用行政手段介入社会组织内部管理和日常运行,后者用法律手段将社会组织纳入体制内管理。[3] 这加剧了社会组织行政化程度,具体表现为产生方式行政化、监督管理行政化、资金筹集行政化、人事编制行政化、内部管理行政化。[4] 政社分离改革以及社会去行政化改革就是为了解决社会行政化问题,从而打破社会管理模式下的政府与社

---

〔1〕 参见施雪华:《当前中国社会管理的成就、问题与改革》,载《学习与探索》2013年第3期。

〔2〕 参见罗婧:《从团结型社会组织、行政型社会组织到治理型社会组织——1949年以来社会组织的变迁历史》,载《清华大学学报(哲学社会科学版)》2020年第3期。

〔3〕 参见尹广文:《从“行政化控制”到“体制性吸纳”:改革开放以来中国社会组织治理问题研究》,载《南京政治学院学报》2016年第2期。

〔4〕 参见祝建兵、向良云:《社会组织行政化及其治理》,载《长白学刊》2011年第3期。

会混同关系,实现社会由弱到强的转变。

第三,政府主导经济法体系内容。政府与社会的混同关系及其强政府弱社会的关系性质都建立在政府主导的基础上。这种政府主导模式不仅存在于经济领域和社会领域,同样存在于经济法体系内部。经济法二元体系就是政府主导下的经济法体系内容。同时,受管理论的思想影响,经济法也成为政府管理社会经济的法律形式,在经济法学发展过程中,同管理行政法相结合而形成了经济行政法学的学说。在政府主导下,传统的手段导向型经济法二元体系主要以政府与市场关系、政府与社会关系为理论支撑。而在这两个关系中,无论是政府与市场补充关系还是政府与社会混同关系都存在相同的理论逻辑,即认为政府可以主导市场和社会的发展方向和发展道路。此种理论逻辑在经济法学理论层面具体表现为百家争鸣的经济法学“新诸论”。经济法二元论及其经济法二元体系仍然遵循政府主导的理论逻辑,以政府视角观察市场和社会,将市场和社会作为政府干预的对象,将市场规制和宏观调控作为政府干预的手段。同时,该理论逻辑还以政府的视角观察政府,并尝试限制政府的市场规制行为和宏观调控行为。这是政府主导型经济法理论及其经济法体系的特点。此外,政府主导经济法体系内容还将市场主体经济行为和政府主体经济行为相混合,导致市场规制法和宏观调控法二者关系发生冲突,进而难以准确且清楚地区分市场经济行为监管和政府经济行为监管的差别,并产生政府经济行为和政府监管行为之间的混淆。这种混淆的直接后果是产生政府经济行为的监管真空风险,并出现政府经济行为和市场主体经济行为的监管不平等问题。

(二)社会管理模式下政社混同关系问题的成因

社会管理模式下政府与社会混同关系存在的问题,可以分别从政府、社会以及二者关系缺陷三个角度寻找原因。从政府的角度看,政府主体的权力存在向社会领域扩张的动机和条件,容易导致社会公共利益受损;从社会的角度看,社会实体的独立性不足,并且在理论上存在肯定与否定社会实体独立性的争论;从政府与社会的关系角度看,政府和社会之间缺少良性合作关系,主要表现为政府主体与作为具体社会主体的社会组织之间存在信任矛盾问题。

第一,政府主体的权力扩张诱惑。政府主体享有的行政权力是在控制社会资源的基础上支配其他主体从而使它们服从政府意志的力量,其具有公共利益属性和公共强制属性。政府权力在社会领域的扩张表现为政府对社会事务和社会生活的控制和干预,尤其是受计划经济体制影响,政府权力在社会经济领域无处不在,行政实体处置权增大和行政程序被突破,使政府权力在行使程度上也处于扩张之中。[1] 从结构看,政府的纵向权力结构与社会的横向结构冲突也为政府权力向社会领域扩张提供条件。政府的纵向权力结构是典型的自上而下的命令控制型体系,是一种压力型体制,即下级政府需要完成上级政府制定的目标和任务,这种压力型体制对社会具有侵蚀作用,表现为政出多门或政策不稳定对社会的破坏、政府考核指标不合理阻碍社会主体培育和发展等。[2] 从利益角度看,政府权力扩张还存在私益驱使,其为了维护自身利益,存在以社会公共利益之名实施权力扩张行为的动机和风险。政府和社会并非总是处于同一个利益体内,并且社会相对政府而言具有权力上的弱势地位,这导致社会没有足够力量防御政府行政权力向社会内部扩张。因此,无论是从政府和社会的结构角度还是从政府和社会的利益角度,政府都存在向社会进行权力扩张的可能性。

第二,社会实体独立性地位争论。在经典社会学理论中,关于社会实体的独立性地位存在两种争论:社会唯名论和社会唯实论。社会唯名论者认为社会由个体所组成,其性质也由个体性质所决定,个体是独立的实体,而社会是虚幻的存在物,如霍布斯、亚当·斯密等功利主义学者就持有社会唯名论的观点;社会唯实论者认为社会虽然由个体组成,但却独立于个体而存在,具有不同于个体性质的其他特性,故社会是一个独立的实体,如斯宾诺莎、孟德斯鸠和黑格尔等欧陆理性主义学者就持有社会唯实论的观点。[3] 社会唯名论和社会唯实论分别建立在个体主义和整体主义方法论基础上,争论的核心内容是个人与社会的关系问题。唯名

〔1〕 参见刘素梅:《论行政权力的扩张》,载《苏州大学学报》2006年第2期。

〔2〕 参见汪锦军:《纵向政府权力结构与社会治理:中国“政府与社会”关系的一个分析路径》,载《浙江社会科学》2014年第9期。

〔3〕 参见周晓虹:《唯名论与唯实论之争:社会学内部的对立与动力——有关经典社会学发展的一项考察》,载《南京大学学报(哲学·人文科学·社会科学版)》2003年第4期。

论和唯实论之间的争论将个人和社会的关系引入对立的局面,是一种非此即彼的二元对立观点,无益于社会实体独立性地位的论证。从我国历史发展的客观现实角度看,社会在官方正式权威的笼罩下缺少独立性的基础,尤其是封建皇权对社会实施长达数千年的压制下,我国的社会实体欠缺独立性的历史基础。中华人民共和国成立后,社会经过行政控制、社会管理、社会治理三个阶段的发展,社会实体独立性不断增强,但仍然处于政府管理体系之下,社会依赖政府的问题依然存在,政社分离改革仍在路上。政社分离改革是指为解决计划经济体制下政社不分问题,将政府和社会组织分开,凡行业组织、中介机构等社会主体能够自律管理的事项,政府都要退出。[1] 然而,政社分离改革在实践中却出现了新问题,如政府和社会组织合谋腐败和社会组织滥用权力腐败等。[2]

第三,政社间良性合作关系缺失。良性合作关系建立的前提是政府主体和社会主体相互独立,能够平等对话和协商。但政府和社会各自存在的问题使得二者关系处于不对等和不独立的状态中。政府对社会管理职能范围界定不清晰,导致政府职能越位,将本属于社会自我管理的事务纳入政府管理范围,过分限制社会主体的自我发展能力和自我管理能力,不仅造成行政效率低下,还阻碍了社会组织的发展;政府在还权于社会的过程中,虽将部分权力交由社会组织行使,但又缺少相应的权力监督机制,使社会自我管理成为社会的自由放任,最终导致社会公共利益被损害。此外,强社会形态尚未形成,社会组织还处于尚不成熟的发展阶段,"结构功能未成型,具有政治性向自治性过渡特征","组织体制和管理制度不规范,如工会和妇联等组织高度行政化","受政府主导和控制的社会组织缺乏活力和自主性,成为政府主体的附属"。[3] 政府和社会之间的非良性合作关系将使政府和社会关系走向对立从而难以实现统一。尤其是政府和社会组织之间处于信任和非信任的矛盾体中,政府在给予社会组织自由的同时严格监管其行为、为

---

[1] 参见竺乾威:《政社分开的逻辑及其困境》,载《江苏行政学院学报》2016 年第 3 期。

[2] 参见王栋、朱伯兰:《社会组织腐败治理:政社分开的逻辑进路》,载《国家行政学院学报》2018 年第 5 期。

[3] 参见柴颖:《论建设小而强的政府与大而强的社会——基于"小政府,大社会"理念本土化的视角》,载《前沿》2013 年第 5 期。

社会组织提供资助的同时设置严苛条件,形成了政府对社会组织“低信任和高不信任”、社会组织对政府“高信任和高不信任”共存的矛盾结构。[1] 政府和社会组织之间的信任矛盾关系就是二者非良性合作关系的表现。

---

〔1〕 参见许源源、涂文:《对立还是共生:政府与社会组织间的信任关系研究》,载《甘肃行政学院学报》2018年第5期。

第四章　经济法体系构造的理论出路：宪法统领的“市场(社会)—政府”模式

市场、政府和社会的关系是经济法体系构造的理论基础。改革开放以来，我国政府、市场和社会三者之间关系演变基本遵循同样的历史逻辑，即政府处于主导地位，决定经济和社会发展目标并作出制度安排，从全能型逐渐转变为效能型；市场作为经济运行机制之一，逐渐成为资源配置的决定性因素；社会则在政府和市场的双重作用下，逐渐向阶层多样、利益多元、城乡一体的市民社会发展，三者的关系发展目标为政府有为、市场有效和社会有序。[1] 重新认识市场、政府和社会的关系，并将它们置于宪法规范涵摄下，将形成新的经济法体系构造理论模式，即宪法统领的“市场(社会)—政府”理论模式(见图 4－1)。此种新模式不以国家干预理论为依据，而是以法律治理理论为依据，其理论内在逻辑表现为：(1)经济法是对宪法中经济性规范内容的具体化，主要分为保障市场主体的经济性权利和限制政府主体的经济性权力；(2)经济法分别从市场主体的经济活动和政府主体的经济活动两个层面，落实宪法中经济性规范内容；(3)市场主体的

〔1〕 参见武力、张林鹏：《改革开放 40 年政府、市场、社会关系的演变》，载《国家行政学院学报》2018 年第 5 期。

经济活动和政府主体的经济活动都在社会范围内展开，需要符合公共利益；（4）为了保障市场主体的经济活动符合公共利益，监管主体和调控主体分别通过监管手段和调控手段实现对市场主体经济活动的监督管理和调节控制；（5）为了保障政府主体的经济活动符合公共利益，同样需要特定主体通过特定手段实现对政府主体经济活动的监督管理和调节控制；（6）市场主体和政府主体在经济活动中，需要向社会承担法律责任，而非向个人承担法律责任，这是经济法和传统公法与私法的差异之处。由经济宪法所统领的市场、政府和社会的关系表现为：有效市场、有为政府和有序社会的统一。

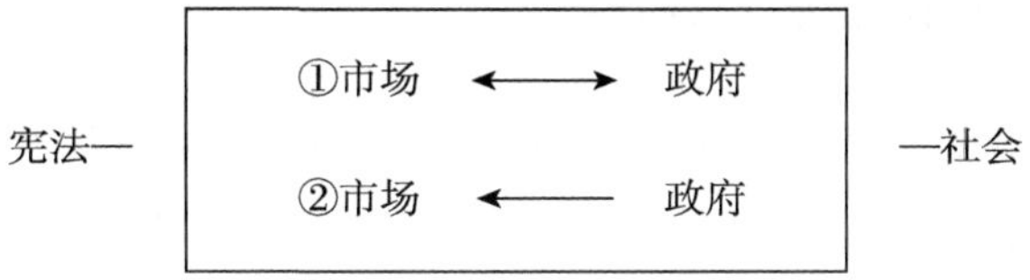

①市场和政府同为经济主体；②政府监管市场

图4－1　宪法统领的“市场（社会）—政府”模式

第一节　经济法中宪法经济规范统领地位

经济法不能脱离宪法而独立存在，应在宪法框架下发挥其应有的法律功能，脱离宪法而存在的经济法将丧失其法的基本属性而成为无源之水，无本之木。宪法中的经济性规范是实施经济立法、经济执法和经济司法等法律行为的直接依据，而由经济宪法所确定的经济秩序是经济法的基本目标，与之相关的经济宪法规范则是经济法通过法律手段实现经济秩序的最高准则。因此，经济宪法是经济秩序的法律框架。[1] 我国宪法确立了社会主义市场经济秩序，这为经济法提供了价值目标和理论基础。为了实现社会主义市场经济秩序，国家立法机关通过经济立法的方式对社会主义市场经济进行具体化解释。因此，“经济宪法”可以为

〔1〕 参见［德］罗尔夫·施托贝尔：《经济宪法与经济行政法》，谢立斌译，商务印书馆2008年版，第2页。

经济法的发展提供宪法基础，同时经济法也可以推动经济宪法的实施，二者在经济性和规范性层面的高度重合可以实现经济法和经济宪法的协调发展。[1] 有学者提出要构建与社会主义市场经济相关的社会主义法律体系，具体包括规范市场行为的法律、规范宏观调控行为的法律、有关分配制度和社会保障领域的法律以及其他推进民主政治建设公民基本权利保护的法律等。[2] 具体到经济法领域，经济法从规范市场主体经济行为和规范政府主体经济行为两个角度实现宪法所确立的社会主义市场经济秩序，并形成具体的经济法律规范。

一、经济宪法理论起源及其内容

经济宪法理论起源于德国弗莱堡学派，瓦尔特·欧肯是该学派的代表性学者之一。该学派以秩序为核心概念，主张在自由中建立秩序。[3] 经济宪法是指与经济制度相关的宪法规范内容，目的是保护公民的基本经济自由和基本经济权利。[4] 弗莱堡学派关于自由和秩序的关系内容影响了欧洲竞争法观念的形成和竞争法制度的生成，竞争法也称为秩序自由主义的法律表达。[5] 以秩序自由主义为价值取向的弗莱堡学派认为，只有市场才是配置资源最有效的方式，保持自由的市场竞争是市场得以有效配置资源的前提条件，并且国家在保障市场竞争的同时需要将市场纳入宪法框架下，从而创造某种适应于市场自由竞争的经济秩序，实现个体利益和公共利益的结合。[6] 这不仅体现了经济学的自由思想，同时也体现了法学的规范和秩序思想。[7] 此外，弗莱堡学派还将经济秩序和经济宪法联系在一起，为后来流行的以布坎南为代表的宪法经济学理论提供依据。弗莱堡学派吸收了自由主义的合理内涵，同时也不排斥干预主义的存在，在批判和继

---

〔1〕 参见张守文：《论经济法与宪法的协调发展》，载《现代法学》2013 年第 4 期。

〔2〕 参见韩大元：《中国宪法上“社会主义市场经济”的规范结构》，载《中国法学》2019 年第 2 期。

〔3〕 参见梁小民：《弗莱堡学派》，武汉出版社 1996 年版，第 134 页。

〔4〕 参见[德]乌茨·施利斯基：《经济公法》，喻文光译，法律出版社 2006 年版，第 20～21 页。

〔5〕 参见江帆：《竞争法的思想基础与价值共识》，载《现代法学》2019 年第 2 期。

〔6〕 参见刘慧：《欧洲新自由主义的发展演变》，载《德国研究》2019 年第 4 期。

〔7〕 See Vivien A. Schmidt & Mark Thatcher, *Resilient Liberalism in Europe's Political Economy*, Cambridge University Press, 2013, p. 144.

承极端自由主义和全面干预主义的基础上,形成了有限自由主义和适度干预主义。有限自由是经济秩序得以确立的目标,适度干预是经济宪法保障秩序的手段。由此,弗莱堡学派的经济宪法观可以归结为:经济秩序是经济宪法的核心内容,经济宪法的功能是保障经济秩序。

(一)经济秩序是经济宪法的核心内容

弗莱堡学派的第一个经济宪法观以经济秩序的内容视角审视经济秩序和经济宪法的关系,主要内容包括经济秩序的概念问题和经济秩序的形成问题。这也是经济秩序和经济宪法的联系所在,即经济宪法需要明确何谓经济秩序以及经济秩序如何产生。

作为弗莱堡学派思想内核的秩序自由主义注重秩序与自由的并重,前者强调自由竞争,后者强调社会保障,其应用于经济领域后就生成了“经济秩序”概念,并成为弗莱堡学派所秉持的核心概念。[1] 经济秩序和经济过程存在差别,前者是经济活动在法律和体制上的秩序框架,后者是经济活动主体的日常交易过程。[2] 欧肯对经济秩序的理解包含经济秩序所涉及的主体和经济秩序所涵盖的范围两个信息。就经济秩序所涉及的主体而言,企业和家庭是经济活动的主体,二者的相互交往活动形成经济关系,进而构成经济秩序;就经济秩序所涵盖的范围而言,整个国家是经济秩序的存在领域,即经济秩序是国家的秩序,这承认了国家在经济活动以及经济过程中的地位和作用,国家不仅可以限定经济秩序的范围,同时也可以塑造经济秩序的形态,这意味着国家必须发挥其在经济活动中的必要作用,否认国家的作用就是在否认经济秩序的存在。[3] 强调国家在经济活动和经济秩序中的地位和作用,是弗莱堡学派与极端自由主义和国家全面干预主

---

〔1〕 欧肯将经济秩序界定为一个国家的经济秩序,其是由企业和家庭在其中相互结合、各自实现的形式之总体构成的,同时也是由经济过程在其中具体运行的形式之总体构成的。参见[德]瓦尔特·欧肯:《经济政策的原则》,李道斌等译,中国社会科学出版社2014年版,第25页。

〔2〕 参见冯兴元:《弗莱堡学派代表人物欧肯其人及其经济思想》,载《学术界》2014年第3期。

〔3〕 参见喻中:《在经济宪法与经济秩序之间——欧肯法律经济学思想的理论逻辑》,载《中国政法大学学报》2016年第5期。

义的差别所在,并体现了其有限自由和适度干预的理论特点。

经济秩序作为秩序的下位概念,仅仅揭露了秩序的其中一层含义,即经济秩序是具体和客观的经济事实,是实现了的各种秩序形式的集合,并构成了日常经济过程具体运行的框架。[1] 此外,秩序还包括另外一层含义,即与人和事物的本质相一致的秩序,是处于适度和平衡状态的秩序,也可称为本质秩序、自然秩序或奥尔多秩序(Ordo)。[2] 这两种秩序观在经济领域表现为具体的经济秩序和抽象的经济秩序,前者是存在于具体经济过程中的不公正或不自由的经济秩序,后者是存在于抽象思维过程中的公正或自由的经济秩序。二者是实然秩序和应然秩序的关系,也可以通过"经济秩序"(Wirtschaftsordnungen)和"经济的秩序"(Ordnung der Wirtschaft)两个概念予以区分。[3] 弗莱堡学派所使用的经济秩序具有如下特征:经济活动需要以经济秩序为基础,没有特定的经济秩序则经济活动无法展开;经济秩序具有流变性,存在时间维度和空间维度的差异;经济秩序具有多样性,如自由放任经济秩序和集中管理经济秩序;经济秩序是若干局部秩序的集合,局部经济秩序共同构成整体性的经济秩序的不同环节;经济秩序需要从内部结构上予以认知。[4]

经济秩序的形成大致分为生长成的经济秩序和设立的经济秩序两种形式。[5] 大部分经济秩序生长成于历史形成的过程中,如古代时期、中世纪时期以

---

〔1〕 参见[德]瓦尔特·欧肯:《经济政策的原则》,李道斌等译,中国社会科学出版社2014年版,第383页。

〔2〕 参见[德]瓦尔特·欧肯:《经济政策的原则》,李道斌等译,中国社会科学出版社2014年版,第383~384页。

〔3〕 参见[德]瓦尔特·欧肯:《经济政策的原则》,李道斌等译,中国社会科学出版社2014年版,第384页。

〔4〕 参见喻中:《西方法律经济学批判》,中国人民大学出版社2018年版,第195~198页。

〔5〕 生长的经济秩序和设立的经济秩序性质不同,前者是自然生成的秩序,后者是人为制定的秩序。自然生成的秩序是指那些在历史发展过程中不是经过刻意的选择而形成的秩序,人为制定的秩序指的是依据经济秩序的总体选择,通过使某一秩序规则成为有效力的经济宪法而实现的秩序。如果将自然形成的秩序类比为那些未经规划自发形成的城市,那么人为制定的秩序就是那些依据城市设计蓝图建造起来的城市。参见[德]瓦尔特·欧肯:《经济政策的原则》,李道斌等译,中国社会科学出版社2014年版,第385页。此外,这两种秩序也被哈耶克区分为自生自发的秩序和人为建构的秩序,前者对应资本主义自由经济秩序,后者对应社会主义计划经济秩序。参见[英]弗里德利希·冯·哈耶克:《法律、立法与自由》,邓正来等译,中国大百科全书出版社2000年版;[英]弗里德里希·奥古斯特·冯·哈耶克:《自由宪章》,杨玉生等译,中国社会科学出版社2012年版。

及近代最初几个世纪的经济秩序。经济秩序没有在起决定性作用的各类国家计划和经济政策所建立的全面秩序计划框架下形成，即便存在部分干预行为，这些干预行为也不是出于整个经济秩序的全局性的计划。[1] 而设立的经济秩序主要形成于18世纪到19世纪以及19世纪前半叶，尤其是私有制、契约自由和竞争三项秩序原则以立宪的形式得以确立，促进了设立型经济秩序的出现。但是，以私有制、契约自由和竞争等原则为内容的经济宪法所形成的经济秩序，却出现了偏离秩序原则的情形。也就是设立的经济秩序和实际的经济秩序出现偏差，如契约自由原则被用于卡特尔协议的制定过程中，并达到排除和限制竞争的实际效果。这涉及经济秩序和法律秩序、实然经济秩序和应然经济秩序的关系。通过经济宪法所设立的经济秩序是一种应然经济秩序，同时也是一种法律秩序，它不同于实然经济秩序。于是出现了各种不自由和不公平的经济秩序。

在秩序自由主义者看来，经济秩序分为集中管理的经济秩序和自由交换的经济秩序，前者属于计划经济秩序，后者属于市场经济秩序。自由的经济秩序是国家干预的结果，是设立的经济秩序，而非自发的经济秩序。此外，自由放任的经济秩序并非自发的经济秩序。因此，无论是基于自由放任的经济秩序还是基于国家干预的经济秩序，都属于国家对经济的干预范畴，属于设立的经济秩序，而非生长成的经济秩序。欧肯对于自由放任经济政策存在于国家不干预经济的时代这一说法持否定观点，其认为恰恰在自由主义的政策阶段，国家提出并制定有关财产、契约、公司等严格的法律，从而保证每个经济活动主体从事买卖等经济行为都处于法律规范框架下，即自由的经济秩序是通过国家的宪法和法律所建构的。[2] 此种关于国家干预经济的理解可以看作国家引导经济，此外还存在国家限制经济，如国家禁止特定公司进入市场或设置进入市场的诸多条件。由此，国家干预经济可以分为国家引导经济和国家限制经济两种形式，前者注重自由的经济秩序，后者注重强制的经济秩序，从而解决经济依附或经济禁锢问题。

---

〔1〕 参见［德］瓦尔特·欧肯：《国民经济学基础》，左大培译，商务印书馆2010年版，第91页。

〔2〕 参见［德］瓦尔特·欧肯：《经济政策的原则》，李道斌等译，中国社会科学出版社2014年版，第31页。

（二）经济宪法的功能是保障经济秩序

弗莱堡学派的第二个经济宪法观站在经济宪法的功能视角审视经济宪法和经济秩序的关系，主要内容包括经济宪法确立经济秩序的功能和经济宪法保障经济秩序的功能。虽然经济宪法的主要功能是保障经济秩序，但保障经济秩序的前提是确立经济秩序。因此，确立经济秩序是经济宪法保障经济秩序功能的隐含内容。弗莱堡学派所提出的自由放任和集中管理两种经济秩序类型都各自存在缺陷，前者会导致市场垄断，后者会压制市场主体的经济能力，最终使资源无法得到最优配置，而引入竞争可以实现调节经济活动和提高经济效率。因此，确立和保障经济秩序就是确立和保障竞争秩序。具体而言，经济宪法主要通过构成性原则和调节性原则实现对经济秩序的确立和保护，即构成性原则的功能是确立经济秩序，调节性原则的功能是保持经济秩序的正常运作能力，最终目标是发挥竞争机制在市场中配置资源的作用。[1]

第一，经济宪法通过构成性原则确立经济秩序。欧肯将构成性原则分为基本原则和具体原则两部分内容，基本原则是价格机制原则，具体原则包括币值稳定原则、市场开放原则、私有制原则、契约自由原则、普遍责任原则、经济政策稳定原则。[2] 其中，基本原则是经济宪法的核心内容，也是判断经济宪法是否发挥作用和经济秩序是否自由和公平的唯一标准，即价格机制能够发挥资源配置的作用。现代经济政策及其措施的目的就是建立完全竞争且有运作能力的价格体制，如果一项经济政策无法做到这一点，那么该政策必然失败。此外，在具体原则内容中，(1)币值稳定原则是货币政策的主要目标，也是实现货币秩序自由和公平的要求。通货膨胀和通货紧缩都将扭曲价格机制的作用，导致价格大幅度波动，使价格机制丧失资源配置的功能。币值稳定是实现经济秩序自由和公平的前提条件，与之相对应的是保持货币政策的稳定性。(2)市场开放原则是实现完全竞争的

---

〔1〕参见冯兴元：《弗莱堡学派代表人物欧肯其人及其经济思想》，载《学术界》2014年第3期。

〔2〕构成性原则，是指由经济宪法所构建的维护自由竞争秩序的规范框架。参见［德］瓦尔特·欧肯：《经济政策的原则》，李道斌等译，中国社会科学出版社2014年版，第262～297页。

必要条件，也是建立自由竞争的经济秩序的要求。市场开放的对立概念是市场封闭，而封闭的市场容易产生高度垄断。政府和市场主体都无权为市场准入和退出设定禁止性或限制性的条件，而只有宪法及其法律才有设置市场准入和退出条件的资格。(3)私有制原则承认生产资料归个人所有，这是市场经济的前提，也是经济主体能够从事经济交换活动的基础。私有制本身不会自发实现竞争秩序，反而会通过交换的方式形成垄断的市场结构，最终损害竞争秩序。因此，私有制需要在经济宪法的框架下，通过竞争的方式受到控制。当出现垄断等损害竞争秩序的情形时，私有财产的支配权必须受到限制。(4)契约自由原则是产生竞争的前提条件，也是实现私有财产支配权的条件。同时，契约自由也能够用于消除竞争，建立或者保持垄断的市场结构。因此，作为经济宪法的构成性原则之一，契约自由不可缺少，但需要明确禁止利用契约自由签订限制或排除竞争的合约，或者在特殊市场和行业中实施国家垄断，排除私人的垄断权。(5)普遍责任原则是经济竞争秩序的先决条件，任何限制责任的做法都会引发集中管理经济的倾向。得益者必须承担损失，这是责任原则的法理基础，同时责任应当具有普遍性，责任免除情形应当受到限制。这种责任应当主要集中于控制公司组织的企业家及负有经济调节职责的相关部门领导者，从而遏制企业以及相关经济部门领导者实施破坏自由竞争的经济秩序的行为。(6)经济政策稳定原则是调动投资活动积极性的必要要求，能够为经济过程创造一个合适的经济宪法框架，从而使竞争机制正常发挥作用。否则，变动的经济政策将导致经营者缺乏预期和安全感，从而推动经营者集中，形成垄断的市场结构。

第二，经济宪法通过调节性原则保障经济秩序。所谓调节性原则是在既定的规范框架下，为保持竞争秩序正常职能的发挥，矫正市场失灵问题的过程政策，即调节性原则等同于过程政策，其不同于构成性原则，后者属于整体政策。所谓过程政策是在既定的或者很少变化的制度框架和国民经济结构下，那些针对经济运行过程本身所采取的各种国家干预调节措施和手段的总和，这些措施和手段能够影响价格和数量的关系变化。[1] 调节性原则是一种最低限度的国家干预，旨在

---

〔1〕 参见陈秀山：《现代竞争理论与竞争政策》，商务印书馆1997年版，第131页。

消除妨碍竞争的各种情形,使经济活动回归自由且公平的竞争秩序。具体而言,调节性原则包括垄断规制、收入调节、经济核算和干预调节等内容。[1] (1)垄断规制主要解决竞争秩序中的垄断问题。垄断是经济权力在经济秩序中过度行使的结果。为此,国家需要建立中央反垄断机构,监督和控制可能出现的垄断行为,促使拥有经济权力的主体采取符合完全竞争的措施,并对垄断集团实行价格监督,发挥类似竞争的作用。(2)收入分配解决低收入者的财产获取问题和高收入者的财产支出问题。在完全竞争的条件下,分配根据市场运作规律自动完成,但会导致在购买力的分配上形成明显的差别。此时,累进税率可以被用于纠正这种差别,同时为了保持竞争秩序的正常职能,需要限制累进制,避免因高累进制而危及投资。(3)经济核算在竞争价格体制的相互协调下可以导致整体经济的合理核算和对整个经济过程的充分调节,当出现不完全竞争情形时,这种经济核算就会忽略社会成本等外部性成本。因此,完全竞争、劳工保护和环境保护应当被用于经济核算,从而实现社会成本的内部化。(4)干预调节主要针对供给的反常行为,供给的反常行为是指工资降低时劳动力供给量反而增加的行为。面对此种反常经济行为,国家需要通过设置最低工资、禁止招收童工、限制劳动时间等方式,在劳动力市场上建立起完全竞争的状态。

二、我国宪法中的经济规范内容

新中国成立以来,宪法分别存在“五四宪法”“七五宪法”“七八宪法”“八二宪法”四个版本。1982 年第五届全国人民代表大会第五次会议正式通过我国的第四部宪法,该宪法版本也成为我国现行宪法的蓝本。而后,“八二宪法”又分别经历五次修正。[2] 2018 年修正的《宪法》由五个部分组成,内容涵盖基本政治制度、基本经济文化制度、基本权利义务、国家机构设置、宪法保障等内容。其中,与经济相关的宪法规范主要集中或散落在序言部分、总纲部分、公民基本权利义务

〔1〕 参见[德]瓦尔特·欧肯:《经济政策的原则》,李道斌等译,中国社会科学出版社 2014 年版,第 300 ~ 312 页。

〔2〕 这五次宪法修正分别发生在 1988 年、1993 年、1999 年、2004 年和 2018 年。

部分、国家机构部分。我国宪法中的经济规范围绕“社会主义市场经济”展开,是国家集中力量进行社会主义现代化建设的根本内容之一。为了实现“发展社会主义市场经济”任务,《宪法》第15条明确规定国家实行社会主义市场经济,同时加强经济立法和完善宏观调控,依法禁止任何组织和个人扰乱社会经济秩序。在此基础上,《宪法》在总纲部分通过第6条至第18条以及第28条的内容,分别规定基本经济制度、资源和财产的公有制和私有制、社会保障制度、经营制度等内容,落实社会主义市场经济的发展任务。[1] 同时,《宪法》在公民的基本权利和义务部分,以及国家机构部分,为公民配置了经济性权利和义务,如劳动权利和劳动义务、纳税义务,并规定了不同类型国家机构的经济权力,包括经济立法权、经济行政权、经济监察权和经济司法权。由此,借助“目标—路径”和“权利—权力”的分析范式,我国宪法中的经济规范内容大致可以分为目标规范和路径规范,而路径规范又可分为经济制度规范、经济权利规范和经济职权规范。

我国宪法中的经济目标规范是宪法经济规范的原点,也是经济法规范的原点。这一原点在我国宪法文本中被称为“社会主义市场经济”。“社会主义市场经济”概念在我国宪法文本中一共出现三次,首次出现于序言部分,即我国的根本任务之一是发展社会主义市场经济。由此,社会主义市场经济成为社会主义初级阶段的经济目标。国家所有与经济相关的活动都需要朝着社会主义市场经济这一基本目标前进。由于社会主义市场经济出现在宪法序言中,而序言内容具有纲领性条款属性。[2] 由此会引发一个疑问,即社会主义市场经济被表述在宪法纲领性条款中,是否因此具有政策属性而不具有规范属性。有学者通过分析宪法文本内容,认为此种纲领性条款结构是“原则核心外包裹着一层政策外衣的规范结构”,原则本质强于政策本质,具有规范属性,属于宪法规范的内容。[3] 其规范

---

〔1〕 参见潘昀:《论宪法上的“社会主义市场经济”——围绕宪法文本的规范分析》,载《政治与法律》2015年第5期。

〔2〕 有学者总结了不同国家的宪法文本内容,发现大部分国家的宪法均存在总纲性质的篇章,主要以国家发展的基本制度和基本政策为主,包括政治目标、经济目标、社会目标等。参见王惠玲:《成文宪法的比较研究——以107部宪法文本为研究对象》,对外经济贸易大学出版社2010年版。

〔3〕 参见潘昀:《论宪法上的“社会主义市场经济”——围绕宪法文本的规范分析》,载《政治与法律》2015年第5期。

构造可以被解释为:国家应当沿着中国特色社会主义道路进行社会主义现代化建设,而社会主义现代化建设包括"应当发展社会主义市场经济"[1]。由此,国家在宪法规范上负有"发展社会主义市场经济"的义务,同时结合《宪法》第15条的内容,国家还负有加强经济立法、完善宏观调控、防止社会经济秩序被扰乱的积极义务,而任何组织和个人都负有不得扰乱社会经济秩序的消极义务。

我国宪法中的经济制度规范是与目标规范相对应的路径规范之一。宪法中的经济制度规范可以大致分为所有制度规范和分配制度规范两种形式。在所有制度规范中存在公有制度规范和非公有制度规范,在分配制度规范中存在按劳分配制度规范和非按劳分配制度规范。对于所有制度规范而言,宪法既明确规定自然资源以及土地等公共财产的所有者是国家或者集体,同时也承认公民对其合法的私有财产享有权利。社会主义市场经济不仅包含以全民所有制和劳动群众集体所有制为内容的公有制经济,同时也包含以个体经济和私营经济为内容的非公有制经济,并且资源和财产的所有制关系也存在公有和非公有的区分。对于分配制度规范而言,按劳分配是我国公有制经济的主要分配方式,意味着国家有义务保障按劳分配制度的正常运作,为劳动者参与劳动提供便利和条件,同时也意味着公民既有劳动的权利也存在劳动的义务。非按劳分配是指通过技术、资本和土地等生产要素分配个人收入,是社会主义非公有制经济的主要分配方式。

我国宪法中的经济权利规范是与目标规范相对应的路径规范之二,为公民确定了诸多具有经济性质的宪法权利,包括私有财产权、继承权、获得补偿权、获得救助权、经营自主权、参与劳动权、休息休假权、获得赔偿权等,同时也规定了公民

---

[1] 《宪法》序言第7自然段指出:"中国新民主主义革命的胜利和社会主义事业的成就,是中国共产党领导中国各族人民,在马克思列宁主义、毛泽东思想的指引下,坚持真理,修正错误,战胜许多艰难险阻而取得的。我国将长期处于社会主义初级阶段。国家的根本任务是,沿着中国特色社会主义道路,集中力量进行社会主义现代化建设。中国各族人民将继续在中国共产党领导下,在马克思列宁主义、毛泽东思想、邓小平理论、'三个代表'重要思想、科学发展观、习近平新时代中国特色社会主义思想指引下,坚持人民民主专政,坚持社会主义道路,坚持改革开放,不断完善社会主义的各项制度,发展社会主义市场经济,发展社会主义民主,健全社会主义法治,贯彻新发展理念,自力更生,艰苦奋斗,逐步实现工业、农业、国防和科学技术的现代化,推动物质文明、政治文明、精神文明、社会文明、生态文明协调发展,把我国建设成为富强民主文明和谐美丽的社会主义现代化强国,实现中华民族伟大复兴。"

应当承担的具有经济性质的宪法义务，包括劳动义务、不得扰乱社会经济秩序义务、纳税义务等。这些由宪法所确立的经济权利和经济义务是在发展社会主义市场经济过程中，提高公民个人以及经济组织参与市场活动积极性的必要方式，也为经济法确定法律权利和法律义务提供宪法依据。虽然我国宪法没有直接规定经济权利，但从这些散见的具有经济性质的权利和义务内容可以推论出，我国宪法承认公民享有基本经济权利。一般而言，市场经济体制下的基本经济权利包括契约自由、竞争自由、营业自由以及保护私有财产权，这些内容都受到基本经济条款的制度保障，构成基本经济条款体系化构造的主体内容。[1] 由于我国经济制度是混合所有制经济制度，公有制经济和非公有制经济在宪法所确定的经济权利框架下都具有平等性，均受到宪法和法律的平等保护。

我国宪法中的经济职权规范是与目标规范相对应的路径规范之三，是宪法为实现社会主义经济目标、完善社会主义经济制度、保障社会主义经济权利，为国家不同职能机构配置的经济权力，也是国家职能机构负担的经济义务和责任，同时还构成国家的经济职权。一般而言，宪法所确认的国家机构的经济职权包括财政权、预算权、税收权、发债权、反垄断权等。[2] 我国《宪法》第 15 条从宏观调控和市场规制两个角度确立了国家干预经济的权力。据此，国家通过宏观调控手段和市场规制手段干预市场经济就具备了宪法基础。有学者也认为这是宪法承认了国家干预经济的合法性，并对其提出法治化要求。[3] 也有学者以《宪法》第 15 条为依据，认为宪法所确立的国家经济职权主要是宏观调控权和市场规制权，具体表现为财政权（如预算权、征税权）和金融权（如铸币权）。[4] 除此之外，《宪法》第 15 条内容还可以从经济行为角度予以解读。这需要区分决策阶段和执行阶段的宏观调控，将宏观调控限定在决策阶段，这也是宪法中宏观调控的含义，如此还

〔1〕 参见胡丽文：《论经济法学正当性建构的经济宪法基础——基于范式转换的视角》，载《甘肃政法学院学报》2020 年第 3 期。

〔2〕 参见张守文：《宪法与经济法关系的“经济性”分析》，载《法学论坛》2013 年第 3 期。

〔3〕 参见单飞跃、徐开元：《“社会主义市场经济”的宪法内涵与法秩序意义》，载《东南学术》2020 年第 2 期。

〔4〕 参见张守文：《宪法问题：经济法视角的观察与解析》，载《中国法律评论》2020 年第 2 期。

可将执行阶段的宏观调控具体化为政府经济行为以及政府监管行为。其中,《宪法》第 15 条第 2 款所提到的"完善宏观调控",核心含义是"规范宏观调控",结合前文所述的宏观调控行为具有政府经济行为性质。因此,该条款不仅是为国家实施宏观调控提供宪法依据,更重要的含义是为规制政府的经济行为提供宪法依据。这里的"规制"包含立法和行政两层含义,"国家加强经济立法"是"完善宏观调控"的前置环节,二者共同构成"规制"的全部内容。《宪法》第 15 条第 3 款则为规制市场主体的经济行为提供宪法依据,即国家需要通过市场监管的方式保证市场主体的经济行为不会扰乱社会经济秩序。

我国宪法的经济规范已经从经济目标、经济制度、经济权利和经济职权 4 个角度构建了以"社会主义市场经济"为核心的经济宪法规范内容。但现有经济宪法规范仍然存在不完备之处,使得我国经济法与宪法存在不协调问题。[1] 因此,我国现有的经济宪法规范仍然存在改进的空间,尤其是《宪法》第 15 条第 2 款"完善宏观调控"的表述无法准确表达该条款的宪法内涵,容易将该条款转变为类似于"政府监管市场"的"政府调控市场"内容,从而使与宏观调控相关的法律规范制定转向如何调控市场,而不是如何规范宏观调控行为本身。该条款有必要在未来借助修宪的时机修改为"国家加强经济立法,规范宏观调控"。毕竟,经济法和宪法之间存在交互影响关系,经济法通过立法的方式解释宪法中的经济性条款,并有助于把握对修宪具有指导意义的客观规律,从而对宪法修改作出积极贡献。[2] 而对于社会主义市场经济在宪法中没有明确规定的经济权利内容,则需要经济法学者通过宪法解释学的理论方法构建与社会主义基本经济制度和社会主义市场经济体制相匹配的经济权利体系。[3]

三、经济法规范的经济宪法来源

借助"效力—内容"分析框架,经济宪法可以为经济法规范提供效力基础和

[1] 参见薛克鹏:《建构与宪法相融的经济法——兼论政府与市场经济的关系》,载《法学杂志》2021 年第 1 期。

[2] 参见谢立斌:《经济法与宪法的交互作用》,载《中国法律评论》2020 年第 2 期。

[3] 参见单飞跃:《经济宪法在中国经济法学研究中的导入》,载《经济法论丛》2018 年第 1 期。

内容基础。从效力基础看,经济法规范存在直接的经济宪法依据,因而具有合宪性,同时也使经济法规范具有法律效力;从内容基础看,经济法规范和经济宪法同时具备经济性特征,均属于经济规范内容。[1] 其经济性特征具体表现为:体现国家的经济职能,需要规范国家的经济行为;需要遵循经济规律,约束市场规制权和宏观调控权;都要体现法律化的经济手段,促进经济良性运行,维护社会经济秩序。[2] 值得注意的是,宪法通过赋予公民职业自由和营业自由等经济权利,塑造经济法的法形象,即守护市场经济主体经济权利的基本法,这需要经济法通过规制政府主体的经济行为和规制市场主体的经济行为两个路径实现由宪法所确立的平等、自由、公平的经济秩序,而非将经济法解读为“国家干预经济的法”[3]。

(一)基于经济宪法的经济法规范

基于经济宪法的经济法规范是对经济制度规范、经济权利规范和经济职权规范的具体化。对于经济制度规范而言,经济法形成了与公有制经济制度和非公有制经济制度相关的规范内容,前者以《全民所有制工业企业法》和《企业国有资产法》为代表,后者以《中小企业促进法》和《合伙企业法》等为代表;就经济权利规范而言,经济法围绕经营者权利、消费者权利和劳动者权利,形成了《反不正当竞争法》《反垄断法》《消费者权益保护法》《劳动法》等法律规范;就经济职权规范而言,经济法围绕宏观调控权和市场规制权,在具体法律规范条文中为国家职能部门配置经济权力,在理论上形成了宏观调控法和市场规制法。[4] 经济制度规范、经济权利规范和经济职权规范三者之间并非相互独立的关系,而是存在内部

---

〔1〕 参见单飞跃、徐开元:《从国家的经济干预到经济的宪法治理——经济法学理论基础的转换》,载《社会科学战线》2021 年第 5 期。

〔2〕 参见张守文:《宪法与经济法关系的“经济性”分析》,载《法学论坛》2013 年第 3 期。

〔3〕 吴越:《经济法思维的宪法指向——兼论经济法学的历史命运》,载《法学论坛》2013 年第 3 期。

〔4〕 此处的宏观调控法和市场规制法与经济法二元体系中的宏观调控法和市场规制法并不完全相同。经济法二元体系中的宏观调控法和市场规制法是经济法体系划分的形式之一,其内涵表现为国家职能部门如何调控市场或规制市场的法律规范,其法性质是规范市场主体经济行为的法。此处的宏观调控法和市场规制法是对宪法中的经济职权规范的具体化,其内涵表现为如何规范国家职能部门的宏观调控权和市场规制权,其法性质是规范国家职能部门宏观调控行为和市场规制行为的法。

的逻辑关联。三者在经济法规范中实现统一,即经济法在经济制度规范的框架下,以经济职权规范为手段,实现经济权利规范内容。因此,经济权利规范是经济法规范的核心内容,无论是经济制度规范还是经济职权规范都需要以实现宪法所确立的经济权利为最终价值目标。

在经济宪法基础上,经济法规范首要表现为经济权利规范,其以经济自由和经济公平作为识别经济权利的标准。只有同时满足自由和公平两个条件,经济权利规范才能实现其规范价值。此外,经济自由和经济公平是市场主体的经济自由和经济公平,政府并非权利主体,而是实现市场主体经济自由和经济公平的手段。经济法所有规范内容都应以经济权利规范为参照,从而能够判断经济法规范是否符合经济宪法要求。经济法中的市场主体大致可以分为经营主体、消费主体和劳动主体,分别体现为经营者、消费者和劳动者。[1] 这三类市场主体同时也是经济权利主体,其分别对应的经济权利包括经营自由权和经营公平权、消费自由权和消费公平权、劳动自由权和劳动公平权。这些经济权利大部分已被竞争法、消费者保护法和劳动者保护法所吸收,并衍生出一系列具体的权利种类。例如,《消费者权益保护法》确立安全权和知情权等多项消费者权利,《劳动法》确立就业公平权、择业自由权和休息休假权等多项劳动者权利。《反不正当竞争法》和《反垄断法》虽然没有直接规定经营者享有的权利,但从规范内容可以推导出经营者享有竞争自由权和竞争公平权。

除了经济权利规范,经济法规范中还包含经济制度规范和经济职权规范,但这些规范都与经济权利规范内容相关。在经济制度规范和经济权利规范的关系中,经济法规范分为公有制经济中的经济权利和非公有制经济中的经济权利,并且两种经济制度中的经济权利都平等地受到保护。在经济职权规范和经济权利规范的关系中,经济职权是实现经济权利的主要途径,即通过国家职能部门运用市场规制权和宏观调控权的方式,保护经营者、消费者和劳动者的经济权利。国家职能部门行使经济职权的主要途径是实施市场监管和政府经济行为,前者包括反垄断监管、反不正当竞争监管、劳动监管、食品安全监管、产品质量监管等,后者

[1] 参见薛克鹏:《经济法基本范畴研究》,北京大学出版社 2013 年版,第 285 页。

包括预算和决算、国有资产经营和管理、征收税款、政府采购、政府投资、政府借债等。国家职能部门通过上述经济职权行为，平等保护公有制经济和非公有制经济中的经营自由权和经营公平权、消费自由权和消费公平权、劳动自由权和劳动公平权。

（二）宪法经济规范创设经济秩序

我国宪法经济规范所创设的经济秩序是社会主义市场经济秩序，是社会主义和市场经济的有机结合。这种经济秩序应当是自由且公平的经济秩序，而非不自由且不公平的经济秩序。自由且公平的经济秩序相对于经营者、消费者和劳动者而言，意味着经营者可以自由竞争和公平竞争、消费者可以自由消费和公平消费、劳动者可以自由劳动和公平劳动。社会主义市场经济秩序主要由主体、市场和机制组成，其内在逻辑关系为：在机制的作用下，主体在市场范围内展开经济活动。具体而言，各类主体在供求机制、价格机制和竞争机制的作用下，在不同类型的具体市场中开展生产经济活动、分配经济活动、交换经济活动、消费经济活动和服务经济活动。

第一，社会主义市场经济秩序中的主体包括经营者（企业）、消费者、劳动者、政府。其中，政府具有双重主体身份，既是经济主体，也是监管主体。而经营者、消费者和劳动者只存在经济主体身份，只能作出经济行为，而不能作出与监管主体相同性质的监管行为。经营者以及企业在其内部实施的管理行为，由于不具有经济法意义上的权力性质而只能视为自治行为。从经济秩序的角度看，市场主体和政府主体作出的经济行为会影响整体市场的经济秩序，属于经济宪法所确立的经济秩序范畴。具体而言，这些经济行为包括市场主体的私人物品生产行为和政府主体的公共物品生产行为、市场主体的第一次分配行为和政府主体的第二次分配行为、市场主体的交换行为和政府主体的交换行为、市场主体的消费行为和政府主体的消费行为、市场主体的服务行为和政府主体的服务行为。

第二，社会主义市场经济秩序中的市场包括商品市场和要素市场，而要素市场分为土地要素市场、劳动力要素市场、资本要素市场、技术要素市场、数据要素市场。这些不同类型的市场是社会主义市场经济秩序得以形成的现实领域，也是经营者、消费者、劳动者和政府开展经济活动的场所。其中,商品市场是商品市场化流动的主要领域,要素市场是各类生产要素市场化流动的主要领域。经济法针对不同类型的市场形成不同类型的法律规范,如在商品市场中制定了产品质量法、食品安全法、反垄断法、反不正当竞争法等法律规范,其目的是维护商品市场中的经济秩序。而在要素市场中,土地要素市场存在土地管理法;劳动力要素市场存在劳动法;资本要素市场存在证券法、商业银行法、保险法、中国人民银行法等法律规范;技术要素市场存在科学技术进步法和促进科技成果转化法;数据要素市场存在数据安全法。

第三,社会主义市场经济秩序中的机制包括供求机制、价格机制和竞争机制。供求机制决定着经济行为的方向,即供给总是以需求为标准,市场中需求量大的领域总会吸引着各类经济主体以提供供给量的方式满足市场需求,最终实现在商品和要素市场中的供给和需求的平衡。价格机制决定着经济行为的数量,当价格上升时,市场中的需求将小于供给,此时经济主体会减少该类市场的经济行为数量;当价格下降时,市场中的需求大于供给,此时经济主体会增加该类市场的经济行为数量。竞争机制决定着经济行为的质量,同类经营者在相同市场中由于存在竞争关系,会改进科技水平和提高经济效率,从而获得竞争优势。经济秩序正是通过供求机制、价格机制和竞争机制等市场机制实现的。当然,当供求机制、价格机制和竞争机制失灵时,经济秩序也将走向无序状态,如垄断、不正当竞争、价格欺诈等经济行为会导致经济秩序出现不自由和不公平的问题。

(三)宪法经济规范确认经济行为

宪法中的社会主义市场经济条款是经济法意义下经济行为的规范来源,限定经济法中的经济行为性质,即具有社会主义性质和市场经济性质,是社会主义市场经济行为。其中,《宪法》第 15 条为经济法规制经济行为提供效力基础。具体而言,《宪法》第 15 条第 1 款“国家实行社会主义市场经济”为经济法的产生提供了经济体制基础,即我国的经济法建立在社会主义市场经济体制基础上。《宪法》第 15 条第 2 款“国家加强经济立法,完善宏观调控”为规制政府主体的经济行为提供宪法依据。《宪法》第 15 条第 3 款“国家依法禁止任何组织或者个人扰乱社会经济秩序"为规制市场主体的经济行为提供宪法依据。

宪法经济规范确认市场主体经济行为,这意味着经济法需要从法律规范角度规制市场主体经济行为。市场主体经济行为的宪法经济规范确认,主要通过《宪法》第6、16、17、18条实现。第16条和第17条确认国有企业和集体经济组织的自主经营权。第18条规定外国企业、经济组织和个人可以依法同国内企业和经济组织开展经济合作。同时结合第6条基本经济制度条款,非公有制经济和公有制经济作为社会主义基本经济制度的组成部分,公有制经济组织享有的自主经营权同样适用于非公有制经济组织。此外,国内的企业和经济组织有权同国外企业、经济组织和个人开展经济合作,那么意味着国内的企业和经济组织享有经营权,否则就无法同国外企业等经济主体开展合作。因此,市场主体的经济行为可以从宪法的经济性规范中找到宪法依据。同时,根据《宪法》第15条第3款的内容,市场主体的经济行为不能扰乱社会经济秩序,国家有权力依法禁止此种行为。这为经济法规制市场主体的经济行为提供宪法基础。

宪法经济规范确认政府主体经济行为,这意味着经济法需要从法律规范角度规制政府主体经济行为。政府主体的经济行为通过《宪法》第15条第2款得以确认。从经济法角度解读,这意味着经济法规范需要拓展与规制政府主体经济行为相关的规范内容。现有的经济法二元体系已经从宏观调控法角度开始研究政府主体的经济行为规范内容,但其关注点主要集中于政府如何调控市场,偏离了宪法所确立的政府主体经济行为的经济秩序,即规制政府主体的经济行为,而非通过调控的方式规制市场主体的经济行为。这容易导致经济法规范和宪法经济规范之间的冲突和矛盾,并使经济法出现违宪性风险。为了更好地实现经济法和宪法的协调关系,经济法需要从宏观调控的视角中抽离出来,并转向政府经济行为视角,通过经济立法的形式规范、控制、监督、约束政府主体的经济行为。

第二节　经济法中市场与政府的共生关系

自党的十八届三中全会提出市场在资源配置中起决定性作用和更好发挥政

府作用后，政府与市场关系进入"有效市场和有为政府"阶段。如何理解市场决定论和政府有为论将影响经济法理论研究方向。当下关于市场与政府关系的主流认识为"补充论"，即认为政府与市场处于补充关系中。在补充论的基础上，市场与政府关系还可以运用"共生论"予以解释。从市场基础作用到市场决定作用的转变表明，市场不再是在政府调节下发挥作用，而是自主自发地发挥作用。这意味着政府与市场关系也不再是补充关系，而是共生关系。由此，政府与市场的关系将从"政府补充市场"转变为"政府中有市场，市场中有政府"，市场能够脱离政府干预实现资源优化配置。为了实现市场在资源配置中的决定性作用，完善市场机制是必然的选择，包括规范市场秩序、完成市场体系和培育市场主体。[1] 政府的作用主要在于从上述三个方面完善市场机制，保障市场能够在资源配置中发挥决定性作用。在法学领域，市场与政府的关系不仅映射在经济法领域，更涉及所有与市场经济相关的法律，其在这些部门法中不是简单的补充关系，而是相生共栖、相互转化的关系。[2] 市场与政府的上述关系可以运用共生理论予以解释。在共生理论视域下，市场和政府的共生关系包括组织共生关系和行为共生关系，分别对应共生理论中的共生组织模式和共生行为模式。此外，在经济法中，市场与政府的共生关系可以从共生单元的性质中推导出两种具体的表现形式：同类共生形式和异类共生形式。由此，市场和政府关系由原来的补充关系转变为共生关系。此种关于市场和政府关系的理解，有效地解释了政府角色的二重性特征，即政府同时兼具经济主体身份和监管主体身份。作为经济主体身份出现的政府与市场之间是同类共生关系，作为监管主体身份出现的政府与市场之间是异类共生关系。这就是共生理论引入经济法的价值——使市场和政府的二元关系得到理论阐释。

一、共生理论及其在经济法中的运用

共生作为一种普遍现象，既存在于自然世界，也存在于人类社会。通过研究

[1] 参见洪银兴：《关于市场决定资源配置和更好发挥政府作用的理论说明》，载《经济理论与经济管理》2014年第10期。

[2] 参见侯利阳：《市场与政府关系的法学解构》，载《中国法学》2019年第1期。

共生现象而形成的共生理论同样具有跨领域和跨学科的普遍适用性。在我国社会科学领域,袁纯清教授系统研究共生理论并将其应用于社会科学研究工作中。袁教授所提出的共生理论主要用于分析经济问题,经济法作为与经济学密切关联的法学学科同样具有适用共生理论的学术土壤,并且在经济法中也广泛存在共生现象。

(一)共生理论的科学内涵

共生是生物学领域的基本概念,涉及生物学的诸多分支学科,如微生物学等,由德国生物学家德贝里于1879年提出,用于描述生物与生物之间的关系。[1] 生物学家斯格特(Scott)认为,共生是两个及以上的生物之间在生理状态上相互依存的状态,而非一方依赖于另一方。[2] 虽然共生概念起源于生物学,但共生现象并非生物界所独有。源于生物学领域的共生概念及其共生理论内容被不断引入哲学、社会学、经济学等社会科学领域。

在哲学领域,共生概念的核心要义是共赢和依存。日本学者黑川纪章和尾关周二均出版了以共生思想为主题的著作。黑川纪章从建筑、城市规划引申开来,倡导“共生思想”。[3] 尾关周二从哲学层面区分共生和共同的差别,前者是异质者的共存,而后者具有相同的价值、规范和目标,共生和共同可以互补。[4] 中国学者李思强和胡守钧分别在其专著《共生构建说:论纲》和《社会共生论》论述了共生的哲学含义。[5] 吴飞驰则从更宏观的维度解释共生理念,认为人类的生存方式主要是共生共存,即任何个体的存在只能在与其他个体或群体的交往中才能确立起存在的意义,共生理念的终点是共生哲学,是儒家“万物一体”思想的体

---

〔1〕 参见洪黎民:《共生概念发展的历史、现状及展望》,载《中国微生态学杂志》1996年第4期。

〔2〕 See Scott G. D., *Plant Symbiosis in sti-tude of Biology*, Edward Arnold, 1969, p.58.

〔3〕 参见[日]黑川纪章:《新共生思想》,覃力等译,中国建筑工业出版社2020年版。

〔4〕 参见[日]尾关周二:《共生的理想:现代交往与共生、共同的思想》,卞崇道等译,中央编译出版社1996年版。

〔5〕 前者认为,哲学意义的共生泛指事物之间或单元之间形成的一种和谐统一、相互促进、共生共荣的命运关系。参见李思强:《共生构建说:论纲》,中国社会科学出版社2004年版。后者认为,共生论可以用于指导社会,告别以“阶级斗争为纲”的斗争哲学,走向呼唤和谐的社会共生论。参见胡守钧:《社会共生论》,复旦大学出版社2006年版。

现,包含万物一体、天人合一、一体之仁、天下化仁等内容。[1]

在社会学领域,共生思想在多位社会学家著作中早已有所体现,社会学家罗伯特·帕克就提出了共生和契洽两种社会关系,前者是在利己基础上的相互利用,即把人看作自己的工具,后者是为了共同目标而相互结合,即把人看作具有意识和人格的主体。[2] 费孝通运用共生概念分析传统中国社会,认为"婚姻是社会为孩子们确定父母的手段,从婚姻里结成的夫妇关系是从亲子关系上发生的"[3]。胡守钧教授在2000年提出社会共生论后,先后出版《走向共生》和《社会共生论》,建构了社会共生分析的36条定律,共生理论开始广泛运用于社会学领域。

在经济学领域,袁纯清和吴飞驰借助生物学的共生概念构建经济学的共生理论,用于分析经济学问题。早在1998年,袁纯清就在其专著《共生理论——兼论小型经济》中运用数理分析和哲学抽象系统研究共生理论,将作为生物学共生学说创新为社会科学的共生理论,并分别提出三个论题。[4] 此外,袁纯清还将共生理论运用于金融领域,分析了我国城市商业银行改革问题。[5] 根据袁纯清教授系统总结的共生理论内容,其认为共生是指在一定的共生环境中共生单元之间按某种共生模式形成的关系,其内容涉及共生单元、共生模式、共生环境、共生系统

---

[1] 参见吴飞驰发表的下列文献:吴飞驰:《关于共生理念的思考》,载《哲学动态》2000年第6期;吴飞驰:《"万物一体"新诠——基于共生哲学的新透视》,载《中国哲学史》2002年第2期;吴飞驰:《企业与市场的性质》,载《南开经济研究》2001年第6期。

[2] 共生(symbiosis)表现为:蚜虫的分泌物是蚂蚁的美食,反过来蚜虫也接受蚂蚁的服务(蚂蚁会口衔蚜虫去找后者适宜的住所);契洽(consensus)表现为:个体会牺牲自己的利益成全其他个体。See Park Robert E & Ernest W. Burgess, *Introduction to the Science of Sociology, Including a Index to Basic Sociological Concepts*, The University of Chicago Press, 1970, p. 54 – 57.

[3] 参见费孝通:《乡土中国生育制度乡土重建》,商务印书馆2017年版,第170页。

[4] 共生不仅是一种生物现象,也是一种社会现象;共生不仅是一种自然状态,也是一种可塑形态;共生不仅是一种生物识别机制,也是一种社会科学方法,从而建立了共生理论作为一门社会科学所应具备的概念工具体系、基本逻辑框架和基本分析方法。参见袁纯清:《共生理论——兼论小型经济》,经济科学出版社1998年版,第24页。

[5] 参见袁纯清:《金融共生理论与城市商业银行改革》,商务印书馆2002年版。

等。[1] 其对经济法体系具有借鉴意义的主要是共生模式和共生系统两部分内容。[2]（见表4－1、表4－2和表4－3）

表4－1　共生模式类型

类型	点共生 P1	间歇共生 P2	连续共生 P3	一体化共生 P4
寄生 M1	S1（M1，P1）	S2（M1，P2）	S3（M1，P3）	S4（M1，P4）
偏利共生 M2	S5（M2，P1）	S6（M2，P2）	S7（M2，P3）	S8（M2，P4）
非对称性互惠共生 M3	S9（M3，P1）	S10（M3，P2）	S11（M3，P3）	S12（M3，P4）
对称性互惠共生 M4	S13（M4，P1）	S14（M4，P2）	S15（M4，P3）	S16（M4，P4）

表4－2　四种共生行为模式

特征	寄生	偏利共生	非对称性互惠共生	对称性互惠共生
共生单元特征	1. 共生单元在形态上存在明显差异 2. 同类单元亲近度要求较高 3. 异类单元只存在单向关联	1. 共生单元形态方差可以较大 2. 同类单元亲近度要求高 3. 异类单元存在双向关联	1. 共生单元形态方差较小 2. 同类共生单元亲近度虽然高，但存在明显差异 3. 异类单元之间存在双向关联	1. 共生单元形态方差接近于零 2. 同类共生单元亲近度高且相同或相近 3. 异类共生单元之间存在双向关联
共生利益特征	1. 不产生新利益 2. 存在寄主向寄生者利益的转移	1. 产生新利益 2. 一方全部获取新利益，不存在新利益的广谱分配	1. 产生新利益 2. 存在新利益的广谱分配 3. 广谱分配按非对称性机制进行	1. 产生新利益 2. 存在新利益的广谱分配 3. 广谱分配按对称性机制进行

〔1〕 参见袁纯清：《和谐与共生》，社会科学文献出版社2008年版，第8页。

〔2〕 共生模式是共生单元相互作用或相互组合的形式，包括共生行为模式和共生组织模式，前者包括寄生、偏利共生、非对称性互惠共生和对称性互惠共生（见表4－2），后者包括点共生、间歇共生、连续共生和一体化共生（见表4－3）；共生系统是由共生单元按某种共生模式构成的共生关系的集合，其状态由共生组织模式和共生行为模式的组合决定，根据4种共生组织模式和4种共生行为模式，共生系统可以形成16种组合（见表4－1）。资料来源：袁纯清：《和谐与共生》，社会科学文献出版社2008年版，第8～12页。

续表

特征	寄生	偏利共生	非对称性互惠共生	对称性互惠共生
共生作用特征	1. 寄生关系并不一定对寄主有害 2. 存在寄主与寄生者的双向单边交流机制 3. 有利于寄生者进化，不利于寄主进化	1. 对一方有利而对另一方无害 2. 存在双边双向交流 3. 有利于获利方进化创新，对非获利方进化无补偿机制时不利	1. 存在广谱对进化作用 2. 不仅存在双向双边交流，而且存在多向多边交流 3. 由于分配机制的不对称性，导致进化的非同步性	1. 存在广谱对进化作用 2. 既存在双边交流机制，又存在多边交流机制 3. 共生单元的进化具有同步性

表 4－3　四种共生组织模式

项目	点共生模式	间歇共生模式	连续共生模式	一体化共生模式
概念	1. 在某一特点时刻共生单元具有一次相互作用 2. 共生单元只有某一方面发生作用 3. 具有不稳定性和随机性	1. 按某种时间间隔 t 共生单元之间具有多次相互作用 2. 共生单元只在某一方面或少数方面发生作用 3. 共生关系具有某种不稳定性和随机性	1. 在一封闭时间区间内共生单元具有连续的相互作用 2. 共生单元在多方面发生作用 3. 共生关系比较稳定且具有必然性	1. 共生单元在封闭时间内形成了具有独立性质和功能的共生体 2. 共生单元存在全方位的相互作用 3. 共生关系稳定且有内在必然性
共生界面特征	1. 界面生成具有随机性 2. 共生介质单一 3. 界面极不稳定 4. 共生专一性水平低	1. 界面生成既有随机性又有必然性 2. 共生介质较少但包括多种介质 3. 界面较不稳定 4. 共生专一性水平较低	1. 界面生成具有内在必然性和选择性 2. 共生介质多样化且具有互补性 3. 界面比较稳定 4. 均衡时共生专一水平较高	1. 界面生成具有方向性恶化必然性 2. 共生介质多元化且存在特征介质 3. 界面稳定 4. 均衡时共生专一性水平高

续表

项目	点共生模式	间歇共生模式	连续共生模式	一体化共生模式
开放特征	1. 一般对比开放度远远大于1，即共生单元更依赖于环境 2. 共生关系与环境不存在明显边界	1. 对比开放度在1附近波动，共生单元有时依赖环境，有时依赖共生关系 2. 共生关系与环境存在某种不稳定的边界	1. 对比开放度大于0但小于1，共生单元更多地依赖于共生关系而不是环境 2. 共生关系与环境存在某种较稳定但较不清晰的边界	1. 对比开放度远远小于1而大于0，共生单元主要依赖共生关系 2. 对环境的开放表现为共生体整体的对外开放 3. 共生体与环境存在稳定、清晰的边界
分配特征	1. 从总体上看，分配特征取决于共生行为模式 2. 点共生模式只要求不小于环境中最低的分配系数，即 $K_{si} \geqslant K_{min}$	1. 从总体上看，分配特征取决于共生行为模式 2. 间歇共生模式的分配特征是：$K_{si} \geqslant (1+Ct)K_{min}$	1. 从总体上看，分配特征取决于共生行为模式 2. 连续共生模式的分配特征：$(1+C_{tp})K_{min} \leqslant K_{si} \leqslant (1+a_0)K_{sm}$	1. 从总体上看，分配特征取决于共生行为模式 2. 一体化共生模式的分配特征：$(1+C_{tp})K_{min} \leqslant K_{si} \leqslant (1+a_0)K_{sm}$
阻尼特征	1. 与环境交流的阻力和内部交流的阻力较接近 2. 界面阻尼作用最明显 3. 分配关系一般不影响阻尼特征	1. 与环境交流阻力大，内部交流阻力较小 2. 界面阻尼作用较明显 3. 分配关系对阻尼特征影响较小	1. 与环境交流阻力大，内部交流阻力小 2. 界面阻尼作用较低 3. 分配关系对阻尼特征影响较大	1. 与环境交流阻力大，内部交流阻力却很小 2. 界面阻尼作用最低 3. 分配关系对阻尼作用特征影响最大
进化特征	1. 事后分工 2. 单方面交流 3. 无主导共生界面 4. 共进化作用不明显	1. 事后、事中分工 2. 少数方面交流 3. 无主导共生界面 4. 有较明显的共进化作用	1. 事中、事后分工 2. 多方面交流 3. 可能形成主导共生界面和支配介质 4. 有较强的共进化作用	1. 事前分工为主，全线分工 2. 全方位交流 3. 有稳定的主导共生界面和支配介质 4. 有很强的共进化作用

(二)经济法中的共生现象

共生理论从自然科学拓展到社会科学领域,代表着该理论具有强大生命力和广泛适用性。除了哲学、社会学和经济学等社会科学领域在使用共生概念,法学领域同样也在使用共生概念。其中,经济法学依托其跨学科研究的特性,也存在大量的共生现象,并不断被经济法学者所提及。经济法中的共生现象主要包括经济法内规范共生、经济法外规范共生、政府内部间的共生和政府外部间的共生。

第一,经济法内规范共生是在法律规范的共生环境下,将单个的经济法规范作为共生单元,将经济法作为共生系统。各个单要素的经济法规范之间形成共生关系。目前,经济法内规范共生已经被部分学者所提及,张钦昱教授认为,虽然《企业破产法》和《反垄断法》在立法价值目标、财产聚集、政府作用方面存在冲突,但通过适用"管机关—行为绩效—影响范围—作用后果"分析框架,《破产法》可以融入垄断行为的禁止规定,《反垄断法》也能适用破产程序,从而实现《破产法》规范和《反垄断法》规范之间的共生关系。[1] 此外,经济法内规范共生还体现在竞争法规范和消费者权益保护法规范的共生关系上,二者都具有保护消费者利益的价值目标。

第二,经济法外规范共生是在法律规范的共生环境下,将经济法规范和其他部门法规范作为共生单元,并使之形成共生关系或成为共生系统。以经济法和社会法的关系为例,经济法和社会法具有不同的法功能,前者法功能主要是克服市场经济体制的内部弊端并解决经济问题,后者法功能主要是克服社会发展的阻碍并解决社会问题。[2] 但二者经济功能和社会功能的组合可以形成经济法和社会法的共生关系,经济法的社会功能运用有助于实现二者在解决社会问题、防范和救济社会危机方面的配合,社会法的经济功能运用有助于共同促进经济与社会的协调发展。[3]

---

〔1〕 参见张钦昱:《破产法与反垄断法的异化与共生》,载《法学评论》2021年第3期。

〔2〕 参见李昌麒、甘强:《经济法与社会法关系的再认识——基于法社会学研究的进路》,载《法学家》2005年第6期。

〔3〕 参见刘晓农、叶萍:《略论经济法与社会法的功能组合》,载《社会科学》2010年第1期。

第三，政府内部间的共生是在政治环境下，将政府内部组成部分作为共生单元，将政府作为共生体，是对政府组织形态提出的新要求。组成政府共生体的不同部门通过配合协调共同实现政府职能的发挥，并注重与多元化治理主体功能的协作。常见的政府内部间的共生关系是多部门联合执法。

第四，政府外部间的共生是在政治环境、社会环境和经济环境下，将政府及其他非政府主体作为共生单元，形成政府与社会以及政府与市场的共生系统。政府与社会组织的共生本质是二者之间存在的资源依赖关系，包括非对称性共生和对称性互惠共生。[1] 而政府与市场的共生主要表现为政府主体与市场主体的共生，地方政府与企业组成的共生系统是政府与市场共生的表现形式之一。起源于20世纪80年代的计划和市场双轨制改革形成了“权力+资本”的经济发展模式，促使地方政府和企业结成共生关系，有效推动中国经济高速发展并创造中国的经济奇迹。[2]

在经济法的诸多共生现象中，市场与政府关系作为经济法的永恒话题，也是经济法共生现象的重点内容。经济法二元体系以政府与市场的补充关系为基础，进而出现政府与市场的对立统一问题和政府主体内容不匹配问题，同时经济法二元体系本身也存在市场规制法和宏观调控法的关系矛盾问题。市场与政府关系除了可以运用补充论予以解释，还可以运用共生论予以解释。在共生论下，市场与政府关系将突破原有的补充关系，并表现为共生关系。

二、市场与政府间的抽象共生关系

从理论上看，市场与政府的共生关系可以通过借鉴共生理论内容形成市场与政府的组织共生关系和市场与政府的行为共生关系。这主要借鉴共生理论中的共生模式内容，是对市场与政府共生关系的完整理论概括，并能够通过我国市场与政府关系的演变历史得到验证。我国从计划经济体制到市场经济体制的历史

---

〔1〕 参见刘志辉：《政府与社会组织关系：从非对称性共生到对称性互惠共生》，载《湖北社会科学》2015年第9期。

〔2〕 参见江远山、郝宇青：《政企关系、地方性共生与中国的经济奇迹》，载《华东师范大学学报（哲学社会科学版）》2018年第1期。

演变可以分别从组织共生关系和行为共生关系两个角度,抽象为具体的共生关系形式。

(一)市场与政府的组织共生关系

从共生组织模式看,市场与政府的4种组织共生关系处于依次进化过程中,既是市场与政府组织共生关系由低级到高级的过程,也是我国在经济体制改革历程中市场与政府关系演变的理论模态。第一,点共生关系是市场与政府关系的起始状态,主要存在于改革开放之前,即计划经济体制时期。在计划经济时期,政府替代市场发挥资源配置的功能,市场处于被政府压制的状态中。这一时期,市场虽然客观存在,但被主观所排斥和拒绝。商品生产和交易、价格和数量都由政府决定,市场作用范围被政府无限压缩。企业的生产经营活动都处于政府的直接管控之下,丧失了经营角色自主权。该时期市场和政府处于极端不平衡中,二者的共生关系也具有随机性和不稳定性,在某一特殊时刻市场和政府只发生一次相互作用。此外,市场与政府的关系不存在自发进化可能,这种存在于计划经济时期的点共生关系从社会主义改造后持续到改革开放前夕。

第二,间歇共生关系是市场与政府关系的初级状态,主要存在于改革开放初期,即由计划经济体制向市场经济体制过渡时期。此时,我国经济尚处于计划经济体制框架中,国家实行有计划的商品经济。从计划经济转向市场经济,意味着市场的重要性开始被重视和市场的力量开始崛起,但市场还处于发展的初始阶段。作为共生单元的市场和政府在特定时间段内会发生多次相互作用,市场开始从不同层面发挥资源配置的作用。但处于间歇共生关系的市场和政府仍具有不稳定性,表现为市场机制作用的局部性。

第三,连续共生关系是市场与政府关系的进阶状态,是当下市场与政府关系的真实写照。处于连续共生关系中的市场与政府具有连续的相互作用,市场能够在数量、价格、供求、竞争等多个方面发挥作用,政府也能够在监督、管理、调节、控制等多个方面发挥作用。市场与政府的共生关系比较稳定且具有必然性。市场与政府的连续共生关系经历了两个阶段,第一个阶段是市场在国家宏观调控下发挥资源配置的基础性作用阶段,第二个阶段是市场在资源配置中发挥决定性作用和更好发挥政府作用阶段。这表明连续共生关系具有较强的共进化作用，市场和政府作为共生体能够共同进步和发展，并向更高级别的共生组织模态进化。

第四，一体化共生关系是市场与政府关系的终极形态，也是当下市场与政府关系的进化方向。在一体化共生关系中，市场机制和政府机制都已成熟且完善，二者成为共生关系稳定且具有内在必然性的统一整体。此时，市场和政府在社会主义市场经济体制中实现了高度的一体化和全方位的对外开放。从市场与政府关系现状看，市场对资源配置具有决定性作用，这意味着政府需要通过自身改革以适应市场发展，这是市场与政府一体化共生关系的要义。[1]

（二）市场与政府的行为共生关系

从共生行为模式看，4 种共生行为模式分别对应市场与政府关系发展的不同阶段。寄生关系是我国市场与政府关系演变的起步形态，具有强依附性，这主要发生在我国实行改革开放政策前的计划经济体制时期。在计划经济时期，市场与政府的寄生关系表现为市场寄生于政府，即市场是寄生者，而政府是寄主。市场利益的实现需要依靠政府向市场转移或输送利益，这表现为政府通过行政指令确定本应由市场决定的价格、数量和供求。市场与政府之间具有单向关联性，通常是政府不受市场影响而单向决定市场。在寄生关系中，市场作为寄生者具有自发进化的可能，而政府作为寄主没有进化的动力。这种有利于市场进化而不利于政府进化的局面最终被国家实行的改革开放政策强行打破，市场重获新生和自由。

偏利共生关系是市场与政府关系在计划经济体制向市场经济体制过渡时期的共生形态。这一时期，国家提出发展商品经济等经济政策，并由此形成了新的利益类型——市场利益。市场与政府的偏利共生关系对市场有益且对政府无害，有利于市场共生单元的进化创新，培育市场主体和市场类型。此后，市场和政府之间开始进行双边双向交流，政府向市场提供政策扶持和资金支持，市场向政府反馈政府调节市场的结果并帮助政府及时调整和修正经济政策，改变了计划和市场在资源配置中的二元对立，并在这两种资源配置方式上正式建立了社会主义市

---

〔1〕　参见王华春、张璇：《滞胀时期的“边界”扩张：政府行为与市场效率》，载《改革》2014 年第 7 期。

场经济体制。

非对称性互惠共生关系是市场与政府关系在社会主义市场经济体制下的共生形态。市场和政府形成互惠共生局面,改变了偏利共生状态下的单方获利状态,实现了市场和政府的共同获利,并且这种利益分配共生单元之间存在不对称性。市场和政府的非对称性互惠共生关系依据市场作用经历了两个阶段,第一个阶段是市场在国家宏观调控下发挥资源配置的基础性作用,第二个阶段是市场发挥资源配置的决定性作用和更好发挥政府作用。市场和政府组成的共生系统在持续进化过程中,典型表现为市场的不断完善,市场从"依托于政府发挥作用"进化到"主动发挥作用"。

对称性互惠共生关系是市场与政府关系的理想形态,是在非对称性互惠共生关系基础上,实现了共生体利益在共生单元之间的对称性分配,同时共生单元也能够实现同步进化。我国市场与政府关系的改革正是朝着对称性互惠共生关系方向的渐进式发展。这也与社会主义社会所追求的共同富裕目标相匹配,共同富裕正是对基于市场与政府共生体所产生的新利益进行对称性分配的结果。在对称性互惠共生关系下的市场和政府都趋于成熟和完善,既相互独立,又相互促进,并形成新的共同利益。

三、市场与政府间的具象共生关系

市场与政府处于长期的博弈过程中,这种博弈在理论层面表现为自由市场和政府干预的博弈。市场与政府既存在对立关系,同时也存在共生关系。依据共生理论,市场与政府的共生关系可以被抽象为组织共生关系和行为共生关系。在具体的经济法内容中,上述抽象表达可以将市场与政府共生关系具象为同一性和特异性两种形式。前者将市场与政府作为同类性质的主体,即经济主体,并实施同类性质的行为,即经济行为;后者将市场与政府作为异类性质的主体,即经济主体和规制主体,并实施异类性质的行为,即经济行为和规制行为。这两种类型都是市场与政府共生关系的具体内容,分别表现为同类共生和异类共生。市场与政府的同类共生和异类共生两种形式表明,二者之间不是此消彼长的关系,而是一种共生互补的关系,是有效市场和有为政府的共生关系。[1]

同类共生是指作为共生单元的市场主体与政府主体具有同一性,即二者都具有相同性质,都以经济主体身份实施经济行为。市场主体是绝对的经济主体,通过利用稀缺性的经济资源进行生产、经营、竞争、消费、分配和服务等经济活动。市场本身即可成为独立的共生体,其由市场主体要素构成共生单元,包括投资者、生产者、经营者、消费者、劳动者等经济主体,它们在市场内部通过经济行为产生关联,构成共生关系。市场主体除了在内部与其他市场主体形成经济关系外,还可能与政府主体形成经济关系。此时,市场主体与政府主体都以经济主体身份参与经济活动和作出经济行为。对于政府主体而言,其实施的经济行为具有确定的含义和范围,并非指所有与政府权力行使相关的行为,而是指政府运用经济资源和经济手段的行为,包括税率调整、利率调整、货币增发、政府补贴、政府采购、政府担保、特许经营以及直接投资等行为。[2] 政府的上述经济行为将直接影响经营者、企业、消费者、劳动者、投资者等市场主体的利益,具有公共性质。同时,这些行为又不同于政府实施的行政行为或规制行为,而是同市场主体的经济行为具有共同特点,应当同市场主体的经济行为一样受到严格的监管。作为经济主体角色而出现的政府主体与其他市场主体作为同类性质的共生单元,在经济行为层面实现了共生关系的建立,即市场主体的经济行为和政府主体的经济行为具有契合性,能够相互影响对方利益。

异类共生是指作为共生单元的市场主体与政府主体具有特异性,即二者具有不同性质,市场主体以经济主体身份实施经济行为,政府主体以规制主体身份实施规制行为。在异类共生中,市场主体和政府主体作为性质不同的共生单元,其共生系统表现为政府基于市场不同特点采取不同方式规制市场,是一种双向互动,而非单向作用。政府可以通过行使规制权的方式限制以及禁止市场主体的经济行为,从而保证市场主体的经济行为不会损害公共利益。从共生组织模式看,市场与政府的异类共生形式属于连续共生模式,即市场和政府在一定时间段内会

---

〔1〕 参见刘世锦:《关于发展现代市场体系的两个问题》,载《国家行政学院学报》2014年第4期。

〔2〕 参见郭传凯:《政府经济行为规制的形式工具与实质依据》,载《湖北社会科学》2021年第5期。

发生多次相互作用。这种相互作用既包括政府对市场的限制和禁止作用,也包括市场对政府规制行为的限制作用,具体表现为市场主体多次实施损害公共利益的经济行为,而监管主体则多次采取措施限制和禁止市场主体的经济行为。从共生行为模式看,市场与政府的异类共生行为属于互惠共生模式。市场与政府之间的双向互动实现了双边行为控制的效果,包括政府作为监管主体的规制行为限制和市场作为经济主体的经济行为限制。同时,这种异类共生形式会在市场和政府之间实现新利益生成,即包括市场秩序、经济效益、弱势群体利益等在内的具有经济性质的公共利益。

第三节　经济法中政府与社会的独立关系

管理论下的政府与社会处于混同关系中,治理论下的政府与社会处于独立关系中。这是经济法体系构造旧理论和新理论关于政府与社会关系问题的两个基本命题,也是"政府(社会)—市场"模式和"市场(社会)—政府"模式在政府和社会关系维度的区别,同时还是"强政府弱社会"和"强政府强社会"两种关系特征的代表。从社会管理论转向社会治理论是"强政府弱社会"向"强政府强社会"发展的必然结果。后者的目标是建立国家与社会,尤其是各种社会组织之间的一种协同合作、互相监督的良性互动机制。[1] 政府与社会的独立关系在经济法体系构造中的价值主要体现为:为监管政府经济行为提供依据,并为政府确立面向社会的法律责任。据此,政府经济行为规制法能够从市场规制法和宏观调控法的传统二元体系中独立出来,与市场主体经济行为规制法相并列,共同构成经济法体系的基本结构。

一、政府与社会独立关系形成背景解读

政府与社会独立关系的形成背景包括时代背景和理论背景。对于时代背景

〔1〕 参见[美]乔治·萨拜因:《政治学说史》(下卷),邓正来译,上海人民出版社2010年版,第381页。

而言，政府与社会独立关系建立在社会管理模式向社会治理模式转变的基础上；对于理论背景而言，政府与社会独立关系建立在管理理论向治理理论转变的基础上，其理论基础是治理理论。相对于社会管理而言，社会治理实现了观念、主体、过程和内容4个层次的突破。[1] 社会治理理念下的政府与社会关系将不同于社会管理理念下的政府与社会关系。对前者而言，政府与社会均作为独立主体而存在，对后者而言，社会主体的独立性欠缺并被政府主体所代表。从社会管理发展到社会治理，不仅是政府与社会关系变革的必然趋势，而且反映了政府与社会关系变革的历史与逻辑的统一。[2] 随着社会管理模式到社会治理模式的转变，政府与社会关系也将从政社混同发展为政社独立，即社会治理模式下政府和社会是相互独立的关系。

（一）时代背景：从社会管理模式到社会治理模式的转变

随着改革开放的深入和经济社会的全面发展，传统的社会管理模式逐渐难以适应新的经济社会现实。进入新时代以来，中央适时地提出社会治理概念，将社会管理模式转变为社会治理模式。党的十八届三中全会提出创新社会治理体制、提高社会治理水平和改进社会治理方式。[3] 其中，“治理”一词首次高频出现在党中央会议通过的决定文件中，累计出现24次，“社会治理”累计出现5次。党的

---

〔1〕 在观念上，传统的国家管理理念转变为现代的国家治理理念；在主体上，政府主体转向多元主体；在过程上，单向度的自上而下转向多向度的协商与合作；在内容上，政府管理转向政府与社会和公民合作共治。参见苏若群：《从社会管理到社会治理：十八大以来党的社会建设方略的演进》，载《中共党史研究》2016年第8期。

〔2〕 参见严仍昱：《从社会管理到社会治理：政府与社会关系变革的历史与逻辑》，载《当代世界与社会主义》2015年第1期。

〔3〕 《中国共产党第十八届中央委员会第三次全体会议公报》及其《中共中央关于全面深化改革若干重大问题的决定》指出：创新社会治理体制包括改进社会治理方式、激发社会组织活力、创新有效预防和化解社会矛盾体制、健全公共安全体系。

十九届四中全会提出坚持和完善共建共治共享的社会治理制度。[1] 党的十九届五中全会强调完善社会治理制度、加强和创新社会治理、提高社会建设水平。[2]

从社会管理转向社会治理,是因为在社会管理模式下形成的政府和社会混同关系是制约我国现代化建设的阻碍。在我国现代化建设过程中,强势地位的政府、尴尬处境的社会及其社会组织边缘化和公众群体处于弱势地位正成为制约治理现代化建设的主要困境。[3] 对政府而言,源于计划经济体制时期政府社会管理的全能主义和国家至上的政府管理理念存在于政府系统内部,政府仍主导着社会生活的方方面面,"强政府弱社会"局面依然存在。对社会而言,政府全能主义的管理思维导致政府和社会关系扭曲,二者高度重合,这被施密特称为全能主义结构。[4] 处于发展转型期的社会组织对政府依赖性强,缺乏独立的职责和功能。对公众而言,其个人的生活取决于他所处的社会环境,他们之间的互动关系是良性社会得以正常运行的基础。[5] 为了维护良性社会正常运行的社会环境,社会控制被认为是重要的实现方式,尤其是通过法律来实施社会控制。法律也被认为是政府的社会控制。[6] 但在社会发展不成熟阶段,公众与政府的关系属于弱者与强者的依附关系并借此实现强者对弱者的保护,这使公众难以借由主体的身份

---

〔1〕《中国共产党第十九届中央委员会第四次全体会议公报》指出:"坚持和完善共建共治共享的社会治理制度,保持社会稳定、维护国家安全。社会治理是国家治理的重要方面。必须加强和创新社会治理,完善党委领导、政府负责、民主协商、社会协同、公众参与、法治保障、科技支撑的社会治理体系,建设人人有责、人人尽责、人人享有的社会治理共同体,确保人民安居乐业、社会安定有序,建设更高水平的平安中国。要完善正确处理新形势下人民内部矛盾有效机制,完善社会治安防控体系,健全公共安全体制机制,构建基层社会治理新格局,完善国家安全体系。"

〔2〕《中国共产党第十九届中央委员会第五次全体会议公报》指出:改善人民生活品质,提高社会建设水平。坚持把实现好、维护好、发展好最广大人民根本利益作为发展的出发点和落脚点,尽力而为、量力而行,健全基本公共服务体系,完善共建共治共享的社会治理制度,扎实推动共同富裕,不断增强人民群众获得感、幸福感、安全感,促进人的全面发展和社会全面进步。要提高人民收入水平,强化就业优先政策,建设高质量教育体系,健全多层次社会保障体系,全面推进健康中国建设,实施积极应对人口老龄化国家战略,加强和创新社会治理。

〔3〕参见黄建军:《从社会管理到社会治理的多维困境》,载《探索》2014年第2期。

〔4〕参见罗筠:《从现代国家构建的视角看社会管理体制的创新》,载《中国行政管理》2011年第9期。

〔5〕参见丁元竹:《我国社会管理创新的重点与方向》,载《开放导报》2010年第4期。

〔6〕参见[美]理查德·谢弗:《社会学与生活》,赵旭东等译,世界图书出版公司北京公司2012年版,第239页。

参与到社会治理的过程中，而只能以客体身份成为政府的管理对象。

在政治社会学视野中，社会并非作为一个抽象的关联逻辑而存在，更重要的是独立存在的主体。[1] 但社会并不会自发地有效运行，这需要存在引导其运转的整套社会安排和制度安排，并通过建立一套规则实现社会制度运行。[2] 这种规则的建立以及规则的实施通常借由政府来实现，这也是政府权力和政府权威在社会领域的体现。除了此种方式外，社会也可形成一套社会规范，并借由社会之手来实施规范，这是社会权力和社会权威的体现。从社会部门的角度看，前者属于公共部门范畴，后者属于私人部门范畴。

（二）理论背景：从管理理论到治理理论的转变

社会管理模式到社会治理模式转变的背后是管理理论到治理理论的转型，是政府和社会之间单向控制关系到双向互动关系的转变。政府和社会的独立关系建立在治理理论基础上。治理（governance）与统治（governement）具有相同的词源 governe，在 17 世纪和 18 世纪被用于讨论王权和议会权力平衡，在 20 世纪被用于企业经济学分析和政治决策分析，尤其是在行政职权和立法创议权分散的国家之政策主导进程中，治理概念具有现代内涵并在英国政府和世界银行的政策推动下在国际社会大行其道，并由此形成了治理理论的内容。[3]

基于治理理论内容，政府和社会之间的独立关系意味着政府和社会均以主体而非客体身份存在，具有独立的利益形式和独立的责任形式，注重主体与主体之

---

〔1〕 参见冯全普：《创新社会管理的理论探索与路径选择》，载《中国特色社会主义研究》2011 年第 5 期。

〔2〕 参见［美］安东尼·M. 奥勒姆、约翰·G. 戴尔：《政治社会学》，王军译，中国人民大学出版社 2018 年版，第 3 页。

〔3〕 治理理论包括如下内容：(1) 去中心化，表现为政府向社会分权，甚至将权力让渡给跨国家的组织；(2) 多中心，政府之外的治理主体参与到公共事务治理中，政府规制和社会自治共存；(3) 反对夸大纯粹的市场作用，但认同并提倡等级、网络和市场的组合和相互渗透；(4) 多层次的治理与多类型的工具同时使用；(5) 政府和公民角色发生改变，前者角色体现在整合、动员、把握进程和规制等方面，后者角色体现在积极的决策参与者、公共事务的管理者和社会政策的执行者，由公民参与的第三部门成为主要的组织载体。参见［法］让－皮埃尔·戈丹：《何谓治理》，钟震宇译，社会科学文献出版社 2010 年版，第 4～5 页；王诗宗：《治理理论与公共行政学范式进步》，载《中国社会科学》2010 年第 4 期。

间的相互交流和相互配合,在主体基础之上具有主体间性特征。政府和社会独立关系表现为主体独立、利益独立和责任独立。第一,政府和社会独立关系表现为主体独立关系,即不仅政府作为独立的主体存在,社会也作为独立的主体存在。政府主体包括各级人民政府、政府各职能部门、监管机构以及法律法规授权管理公共事务的组织,社会主体包括抽象层面的社会主体以及具体层面的社会组织等。二者的差别在于,抽象层面的政府主体实现了具象化,即各级人民政府,而抽象层面的社会主体尚未具象化,但并不因此否定抽象层面社会主体的存在。第二,政府和社会独立关系表现为利益独立关系,政府和社会作为独立存在的主体分别具有独立的利益形式,前者表现为政府利益,后者表现为社会利益。政府利益和社会利益是两种相互独立的利益类型,即便在政府与社会的混同关系中也不会导致社会利益的消失,只会导致以社会利益之名行政府利益之实,但社会利益仍然具有独立性。第三,政府和社会独立关系表现为责任独立关系。从理论上看,政府和社会作为独立的主体应当分别独立承担责任,前者表现为政府责任,后者表现为社会责任。但社会作为独立主体具有特殊性,包括抽象主体的社会和具体主体的社会,前者只能在理论层面承担责任而无法在现实层面承担责任,后者则可以在现实层面承担责任。由此,作为抽象主体的社会可以成为政府主体和作为具体主体的社会所承担责任的对象。换言之,政府主体、市场主体以及社会组织等具象社会主体需要向作为抽象主体的社会承担责任。

政府和社会之间的主体独立关系、利益独立关系和责任独立关系会对经济法体系构造产生影响。将社会从政府中分离意味着政府不再是社会的代表主体,也不仅是为了社会公共利益干预市场的规制主体或调控主体,而是与市场主体共同向社会承担责任的主体。此时,无论是作为干预主体的政府还是市场主体的政府,其均需要对社会承担责任。特别是作为市场主体的政府在实施经济行为的同时,也需要与普通市场主体一样接受监督管理。由此,经济法体系构造需要作出相应改变。以市场规制法和宏观调控法为内容的经济法二元体系主要针对市场主体的经济行为,这一部分可以称为市场主体经济行为规制法。倘若将政府主体的经济行为纳入经济法体系中,经济法体系将在市场主体经济行为规制法的基础上,形成政府主体经济行为规制法。这使得传统经济法二元体系将发展为新的经济法二元体系,即市场主体经济行为规制法和政府主体经济行为规制法(可简化为市场规制法和政府规制法)。

二、社会学理论视角下社会独立性证成

在社会学理论中,围绕着“社会能否作为实体而独立存在”这一问题形成了两种对立观点,即社会唯名论和社会唯实论。前者否定社会独立性,后者肯定社会独立性。在社会唯名论和社会唯实论之外,还存在社会互动论,其同样肯定社会独立性。因此,社会学理论中个体与社会关系问题可以分为社会否定论和社会肯定论两种,前者以社会唯名论为代表观点,后者以社会唯实论和社会互动论为代表观点。这些观点的争论并非本书讨论的重点内容,但社会肯定论的理论内容却为证成社会独立性提供了思路和方法。在社会学理论视角下,社会独立性的证成建立在个体与社会关系的理论前提上,并运用整体主义的理论方法,将社会唯实论和社会互动论作为社会独立性证成的理论内容,从而形成从理论前提、理论方法到理论内容的完整证成逻辑。

(一)社会独立性证成的理论前提:个体与社会关系

社会学理论内容之一便是个体与社会关系理论,该理论作为本体论而存在,主要解决个体与社会之间谁决定谁的问题,即无论是个体决定社会还是社会决定个体。当然,在回答这个问题前,还存在另一个问题,即何谓社会。卡尔·马克思分别使用过三种意义的社会概念,第一种是社会契约论意义上的政治社会,以霍布斯、洛克和卢索等为代表,即社会中包含国家,如霍布斯将作为利维坦的国家作为社会的核心内容,洛克将国家作为守夜人;第二种是黑格尔的市民社会,卡尔·马克思将其与政治国家相分离,即社会中不包含国家;第三种是与社会主义(共产主义)思潮相契合的人的社会。[1] 政治社会或市民社会建立在资本主义经济基础上,在个体与社会关系中强调个体对社会的决定性作用,由此形成的社会共

---

〔1〕 参见鲁克俭:《马克思唯物史观的重新审视——以“个体与社会(共同体)”为视角》,载《北京行政学院学报》2018 年第 3 期。

同体被马克思称为虚假共同体或虚幻共同体，而非真正共同体。作为人的社会是共产主义"人的社会"，"正像社会本身生产作为人的人一样，社会也是由人产生"。[1] 由于社会包括政治社会、市民社会和人的社会，个体与社会的关系也可以分为个体与政治社会的关系、个体与市民社会的关系、个体与人的社会的关系。

在主流社会学理论中，个体与社会关系主要划分为两种形式，一种是个体决定社会，即社会唯名论；另一种是社会决定个体，即社会唯实论。此外，个体与社会关系还存在另一种形式，即个体与社会互动论（超越社会否定论和社会肯定论）。这三种观点分别采用不同视角观察个体与社会关系。社会唯名论采用的是个体视角、社会唯实论采用的是社会视角、个体与社会互动论采用的是关系视角。其中，关系视角试图打破前两种视角所带来的主客体二元对立问题。个体与社会关系理论的上述内容，构成了证成社会独立性的理论前提。尤其是社会唯实论以及个体与社会互动论两种理论内容，直接奠定了社会具有独立性的理论前提。社会唯实论的意义毋庸置疑，而个体与社会互动论应建立在社会肯定论基础上，否则个体与社会的互动将丧失意义。

（二）社会独立性证成的理论方法：整体主义

社会学理论界关于整体主义与个体主义的认识不一致，并长期处于争论状态，这使得整体与个体存在二元对立的趋势。从性质看，整体主义和个体主义具有本体论性质和方法论性质两种形式。在本体论层面，整体主义认为社会事实是真实存在的，而个体主义认为社会事实是抽象物，个人才是真实存在的；在方法论层面，整体主义认为社会科学以社会现象为解释对象，承认群体、组织、民族和国家等集体性观念，个体主义认为社会科学应以个体为解释对象，并否认群体、组织、民族和国家等集体性观念，将其视为描述个体行动的隐喻性构想。[2] 无论是本体论性质还是方法论性质，整体主义和个体主义存在的争论都直接指向社会作

---

〔1〕 参见马克思：《1844年经济学哲学手稿》，中共中央马克思恩格斯列宁斯大林著作编译局译，人民出版社2000年版，第83页。

〔2〕 参见王晴锋：《超越个体主义与整体主义之争：戈夫曼的互动研究路径》，载《宁夏社会科学》2021年第4期。

为实体的独立性地位。二者的区别在于,本体论经由方法论而得到证成。具体而言,在个体主义本体论中,社会个体的独立性经由个体主义方法论得到证成,在整体主义本体论中,社会整体的独立性经由整体主义方法论得到证成。

作为支持社会实体独立性观点的整体主义方法体现了社会学的整体性思维。[1] 法国实证主义哲学家孔德创立社会学的初衷就在于,从整体角度研究社会的秩序和进步,反对学科划分过细的研究趋势,认为社会学就是研究社会整体的科学。[2] 社会学不是解释个体行为的学科。[3] 马克斯·韦伯关于宗教和资本主义经济之间的关系研究表明,社会需要被当作一个整体用于分析和理解资本主义经济,而分析的路径是对各种相辅相成的社会关系作出清晰的定义、分类,并实现系统化。[4]

社会独立性的证成需要整体主义方法论及其整体性思维。在社会学理论中,整体主义方法论及其整体性思维主要用于解决个体和社会的关系问题。在政府和社会的关系问题中,整体主义方法论及其整体性思维需要被用于回答一个至关重要的问题,即政府相对于社会而言是个体还是整体。这个问题直接影响着政府和社会的关系性质,即政府和社会是混同关系还是独立关系。假设政府相对于社会而言是个体,则社会属于整体,政府是社会作为整体的一部分,并受制于作为整体的社会;假设政府相对于社会而言是整体,则社会属于个体,社会是政府作为整体的一部分,并受制于作为整体的政府。

(三)社会独立性证成的理论内容:社会肯定论

在个体与社会关系问题上,以社会是否具有独立的实体地位为标准可以分为

---

〔1〕 所谓整体性思维是将研究对象看作一个有机联系的整体,即使只研究这个整体的某个组成部分,也要把它放在整体之中去对待,进而考察它在整体中的地位和功能,它与其他组成部分的关系。参见胡平仁等:《法律社会学》,湖南人民出版社2006年版,第27页。

〔2〕 参见胡平仁等:《法律社会学》,湖南人民出版社2006年版,第26页。

〔3〕 参见[美]詹姆斯·S.科尔曼:《社会理论的基础》(上),邓方译,社会科学文献出版社2008年版,第3页。

〔4〕 参见[德]马克斯·韦伯:《论经济与社会中的法律》,张乃根译,中国大百科全书出版社1998年版,"导论"第11页。

社会否定论和社会肯定论。其中，否定社会实体独立性地位的观点为社会否定论，肯定社会实体独立性地位的观点为社会肯定论。在社会肯定论中，社会唯实论和个体与社会互动论运用整体性思维强调社会相较于个体的独立性。与社会否定论相比，社会肯定论更具合理性，其符合客观生活经验、具有理论张力并且能够解释政府和社会的关系。

社会肯定论符合客观生活经验。社会否定论以个体为视角，忽略整体的存在。而社会肯定论以整体为视角，不仅能够看到个体的存在，也能看到整体的存在，更能看到个体和整体之间存在的互动关系。个体和整体的关系也可以称为部分和整体的关系，部分之和未必等同于整体，但部分之和可以形成不同于部分的整体。如学生是班级整体的一部分，学生总数之和不等同于班级，但学生与学生的集合可以形成作为整体的班级。此时，班级相较于学生而言，就是独立存在的整体。二者的关系可以表述为班级以学生为基础但又不同于学生，或者说作为部分的学生的集合形成了作为整体的班级。个体与社会同样具有此种关系，否定社会的独立性类似于否定班级的独立性。因此，相较于社会否定论而言，社会肯定论更符合客观生活经验。

社会肯定论具有理论张力，可以吸收社会唯名论的有益内容。社会肯定论能够克服社会否定论只看树木不见森林的局限性，既能看树木也能看森林。在社会唯名论中，个体或部分具有决定性地位和主导性作用，而社会或整体则属于虚幻的想象，并非真实存在。这种观点割裂了个体与社会、部分与整体之间的关系，并最终走向个体至上和极端自由主义。社会肯定论则看到了整体与个体的辩证关系，社会唯实论将整体从个体中解放出来，实现了社会和个体的独立性，个体与社会互动论则在社会唯实论基础上将个体和社会看作动态的关联关系，个体和社会之间并非孤立存在，而是辩证统一的。无论是个体还是社会，都不是自我独立生成的，任何一方都要在与对方的关系中得到把握和理解。[1] 因此，社会肯定论在吸收社会唯名论有益内容基础上，注重个体与社会的独立和互动，具有理论张力。

---

〔1〕 参见王洪波：《从实体性到关系性：思维方法之互补或超越——以个体与整体的关系为例》，载《南昌大学学报（人文社会科学版）》2016 年第 2 期。

社会肯定论能够解释政府与社会的关系，将社会和政府相互分离。个体与社会关系理论可以用于解释政府与社会的关系。在政府与社会关系中，个体不等同于个人，政府相对于社会而言也是个体，而非整体。此外，市场相对于社会而言同样是个体，而非整体。因此，政府和市场都是社会作为整体的一部分。这意味着，政府和社会之间不是代表与被代表的混同关系，而是相互独立关系。虽然存在政府代表社会实现社会公共利益的客观实践，但这不意味着社会不具有独立性或者社会从属于政府，而是政府从属于社会。当政府存在损害社会公共利益的行为时，政府需要承担法律责任，其承担责任的对象是社会而非其他主体。这点在市场与社会的关系中同样适用，市场主体由于实施了损害社会公共利益的行为而需要承担法律责任时，其承担责任的对象是社会而非其他主体。

三、从政府代表社会到政府对社会负责

从社会管理模式转向社会治理模式，政府与社会的关系也将从混同关系转为独立关系。在经济法语境下，政府也将从纯粹地代表社会发展为政府对社会负责。由代表转为负责，不仅是长期以来政府机构改革和政府职能划分的实践经验总结，也是政府从管理型政府向服务型政府和法治型政府转型的要求。对经济法研究而言，“从政府代表社会到政府对社会负责”意味着经济法研究起点转变、经济法研究重点转变和经济法体系内容转变。

第一，经济法研究起点从市场失灵问题转变为宪法中的经济性规范内容，既为法治型政府建设服务，同时也有助于在法律体系中处理好经济法与宪法以及其他部门法的关系。政府代表社会意味着社会公共利益无法经由社会自身实现，而需要通过政府实现。市场失灵问题会导致社会公共利益损害，政府可以在克服市场失灵问题中有所作为，从而减少社会公共利益受损的可能性。因此，政府代表社会在经济法中表现为将市场失灵问题作为经济法研究的逻辑起点，进而研究政府如何克服市场失灵问题。而政府对社会负责意味着政府不再是社会的代表主体，而是与社会相对应的责任主体。政府之所以需要通过各种市场规制和宏观调控手段克服市场失灵问题，是因为宪法中的经济性规范的要求。政府维护社会公共利益同样是在落实宪法的经济性规范内容，而非政府取代社会。市场失灵和经

济宪法作为经济法的两个不同研究起点，分别从经济角度和法律角度阐述确定经济法的基点，前者注重经济法解决经济问题的功能，后者注重经济法与宪法的关系。将经济宪法规范作为经济法研究起点，为经济法通过政府主体以市场规制手段和宏观调控手段解决经济问题提供了宪法依据。政府规制和调控市场经济同时具备实践正当性和法律正当性，同时也意味着政府在规制和调控市场经济以解决经济问题的过程中，同样需要受到法律特别是宪法的约束，真正实现约束市场行为和约束政府行为的二元统一。

第二，经济法研究重点从政府如何规制和调控市场经济，要求市场主体承担责任，即政府代表社会，转变为如何规制政府和市场，要求政府和市场向社会承担责任，即政府对社会负责。从经济法"新诸论"到经济法"二元论"，经济法研究重点一直集中于政府如何在经济领域实施调制行为，从而影响和改变市场主体的经济行为。此种研究倾向不仅将经济法视野局限于政府与市场二元对立关系中，同时也混淆了市场规制行为和宏观调控行为的性质，使经济法研究处于名实脱节的尴尬境地。经济法研究的名义内容为市场规制和宏观调控，而经济法研究的实质内容是市场监管行为和政府经济行为。宏观调控行为的经济属性被忽视，并长期与具有监管属性的市场规制行为并列，将本该受到规制或监管的政府经济行为放置于调控其他主体经济行为的情境中。该经济法研究状况模糊了经济法的本来面目，使之成为干预市场经济之法，而非规制市场主体经济行为和规制政府主体经济行为之法。此外，政府代表社会的做法也模糊了政府主体的责任性质，并存在强化市场主体责任而弱化政府主体责任的问题。因此，从政府代表社会到政府对社会负责的转变，以及将经济法研究重点集中于如何规制市场主体经济行为和规制政府主体经济行为，既是对经济法现有研究状况的总结，也是对经济法本来面目的正本清源。

第三，经济法体系内容从市场规制法和宏观调控法的二元体系，转变为市场主体经济行为规制法和政府主体经济行为规制法的新二元体系。经济法体系内容与经济法研究起点和研究重点息息相关。在政府代表社会阶段，政府为了维护社会公共利益采取市场规制手段和宏观调控手段干预市场经济，并影响和改变市场主体的经济行为，还要求实施了危害社会公共利益行为的市场主体承担法律责任。经济法围绕政府如何干预市场经济而形成了市场规制法和宏观调控法二元体系。而在政府对社会负责阶段，政府行为被划分为两种不同性质的监管行为和经济行为。对于前者而言，经济法主要关注市场主体的经济行为，并通过政府监管以及要求市场主体承担法律责任的方式规制市场主体经济行为；对于后者而言，经济法主要关注政府主体的经济行为，并通过监管或其他监督形式要求政府承担法律责任。

第五章　新模式下经济法体系完善路径：利益与行为的双重路径

在由宪法统领的“市场(社会)—政府”模式下,市场、政府和社会的关系主要表现为市场与政府的共生和政府与社会的独立。此外,在国家法治现代化建设背景下,市场、政府和社会之间的关系都受宪法调整,并主要通过经济法形式实现。新模式下经济法体系完善路径遵循整体市场、双重行为和法律治理的逻辑,表现为公共利益类型化和经济行为类型化。经济法中的公共利益根据其性质可以分为社会性质公共利益、经济性质公共利益、政治性质公共利益和生态性质公共利益(以下简称社会公共利益、经济公共利益、政治公共利益和环境公共利益)。[1] 经济法视野下的公共利益主要以经济公共利益为主,包括经济基础设施、经济弱势群体和经济秩序等公共利益形式。经济法的经济行为类型依据不同划分标准表现为不同的经济行为种类。在新模式下,经济法中的经济行为主要分为市场主体的经济行为和政府主体的经济行为。在经济行为的二元划分基础上,经济法存在 5 种主要经济行为类型,包括竞争行为、经营行为、用工行为、金融行为、财政行为。这些经济行为及其对应的行为主体均涉及经济公共利

〔1〕 学术界常用的“社会公共利益”“社会利益”“社会整体利益”等同于“公共利益”。

益。以经济弱势群体为表现形式的经济公共利益形式为例,中小经营者、消费者和劳动者等弱势群体属于经济弱势群体,其权益需要受到法律的特殊保护。[1]

第一节　经济法体系完善逻辑分析

经济法体系的完善逻辑与经济法二元体系的生成逻辑相对应,是依据新的经济法体系构造理论模式从二元体系生成逻辑发展而来的。在经济法二元体系中,二元市场、双重失灵和国家干预是市场规制法和宏观调控法二元体系形成的逻辑原理,其背后体现了“政府(社会)—市场”的经济法体系构造理论,其是国家干预经济理论的演化理论,本质仍然是国家干预论。其中,二元市场是经济法二元体系生成的市场领域、双重失灵是二元体系生成的现实基础、国家干预是二元体系生成的行为核心。在宪法统领的“市场(社会)—政府”理论模式下,经济法体系的完善逻辑表现为整体市场逻辑、双重行为逻辑和法律治理逻辑。这意味着在经济法体系构造中,原有的二元市场逻辑转变为整体市场逻辑、双重失灵逻辑转变为双重行为逻辑、国家干预逻辑转变为法律治理逻辑。

一、经济法中的整体市场逻辑

整体市场是将整体主义运用于市场领域分析后的结果,也是对社会整体主义的拓展,体现了市场整体主义特征。整体主义作为一种理论分析方法,常被运用于分析社会实体和社会结构,但该方法也可以用于分析市场实体和市场结构。基于整体主义的市场观不同于自由主义的市场观。在经济学理论中,市场观主要分为自由主义的市场观和干预主义的市场观。自由主义的市场观是一种排斥政府的自由市场观;干预主义的市场观是一种强调国家干预的管制市场观;建立在经济学理论基础上的市场观存在非此即彼的二元对立问题,无法有效指导具有公私

[1] 我国《反垄断法》《反不正当竞争法》《消费者权益保护法》《劳动法》《劳动合同法》等法律规范,就属于经济弱势群体权益保护规范。

融合属性的混合所有制经济特征的社会主义市场经济活动。在自由市场和管制市场之外,还存在第三种市场观,即整体主义的市场观,并进而形成整体市场概念。整体市场并不排斥政府作用,但政府在整体市场中发挥的是经济参与作用,而非经济主导作用。整体市场在经济法体系构造中起着基石作用,经济法体系构造主要围绕着整体市场展开,该市场具有自由市场和管制市场的双重属性,而非单一的自由市场或管制市场。《中共中央关于进一步全面深化改革 推进中国式现代化的决定》中指出,"发挥市场在资源配置中的决定性作用,更好发挥政府作用"就是整体市场的现实表达,而整体市场则是上述内容的理论表达。

(一)基于整体主义的市场观:整体市场

整体主义的市场观建立在自由主义的市场观和干预主义的市场观基础上,既吸收了这两种市场观的优势,又克服了这两种市场观的缺陷,将市场和政府在资源配置中的作用相结合,形成"市场中有政府,政府中有市场"的整体性结构。因此,整体主义市场观的分析离不开自由主义市场观和干预主义市场观的分析。这两种市场观以经济学理论为指导,强调市场和政府各自在经济领域的作用。

第一,基于自由主义的市场观表现为自由市场,其存在市场万能主义的缺陷,并把市场当作目的,弱化甚至否定政府在资源配置中的作用。支持自由主义的经济学者认为自由市场是一种自然秩序,能够在不受人为干预的条件下自然发展。[1] 哈耶克就持此种观点,并将自由市场秩序视为自生自发秩序。此外,基于自由主义的自由市场观还混淆了现实的市场和理念的市场,并将理念市场代替现实的市场,从而夸大了市场的作用。现实的市场即真实的市场,理念的市场即逻辑化的市场。在现实市场中,市场主体具有异质性,其受到社会制度和文化伦理的约束;而在理念市场中,市场主体具有同质性,其行为遵循理性的经济计算。[2]

---

〔1〕 参见刘牧、孙艳伟:《自然秩序的神话:对经济自由主义市场观的反思》,载《社会科学研究》2019年第4期。

〔2〕 参见朱富强:《市场的逻辑还是逻辑化的市场?——流行市场观的逻辑缺陷》,载《财经研究》2014年第5期。

具体而言,自由主义的自由市场观在市场主体分析和市场行为分析上存在局限。自由市场观在认知市场主体时,仅关注到市场主体的自然性差异,而忽视了社会性差异;在认知市场行为时,将自然性差异嵌入理性分析框架,从而忽视了由社会性差异形成的权力因素对理性分析框架的不利影响。[1] 这导致自由市场中出现了经济弱势群体,如消费者、劳动者和中小企业。这些经济弱势群体的形成不是源于自然秩序,而是源于经济秩序,表现为强势经济主体对弱势经济主体的经济剥削。而自由市场对政府作用的排斥则加剧了此种经济剥削程度。

第二,基于干预主义的市场观表现为管制市场,其限制了市场在资源配置中的决定性作用。1930 年经济大萧条催生了凯恩斯的国家干预主义理论,并形成了建立在国家干预主义基础上的管制市场。凯恩斯革命为挽救经济危机提出了一系列涉及财政和货币的宏观经济政策,并带动了资本主义经济发展。然而,这种发展进程被 20 世纪 70 年代出现的经济停滞和通货膨胀所打断,凯恩斯主义理论陷入困境。随之而来的是新凯恩斯主义的出现,前者包括新奥地利学派、弗莱堡学派、货币主义学派、供给学派,强调恢复经济自由秩序和自由市场结构;后者包括曼昆、克鲁格曼和斯蒂格利茨等经济学家,强调市场不完全性和政府适度干预市场。[2] 基于干预主义的管制市场被经济自由主义学者认为是导致经济危机的原因,正是政府针对市场的不当干预行为,使经济出现大萧条问题。

不受约束的自由市场和政府全面干预的管制市场都会将市场和政府关系引入极端,导致非此即彼的二元对立。自由市场无法拒绝国家的介入,而管制市场也不能限制市场自由。资本主义经济的发展也不完全建立在自由主义基础上,而是受益于国家推行的有计划的重商主义政策,从而形成了全国性的统一市场,在这个市场中,国家的作用包括创建市场、塑造市场、调节市场以及在国际贸易中维

---

〔1〕 参见朱富强:《新自由主义经济学为何如此迷恋市场:奥地利学派的分析思维批判》,载《经济社会体制比较》2019 年第 1 期。

〔2〕 参见刘灿:《从经济自由主义和国家干预的纷争与现实看市场经济模式》,载《中国经济问题》2010 年第 1 期。

护民族市场。[1] 因此,自由市场和管制市场应当作为一个整体出现,而不能各自独立存在。基于整体主义的整体市场实现了市场和政府的融合,成为完整的整体。“市场中有政府,政府中有市场”就是建立在整体主义基础上的整体市场完整且准确的表达,而社会主义市场经济就是基于整体主义的整体市场的现实表现。

(二)整体市场中的政府作用:经济参与

在整体市场中,政府参与经济主要通过经济行为和监管行为两种途径实现,这也是政府在整体市场中的作用表现。整体市场中的政府作用与二元市场中的政府作用存在关系,但二者所体现的理论模式具有显著差异。在二元市场中,政府主要通过市场规制行为和宏观调控行为发挥作用,其背后是“政府(社会)—市场”理论模式的体现;在整体市场中,政府主要通过监管行为和经济行为发挥作用,其背后是“市场(社会)—政府”理论模式的体现。其中,整体市场中的监管行为对应二元市场中的市场规制行为,经济行为对应二元市场中的宏观调控行为。整体市场和二元市场关于政府作用的转换关系并非简单改变文字表达,其背后是逻辑思维模式的彻底转变。市场规制行为和宏观调控行为处于并列逻辑关系,而监管行为和经济行为处于非并列逻辑关系,即经济行为是监管行为所指向的对象。

一方面,政府通过实施经济行为参与市场经济活动,这是政府主体和市场主体在市场经济领域具有的共性表现。此时的政府主体与市场主体在身份性质上具有相同性,都是利用稀缺性资源从事经济活动的主体,二者可以统称为经济主体。因此,市场主体能够实施的经济行为,政府主体同样能够作出。第一,政府主体可通过设立国有企业的方式实施生产行为,从而向市场提供水、电、气、油、道路、公园、高铁等公共物品;第二,政府主体可以通过预算和征税的形式作出分配行为,其性质属于第二次分配,目的是实现经济公平;第三,政府主体可以通过转

---

〔1〕 参见邓久根:《市场是如何脱嵌的? ——对新自由主义市场观的批判》,载《经济社会体制比较》2018 年第 5 期。

让自然资源和国有资产的方式实施交换行为,从而获取财政收入;第四,政府主体可以通过政府采购或政府购买的方式实施消费行为,从而满足政府基本工作需求;第五,政府主体可以通过提供公共服务的方式作出服务行为,包括公共法律服务、公共卫生服务和公共文化服务等。除此之外,政府还可以实施投资行为、举债行为以及参与竞争行为等经济行为类型。建立在二元市场基础上的经济法二元体系通过宏观调控行为概念将上述政府经济行为纳入宏观调控法的调整范围。而在整体市场视角下,经济法则直接将宏观调控具有的政府经济行为属性抽象出来,通过具体经济立法的方式实现对上述政府经济行为的规范和制约。

另一方面,政府通过实施监管行为参与市场经济活动,这是政府主体与市场主体在市场经济领域具有的异性表现。此时,政府主体作为监管主体而存在,而市场主体仍然作为经济主体而存在。此外,政府主体需要对市场主体的经济行为进行监管,依法对市场主体从事的违法经济行为作出处罚决定,追究市场主体的法律责任。整体市场框架下政府主体通过监管行为参与市场经济活动与二元市场框架下政府主体的市场规制行为相同,均表现为政府主体和市场主体关系的非平等性以及单向性。这也是政府主体践行宪法中经济职权规范,矫正非自由或非公平的社会主义市场经济秩序的现实表现。经济法虽然对政府主体提出了监管市场的要求,但政府主体意欲实现对市场的监督和管理,则需要借助许可、处罚等具体行政程序行为。这表明,政府主体的监管行为具有双重属性,其在经济法中具有经济监管属性,其在行政法中具有行政程序属性。

在整体主义基础上提出整体市场概念,有助于厘清经济法体系构造过程中将遭遇到的市场与政府关系问题,在市场与政府共生关系基础上,实现二者的有机融合,并将其作为整体的形式出现。这不仅可以弥补二元市场划分存在的市场问题及其经济法体系问题,还能够将经济法焦点从政府权力转移为经济行为,摆脱以市场规制权和宏观调控权为基础的二元体系弊端,进而形成以经济行为为基础的新二元体系。

二、经济法中的双重行为逻辑

在政治经济学视野中,市场行为与政府行为处于相互关联的状态,此时可以放弃市场失灵和政府失灵概念,转而关注政治与经济的体制匹配问题。[1] 市场行为和政府行为都应当实现法治化,在法律规范设定的框架内展开,遵守法律秩序。传统经济法理论以失灵为基础,从市场失灵和政府失灵两个角度构建经济法体系,使得双重失灵逻辑成为经济法二元体系的生成逻辑之一,经济法成为克服市场失灵和政府失灵的法律规范。当经济法体系构造逻辑从双重失灵逻辑转向双重行为逻辑后,经济法便从克服市场失灵和政府失灵的法律规范转向规范市场行为和政府行为的法律规范。从失灵到行为的转变,不是在否定经济法具有的克服失灵的功能,而是回归经济法的规范功能。作为规范双重行为的经济法仍然具有克服双重失灵功能。同时,结合经济法所具有的经济性特征,经济法中的双重行为同样具有经济性,体现为双重经济行为,具体包括市场主体的经济行为和政府主体的经济行为。因此,根据经济法体系构造的"市场(社会)—政府"模式,经济法体系构造需要遵循双重主体经济行为逻辑。市场主体经济行为和政府主体经济行为作为经济法规范对象,成为构造经济法体系的两个支点,从而形成了与传统经济法二元体系相区别的新经济法体系结构。

(一)市场主体经济行为

经济法将市场主体经济行为作为其规范对象之一,源于市场主体从事的经济行为导致垄断、不正当竞争、侵害消费者利益和劳动者利益、扰乱经济秩序等经济问题。从经济现实角度看,经营者、消费者和劳动者等市场主体的经济行为存在不自由或不公平问题,其需要受到法律规制;从经济规范角度看,在由宪法所确立的社会主义市场经济秩序中,市场主体参与经济活动是实现经济秩序的路径之一,同时也是落实经营权和劳动权等经济权利的表现。经济现实和经济规范的结合为经济法体系构造中的市场主体经济行为逻辑创造条件。

经济法的立法模式是一种"问题导向式"立法模式,体现了经济法对社会需

---

〔1〕 See Glenn Furton & Adam Martin, *Beyond Market Failure and Government Failure*, Public Choice, Vol. 178:1, 2019, p. 197 – 216.

求的回应性。[1] 例如，反垄断法和反不正当竞争法主要源于经济垄断问题和恶性竞争问题，证券法主要源于证券市场存在欺诈问题、内幕交易问题和市场操纵问题，消费者权益保护法主要源于消费者权益受损害问题，劳动法主要源于劳动者权益受损害问题。上述问题是在我国社会主义市场经济发展过程中出现的阶段性经济问题，分别集中于竞争市场、证券市场、消费市场和劳动市场领域。当然，我国存在的经济问题并非仅限于上述列举内容，在房地产市场、医药市场、数据市场、电信市场等其他市场领域以及农业经济、工业经济和数字经济等具体经济领域均存在不同程度的经济问题。

经济问题背后是经济行为问题，尤其是市场主体的经济行为在不受法律规范约束的前提下会出现垄断、不正当竞争、内幕交易、消费欺诈、强迫劳动等问题。经济学理论中的市场失灵就是对市场主体经济行为导致的经济问题的理论总结。从经济学理论角度看，市场主体经济行为主要是利用经济资源获取经济利益的行为，可依据经济行为不同阶段分为生产、分配、交换、消费、服务。此种对经济行为的理论概括不存在价值评判和规范评判，是一种中性行为。而从法律规范角度看，市场主体在各个经济行为环节都可能为了个人利益从而实施损害社会公共利益的行为，如生产假冒伪劣产品（生产）、克扣劳动者薪资（分配）、虚假宣传（交换）、强买强卖（消费）。由此，在经济学理论视角下的中性经济行为经由法律规范评价后转变为违法经济行为，进而需要受到法律规制，并接受监管机构的监督管理。

与传统经济法二元体系中的市场失灵逻辑相类似，市场主体经济行为作为经济法体系构造的行为逻辑之一，其根源于社会主义市场经济存在的现实问题，有助于实现法律规范和经济行为的互联互通，为经济法规范规制市场主体经济行为提供基础。此外，传统经济法二元体系将市场失灵作为经济法存在的逻辑起点，认为经济法的目的之一是克服市场失灵问题，但实现该目标仍然需要通过限制性规范、强制性规范或禁止性规范的法律手段规制市场主体的经济行为。因此，从市场失灵逻辑也可以推导出市场主体经济行为应当成为经济法规范以及经济法

---

〔1〕 参见尹亚军：《“问题导向式立法”：一个经济法立法趋势》，载《法制与社会发展》2017年第1期。

体系构造的行为逻辑之一。

(二)政府主体经济行为

政府主体经济行为是经济法规范对象之一,如何认识政府主体经济行为影响着市场与政府关系问题以及经济法体系构造问题。学界对于政府经济行为的认识存在不同观点,有些学者以经济权力为基础认识政府经济行为,有些学者以经济资源为基础认识政府经济行为。第一,在经济权力论中,有学者将政府经济行为界定为政府机构通过行政权力调节经济活动,体现了其经济管理职能。[1] 也就是说,政府经济行为是政府行使经济职权的行为。在此基础上,政府经济行为依据其法律效果的不同,可以分为直接强制行为(市场规制行为)和间接调控行为(宏观调控行为),具体包括监督检查行为、激励、许可、注册登记、认可、处罚等14种形式。[2] 也有学者将政府经济行为分为三部分,包括宏观治理的政府经济行为(制定产业政策、调控市场价格、招商引资)、直接参与类政府经济行为(设立垄断性国有企业、公用企事业领域融资、支持民族企业发展)、市场监管类政府经济行为(规制不正当竞争和垄断、制定产品标准和行业标准、解决重大群体性安全事故)。[3] 第二,在经济资源论中,有学者将政府经济行为视为政府利用稀缺资源从事生产、交易、分配、消费和提供服务的行为。[4] 由此,政府经济行为包括政府提供公共物品、国有资产转让、自然资源开发和交易、预算、采购、借债、投资等。也有学者在经济资源基础上将政府经济行为分为调控型经济行为和参与型经济行为,前者是政府依照经济规律,利用经济资源实现宏观经济目标的行为,后者包括政府采购、政府投资等行为。[5]

---

〔1〕 参见吕忠梅等:《规范政府之法——政府经济行为的法律规制》,法律出版社 2001 年版,第 210 页。

〔2〕 参见吕忠梅等:《规范政府之法——政府经济行为的法律规制》,法律出版社 2001 年版,第 151~153 页。

〔3〕 参见冯辉:《论经济国家——以经济法学为语境的研究》,中国政法大学出版社 2011 年版,第 216~227 页。

〔4〕 参见薛克鹏:《政府经济行为的法律规制》,载《天津师范大学学报(社会科学版)》2013 年第 6 期。

〔5〕 参见郭传凯:《政府经济行为规制的形式工具与实质依据》,载《湖北社会科学》2021 年第 5 期。

政府主体经济行为应当以经济资源为基础,而不是以经济权力为基础。虽然政府主体实施经济行为通常伴随经济权力的运用,但二者并不能画等号,若将二者混为一谈则会弱化政府主体经济行为和市场主体经济行为关系,从而出现传统经济法二元体系框架下监管行为和调控行为的混淆问题。将经济资源而非经济权力作为界定政府主体经济行为的依据,主要基于以下两种因素的考量:

第一,政府主体行使经济权力的行为并不总是表现为政府经济行为,也包括政府监管行为。政府行使经济权力的依据源于宪法对政府职权的规定,是宪法经济职权规范的现实表现。[1] 《宪法》第 89 条和第 107 条分别规定了中央政府和地方政府享有经济职权,可以分别领导和管理经济工作和财政工作。政府在宪法规范中享有的经济职权,通过预算法、政府采购法、政府投资条例、中国人民银行法、商业银行法、证券法、反垄断法、反不正当竞争法、食品安全法、消费者权益保护法等具体经济法规范得以落实,并形成了以市场规制权和宏观调控权为主要内容的政府经济职权。其中,政府主体实施经济行为是政府行使宏观调控权的表现,包括制定和管理预算的经济行为、政府采购的经济行为、政府投资的经济行为、政府融资的经济行为、发行货币的经济行为以及财政转移支付类型的经济行为等。同时,政府行使经济权力还包括市场监管行为,如反垄断监管、反不正当竞争监管、食品安全监管、产品质量监管、证券市场监管等。

第二,政府经济行为是与市场经济行为具有同质性的并列概念,将经济权力作为政府经济行为的基础无法实现其与市场经济行为的逻辑并列,而以经济资源为基础理解政府经济行为则可以将其与市场主体经济行为建立逻辑关联。无论是政府主体的经济行为还是市场主体的经济行为,其均属于经济行为的下位概念,二者应当具有相同属性。经济权力属性显然无法构成连接政府主体经济行为和市场主体经济行为的桥梁。当然,也有人认为经济权力既可以由政府主体享有,也能够由市场主体所享有。[2] 但这两种经济权力不属于同一概念。政府主

---

〔1〕 经济权力与经济职权的关系表现为:经济权力是经济职权的集合体,没有经济权力,经济职权也不复存在。参见陶广峰:《构建与创新:经济法哲学研究》,中国检察出版社 2017 年版,第 60 页。

〔2〕 参见王绍光:《波兰尼〈大转型〉与中国的大转型》,生活 · 读书 · 新知三联书店 2012 年版,第 63 页。

体的经济权力是经济职权，并由宪法和法律所赋予；市场主体的经济权力则是其经济实力的体现，并非宪法和法律所赋予。例如，经济垄断行为就是基于资源占有不平衡而产生的经济权力对经济权利的限制。[1] 显然，政府主体经济行为和市场主体经济行为不以经济权力为共同特征。但二者都属于开发和利用经济资源的行为，具有经济行为的一般特征，都由生产、分配、交换、消费和服务组成。政府主体和市场主体开发和利用经济资源的方式存在差别，前者利用宪法和法律所赋予的经济职权完成经济资源的开发和利用，具有法定性，后者利用自身经济实力和手段完成经济资源开发和利用，具有自然性。

三、经济法中的法律治理逻辑

经济法体系构造从国家干预逻辑转为法律治理逻辑，其背后体现了社会管理论向社会治理论的转型。在社会管理思维的影响下，国家干预论成为我国经济法理论的重要基础，其依据调整对象理论实现经济法独立性的理论证成，并借助经济学中的市场失灵理论，将国家经济职能明确为干预经济，将经济法作为国家干预经济的基本法律形式。然而，国家干预论也不断受到学界质疑，由于国家干预论立基于教条化的理论框架与进路、不完整的经济法世界观以及非客观的经济法历史生成论，其面临着解释力不足和指导性不足的双重困境。[2] 此外，"市场失灵—国家干预"的事实陈述也难以成为中国特色社会主义法律体系内经济法正当性建构的规范理由，并使经济法与其他部门法无法在同一法律体系中协调共存，乃至出现法律体系冲突问题。[3]

在社会治理的思维模式中，法律治理替代国家干预成为经济法体系构造的逻辑之一，通过经济法与宪法的共融，从而将经济法与其他部门法统一在由宪法所引导的中国特色社会主义法律体系框架下，为社会主义市场经济建设提供法律基

---

〔1〕 参见刘继峰：《"经济权力"视角下反垄断规则的细化》，载《学术论坛》2021 年第 3 期。

〔2〕 参见单飞跃、徐开元：《从国家的经济干预到经济的宪法治理——经济法学理论基础的转换》，载《社会科学战线》2021 年第 5 期。

〔3〕 参见胡丽文：《论经济法学正当性建构的经济宪法基础——基于范式转换的视角》，载《甘肃政法学院学报》2020 年第 3 期。

础。借助规制四阶层论,经济法中的法律治理逻辑以宪法经济规范为基础,其逻辑起点为经济宪治,通过规制治理理论实现法律治理和法律规制的结合,最终表现为经济法规制。总结起来,经济法中的法律治理逻辑以经济宪治为逻辑起点,以规制治理为逻辑核心,以法律规制为逻辑落点。

(一)法律治理的逻辑起点:经济宪治〔1〕

法律治理逻辑是法治逻辑的表现,其区别于人治逻辑。法治和宪治是关联关系,宪治是法治的元形式,法治首先通过宪治实现。法治要求国家内所有的人、私人机构和公共机构都应受到法律的约束并享有法律的利益,并且法律应当是公开制定的、在制定后生效的、在法院公开执行的规范。〔2〕而宪治则是法治的应然之义。法治的核心观念是法律至上,即法律在国家中具有最大的权威性,宪法作为根本法又在法律中具有最大的权威性,由此法律至上可以推导出宪法至上。〔3〕

在经济领域,无论是政府主体还是市场主体都应当遵守宪法的规定,这是由宪法所体现的全国人民共同意志所决定的。法治和宪治的关系在经济领域表现为经济法治和经济宪治的关系。经济法治是经济法中法律治理的内涵表达。经济法作为宪法经济规范的延伸,其实现法律治理的途径应当是践行经济宪治。经济宪治是经济宪法中法律治理的内涵表达。经济宪治主要通过民商法和经济法两个部门法来实现。在民商法中,《民法典》主要通过确权(确认权利)的方式为经济宪治提供权利规范谱系。在此基础上,经济法通过确义(确认义务)的方式为经济法治提供义务规范谱系,从而实现限权的法律效果。

经济宪治作为经济法中法律治理的逻辑起点,其克服了国家干预中的国家主义风险,将权力干预转化为法律治理。宪法经济规范作为经济法的规范起源,同时也是经济领域法律治理的逻辑起源。法律治理逻辑的提出使得宪法以及法律成为规范不同主体经济行为的依据,即便是国家干预论也不可否认宪法和法律在

---

〔1〕经济宪治是经济的宪法治理。参见单飞跃、徐开元:《从国家的经济干预到经济的宪法治理——经济法学理论基础的转换》,载《社会科学战线》2021年第5期。

〔2〕参见[英]宾汉姆:《法治》,毛国权译,中国政法大学出版社2012年版,第55页。

〔3〕参见严存生:《法治的观念与体制》,商务印书馆2013年版,第274页。

干预经济中的作用。同时，政府作为国家干预经济的主要主体，其也处于法律治理的逻辑框架内，与市场主体共同受到宪法和法律的约束。

（二）法律治理的逻辑核心：规制治理

规制治理是法律治理的逻辑核心，其实现了治理和规制的有机结合，为法律治理和法律规制建立起逻辑关联，从而将经济法治意义下的经济宪治转化为法律规制意义下的经济法规制。借助规制四阶层概念，经济法中的法律治理逻辑包含规制和治理两个要素。[1] 在规制四阶层论中，规制治理将后规制国理论作为根基，表现为一阶规制形式，同时也是法律规制的上位概念。规制治理旨在强调多元化的治理主体和治理工具，并通过建设更公平的治理体系，完成规制任务。[2] 这使得规制不再局限于政府实施的强制、限制或禁止行为，而是内涵治理理念，具有多元主体相互监督的特征。规制治理在治理能力和治理体系现代化建设的时代背景下具有理论价值和实践价值，其兼具治理属性和规制属性。

一方面，作为法律治理逻辑核心的规制治理具有治理属性，遵循经济宪治的基本内容。规制治理的英文表达为“regulatory governance”，也可译为基于规制手段的治理。[3] 建立在规制基础上的治理与传统规制所不同的是前者加入了私人规制。规制是一种有组织的社会控制，旨在创造良好的行为秩序。[4] 而私人规制是存在于公共规制之外的另一种规制形式，是由企业或者单个市场主体等私人主体为实现公共利益目标而自愿作出的自律行为。[5] 也有学者将私人规制视

---

〔1〕 规制四阶层论立足于整体主义视角，将规制治理、法律规制、政府规制和市场监管视为宏观与微观相结合的有机联系的整体，从而避免规制陷入单边主义和工具主义的陷阱。参见杨尊源：《规制四阶层论的形成机理、内容构造与运用实践——基于规制国理论与后规制国理论的思考》，载《河北法学》2021 年第 2 期。

〔2〕 See David Leci – Faur ed. , *Handbook on the Politics of Regulation*, Edward Elgar,2011,p. 16. 转引自宋华琳：《迈向规制与治理的法律前沿——评科林·斯科特新著〈规制、治理与法律：前沿问题研究〉》，载《法治现代化研究》2017 年第 6 期。

〔3〕 规制治理（regulatory governance）是规制和治理的有机结合。参见［英］科林·斯科特：《规制、治理与法律：前沿问题研究》，安永康译，清华大学出版社 2018 年版，第 3 页。

〔4〕 See Cary Coglianese, Adam Finkel & David Zaring, *Import Safety: Regulatory Governance in the Global Economy*, University of Pennsylvania Press, 2009, p. 234.

〔5〕 参见高秦伟：《社会自我规制与行政法的任务》，载《中国法学》2015 年第 5 期。

为自治，即个体在自律或者他律基础上形成的行为规范秩序，包括所谓的道德规制、自我规制和社会规制。[1] 我国《标准化法》中的标准类型规范体现了规制治理的法律治理逻辑，其将强制性标准和推荐性标准相结合，并且鼓励企业制定高于强制性标准和推荐性标准的企业标准。这既是企业自主经营的标准，同时也是经济宪治的体现。

另一方面，作为法律治理逻辑核心的规制治理具有规制属性，为法律规制尤其是经济法规制提供依据。在规制治理中，私人规制需要建立在强有力的公共规制基础上，否则私人规制将丧失其规范效果。因此，要实现基于规制的治理离不开公共机构实施的具有强制性、限制性或禁止性的监管行为。公共规制需要以法律规范为依据，也可表现为法律规制。在诸多部门法规范中，经济法规范是唯一具有公共规制属性的法律规范，其由强制性规范、限制性规范或禁止性规范所组成，并借助政府之手通过市场监管机构实施经济法规范。在治理现代化建设背景下，法律治理虽然强调私人规制和公共规制相结合，但公共规制应当在法律治理中发挥主导作用，使之成为实现治理任务的强有力规制手段。

（三）法律治理的逻辑落点：法律规制

无论是经济宪治还是规制治理，其体现的都是宏观维度的经济法治。然而，经济法需要解决的是微观层面的具体经济问题，这需要将宏观维度的经济宪治和规制治理通过法律形式落实到具体经济问题上。法律规制以及经济法规制可以实现此种转换。具体而言，经济法中的法律治理通过由具体经济法律规范所确定的具有规制权限的监管机构针对具体经济行为采取监管措施来实现。通过法律规制实现法律治理需要“制规”和“规制”两个步骤，前者归属于法律制定阶段，后者归属于法律实施阶段。

经济法中的法律规制表现为经济法规制，主要通过经济法规范制定和经济法规范实施两个维度，借由政府规制和市场监管达到法律规制效果。从规范制定和

---

〔1〕 参见史际春、冯辉：《“规制”辨析》，载史际春主编：《经济法学评论》第17卷第1期，中国法制出版社2017年版。

实施角度看，经济法规制可以分为立法规制、行政规制和司法规制三个类型，分别对应经济立法、经济执法和经济司法三个经济法律活动阶段；从政府规制和市场监管角度看，经济法规制主要表现为政府规制或市场监管，即特定监管机构依据经济法规范对具体经济行为实施监督管理，并制裁违法经济行为。但是，政府规制以及市场监管都需要在规制治理和法律规制的框架下完成，不能超越规制治理和法律规制所限定的规制框架。因此，在经济法中，作为规制四阶层论组成内容的规制治理、法律规制、政府规制和市场监管共同形成了经济法中的法律治理逻辑。

第二节　经济法体系完善的利益路径：公共利益

在"市场（社会）—政府"理论模式下，根据经济法体系完善的整体市场逻辑、双重行为逻辑和法律治理逻辑，经济法体系完善的第一个路径立足于宪法中的"公共利益"概念，并整合所有不同类别的法律规范内容，根据公共利益具有的社会性质、政治性质、环境性质和经济性质，重塑公共利益的类型体系，打破当下法律规范和学术研究中存在的公共利益和社会公共利益混同局面，将公共利益分为社会公共利益、政治公共利益、环境公共利益和经济公共利益。在上述公共利益谱系中，经济公共利益可以成为经济法的利益基础，同时也是经济法体系构造的利益目标。而其他性质公共利益则可以分别成为其他法律规范群的利益基础，如社会公共利益可以成为社会法的利益基础、政治公共利益可以成为政治法的利益基础、环境公共利益可以成为环境法的利益基础。此外，经济法所赖以存在的经济公共利益可以分为经济基础设施、经济弱势群体、经济秩序等具体利益类型，从而为经济法内部的体系构成奠定利益基础。值得注意的是，在经济弱势群体中，劳动者和消费者具有同质性，劳动者权益和消费者权益应当属于经济公共利益的组成内容。因此，劳动者权益保护法应当从当前的社会法领域剥离，纳入经济法体系框架。毕竟，劳动者和社会法所保护的妇女、儿童、老年人、残疾人等弱势群体不同，前者属于经济弱势群体，而后者属于社会弱势群体。

一、公共利益的法律规范基础

公共利益是存在于法律规范中的法律概念，其相关条款也是我国法律规范的一项重要内容。以全国人大及其常委会通过的法律文件为例[1]，公共利益在法律规范中具有多种表现形式，其大致可分为直接表达形式和间接表达形式两类。公共利益在法律规范中的直接表达形式包括“公共利益”和“社会公共利益”两种，间接表达形式包括国家利益、国家安全、国家主权、消费者权益、劳动者权益、经济运行效率、社会秩序、经济秩序等。同时，《土地管理法》等部分法律规范还以列举的方式将公共利益外延具体化。总结而言，我国法律规范通过“概括＋列举”的方式实现了公共利益内涵和外延的法定化。（见表5－1）

表5－1　法律文本中的公共利益内容

序号	宪法及相关法	公共利益的直接表达	公共利益的间接表达
1	《宪法》	第10、13条	社会经济秩序
2	《全国人民代表大会议事规则》	无	无
3	《全国人民代表大会组织法》	无	无
4	《国防法》	无	国防
5	《国徽法》	无	国徽
6	《国旗法》	无	国旗
7	《香港特别行政区维护国家安全法》	无	国家利益、国家安全
8	《公职人员政务处分法》	第39条	廉政建设：公职人员依法履职、秉公用权、廉洁从政从业
9	《检察官法》	第10条	无

〔1〕根据全国人大网公布的数据，截至2025年1月1日，我国现行有效法律有306件。依据中国特色社会主义法律体系类别，我国法律被划分为宪法及相关法、行政法、民法商法、经济法、社会法、刑法、诉讼和非诉讼程序法七个类别，载全国人大网，http://www.npc.gov.cn/npc/c30834/202112/5eb8eba6c01947319d2db93a611fc79f.shtml。

续表

序号	宪法及相关法	公共利益的直接表达	公共利益的间接表达
10	《法官法》	第10条	无
11	《城市居民委员会组织法》	无	无
12	《村民委员会组织法》	无	无
13	《人民法院组织法》	无	无
14	《人民检察院组织法》	第2条	无
15	《英雄烈士保护法》	第1、25、26条	英雄烈士权益
16	《人民陪审员法》	第15条	无
17	《监察法》	无	国家监察体制改革
18	《国歌法》	无	国歌
19	《国家勋章和国家荣誉称号法》	无	无
20	《国家安全法》	无	国家安全
21	《立法法》	无	立法制度健全
22	《国家赔偿法》	无	国家机关运行秩序
23	《集会游行示威法》	无	社会安定、公共秩序
24	《全国人民代表大会常务委员会议事规则》	无	无
25	《各级人民代表大会常务委员会监督法》	无	无
26	《外国中央银行财产司法强制措施豁免法》	无	无
27	《反分裂国家法》	无	国家主权和领土完整
28	《民族区域自治法》	无	无
29	《澳门特别行政区驻军法》	第11条	无
30	《专属经济区和大陆架法》	无	无
31	《香港特别行政区驻军法》	第11条	无
32	《戒严法》	无	无
33	《澳门特别行政区基本法》	无	无

续表

序号	宪法及相关法	公共利益的直接表达	公共利益的间接表达
34	《领海及毗连区法》	无	无
35	《缔结条约程序法》	无	无
36	《领事特权与豁免条例》	无	无
37	《香港特别行政区基本法》	无	无
38	《外交特权与豁免条例》	无	无
39	《国务院组织法》	无	无
40	《国籍法》	无	无
41	《陆地国界法》	无	无
42	《反外国制裁法》	无	国家主权、安全和发展利益
43	《监察官法》	无	无
44	《对外关系法》	无	国家主权、安全和发展利益
45	《外国国家豁免法》	无	国家主权
46	《爱国主义教育法》	无	无
序号	行政法	公共利益的直接表达	公共利益的间接表达形式
1	《兵役法》	无	无
2	《医师法》	无	无
3	《人口与计划生育法》	无	无
4	《军事设施保护法》	无	军事设施
5	《军人地位和权益保障法》	无	军人权益
6	《食品安全法》	无	食品安全、公众身体健康和生命安全
7	《反食品浪费法》	无	粮食安全
8	《道路交通安全法》	无	道路交通秩序
9	《海关法》	无	国家主权和利益
10	《教育法》	第8、67条	国家主权、国家安全
11	《消防法》	无	公共安全

续表

序号	行政法	公共利益的直接表达	公共利益的间接表达形式
12	《海上交通安全法》	无	海上交通秩序、国家权益、生命财产安全
13	《行政处罚法》	第1、58、83条	社会秩序
14	《海警法》	无	国家主权、安全和海洋权益、海上治安秩序
15	《生物安全法》	第55条	公众健康、国家安全
16	《档案法》	无	国家安全、国家利益
17	《人民武装警察法》	无	国家安全、社会稳定
18	《固体废物污染环境防治法》	第121条	公众安全、生态安全
19	《基本医疗卫生与健康促进法》	第14、69条	公民的健康权
20	《社区矫正法》	无	无
21	《密码法》	第1、12、21、26、28、32条	网络信息安全、国家安全
22	《药品管理法》	第20条	公众用药安全、公众健康
23	《城市房地产管理法》	第6、20、22条	房地产市场秩序
24	《土地管理法》	第2、45、58条	无
25	《疫苗管理法》	无	公众健康、公共卫生安全
26	《行政许可法》	第1、5、8、11、12、46、67、69条	社会秩序
27	《城乡规划法》	无	无
28	《义务教育法》	无	无
29	《噪声污染防治法》	无	无
30	《民办教育促进法》	无	无
31	《环境影响评价法》	无	无
32	《公务员法》	无	无
33	《高等教育法》	第24条	国家利益
34	《防沙治沙法》	无	生态安全

续表

序号	行政法	公共利益的直接表达	公共利益的间接表达形式
35	《公共图书馆法》	第20、37、49条	无
36	《大气污染防治法》	无	公众健康
37	《消防救援衔条例》	无	无
38	《野生动物保护法》	无	生物多样性和生态平衡
39	《土壤污染防治法》	第97条	公众健康
40	《国境卫生检疫法》	无	无
41	《国家情报法》	无	国家安全、国家利益
42	《反恐怖主义法》	无	国家安全、公共安全、人民生命财产安全
43	《精神卫生法》	无	无
44	《国防教育法》	无	无
45	《文物保护法》	无	无
46	《海洋环境保护法》	无	生态平衡、人体健康
47	《公证法》	无	无
48	《律师法》	无	无
49	《核安全法》	无	无
50	《行政复议法》	无	无
51	《水污染防治法》	无	无
52	《测绘法》	第36条	防灾减灾、应对突发事件、维护国家安全
53	《公共文化服务保障法》	第44条	无
54	《中医药法》	无	无
55	《体育法》	无	无
56	《电影产业促进法》	无	电影市场秩序
57	《气象法》	无	社会秩序、公共安全
58	《国防交通法》	无	无
59	《促进科技成果转化法》	第3、7条	无

续表

序号	行政法	公共利益的直接表达	公共利益的间接表达形式
60	《枪支管理法》	无	社会治安秩序、公共安全
61	《反间谍法》	无	国家安全
62	《环境保护法》	第58条	污染环境、破坏生态
63	《传染病防治法》	无	人体健康、公共卫生
64	《治安管理处罚法》	无	社会治安秩序、公共安全
65	《人民警察法》	无	社会治安秩序、国家安全
66	《监狱法》	无	社会秩序、公共安全、社会公益
67	《出境入境管理法》	第3条	国家主权、国家安全、社会秩序、社会公共秩序
68	《居民身份证法》	无	社会秩序
69	《行政强制法》	第1、39、42条	社会秩序
70	《非物质文化遗产法》	无	无
71	《预备役军官法》	无	无
72	《保守国家秘密法》	无	国家安全、国家利益
73	《国防动员法》	无	无
74	《海岛保护法》	无	国家海洋权益、海岛自然资源
75	《驻外外交人员法》	无	无
76	《人民防空法》	无	人民防空(国防组成部分)
77	《人民警察警衔条例》	无	无
78	《教师法》	无	无
79	《防震减灾法》	无	无
80	《禁毒法》	无	无
81	《科学技术进步法》	第20、29、44条	无
82	《突发事件应对法》	无	国家安全、公共安全、环境安全和社会秩序

续表

序号	行政法	公共利益的直接表达	公共利益的间接表达形式
83	《护照法》	无	无
84	《学位条例》	无	无
85	《放射性污染防治法》	无	保护环境、人体健康
86	《海关关衔条例》	无	无
87	《科学技术普及法》	第8、30条	经济发展、社会进步
88	《现役军官法》	无	无
89	《国家通用语言文字法》	无	国家主权、民族尊严、国家统一、民族团结
90	《献血法》	无	无
91	《职业教育法》	无	职业教育
92	《中国人民解放军军官军衔条例》	无	无
93	《户口登记条例》	无	社会秩序
94	《关于中国人民解放军现役士兵衔级制度的决定》	无	无
95	《预备役人员法》	无	无
96	《青藏高原生态保护法》	无	生态安全
97	《学前教育法》	无	无
98	《学位法》	无	学位申请人权益
序号	民商法	公共利益的直接表达	公共利益的间接表达
1	《著作权法》	第4、53条	无
2	《专利法》	第5、20、24、49、54、57条	无
3	《民法典》	第117、132、185、243、358、534、999、1009、1020、1025、1036条	社会和经济秩序
4	《证券法》	第1、99条	投资者合法权益、社会经济秩序

续表

序号	民商法	公共利益的直接表达	公共利益的间接表达
5	《商标法》	无	消费者和生产、经营者的利益
6	《电子签名法》	无	无
7	《农村土地承包法》	无	无
8	《公司法》	第20、248、262条	公司、股东、职工和债权人合法权益、社会经济秩序
9	《农民专业合作社法》	无	无
10	《招标投标法》	第1、3、32、50、67条	无
11	《商业银行法》	第8条	金融秩序
12	《拍卖法》	无	拍卖秩序
13	《保险法》	第1、4、144、149条	社会经济秩序
14	《证券投资基金法》	第4条	无
15	《消费者权益保护法》	无	消费者合法权益、社会经济秩序
16	《涉外民事关系法律适用法》	第5条	无
17	《全民所有制工业企业法》	无	无
18	《企业破产法》	第5条	社会主义市场经济秩序
19	《合伙企业法》	无	社会经济秩序
20	《票据法》	第3条	社会经济秩序
21	《信托法》	第5、11、60条	无
22	《个人独资企业法》	第4条	社会经济秩序
23	《海商法》	第276条	无
24	《期货和衍生品法》	第1、17、79、123条	市场秩序和社会公共利益
25	《农村集体经济组织法》	第56条	农村集体经济组织及成员权益
序号	经济法	公共利益的直接表达	公共利益的间接表达
1	《个人信息保护法》	第10、13、42条	个人信息权益

续表

序号	经济法	公共利益的直接表达	公共利益的间接表达
2	《海南自由贸易港法》	第 18 条	无
3	《印花税法》	无	无
4	《数据安全法》	第 2、8、21 条	数据安全、国家主权、国家安全、国民经济命脉、重要民生、重大公共利益
5	《广告法》	第 9、54 条	消费者合法权益
6	《民用航空法》	第 80、190 条	国家的领空主权、民用航空权利、民用航空活动安全和秩序
7	《草原法》	无	生态环境、生物多样性
8	《乡村振兴促进法》	无	农民权益
9	《进出口商品检验法》	第 1 条	无
10	《动物防疫法》	无	公共卫生安全、人体健康
11	《长江保护法》	无	生态安全
12	《出口管制法》	无	国家安全和利益
13	《契税法》	无	无
14	《城市维护建设税法》	无	无
15	《台湾同胞投资保护法》	第 4 条	无
16	《森林法》	第 21 条	生态保护、基础设施建设等公共利益
17	《资源税法》	无	无
18	《反不正当竞争法》	无	经营者和消费者的合法权益
19	《建筑法》	第 5 条	建筑市场秩序
20	《车船税法》	无	无
21	《外商投资法》	第 6、20、25 条	无
22	《港口法》	第 33 条	无
23	《企业所得税法》	无	无

续表

序号	经济法	公共利益的直接表达	公共利益的间接表达
24	《耕地占用税法》	无	无
25	《预算法》	无	无
26	《电力法》	无	无
27	《产品质量法》	无	消费者合法权益、社会经济秩序
28	《车辆购置税法》	无	无
29	《环境保护税法》	无	无
30	《农业机械化促进法》	无	无
31	《旅游法》	第 75 条	旅游市场秩序
32	《节约能源法》	无	无
33	《计量法》	无	国家利益、人民利益
34	《船舶吨税法》	无	无
35	《循环经济促进法》	第 25 条	无
36	《农产品质量安全法》	第 79 条	农产品质量安全、公众健康
37	《电子商务法》	无	市场秩序
38	《个人所得税法》	无	无
39	《烟叶税法》	无	无
40	《公路法》	无	无
41	《会计法》	第 2 条	社会主义市场经济秩序、经济效益
42	《标准化法》	无	国家安全、生态环境安全
43	《中小企业促进法》	第 4 条	中小企业合法权益
44	《煤炭法》	无	无
45	《对外贸易法》	第 15、25 条	对外贸易秩序、国家安全、社会公共利益或者公共道德
46	《网络安全法》	第 1 条	网络空间主权、国家安全

续表

序号	经济法	公共利益的直接表达	公共利益的间接表达
47	《水法》	第 28、76 条	无
48	《资产评估法》	第 1、3 条	社会主义市场经济秩序
49	《航道法》	无	航道畅通、通行安全
50	《防洪法》	无	无
51	《深海海底区域资源勘探开发法》	无	无
52	《种子法》	第 13、26、30、72 条	无
53	《税收征收管理法》	无	国家税收收入、纳税人合法权益
54	《邮政法》	无	邮政市场秩序
55	《畜牧法》	无	畜牧业生产经营者合法权益
56	《烟草专卖法》	无	消费者利益、国家财政收入
57	《铁路法》	无	无
58	《注册会计师法》	第 1 条	投资者合法权益
59	《政府采购法》	第 1、25、50、84 条	国家利益、廉政建设
60	《渔业法》	无	渔业生产者的合法权益
61	《农业法》	无	农民和农业生产经营组织的合法权益
62	《农业技术推广法》	无	农业、农村经济发展
63	《清洁生产促进法》	无	保护和改善环境，保障人体健康，促进经济与社会可持续发展
64	《水土保持法》	无	改善生态环境，保障经济社会可持续发展
65	《石油天然气管道保护法》	无	国家能源安全和公共安全
66	《可再生能源法》	无	能源安全，保护环境，实现经济社会的可持续发展

续表

序号	经济法	公共利益的直接表达	公共利益的间接表达
67	《矿产资源法》	无	无
68	《进出境动植物检疫法》	无	保护农、林、牧、渔业生产和人体健康,促进对外经济贸易的发展
69	《统计法》	无	无
70	《企业国有资产法》	第57条	无
71	《反垄断法》	第1、20、34、60条	节约能源、保护环境、救灾救助等社会公共利益,消费者利益保护
72	《银行业监督管理法》	无	防范和化解银行业风险,保护存款人和其他客户的合法权益,促进银行业健康发展
73	《反洗钱法》	第1条	金融秩序
74	《审计法》	第23条	国家财政经济秩序
75	《中国人民银行法》	无	金融稳定
76	《海域使用管理法》	第13、26、30条	国家海域所有权和海域使用权人的合法权益
77	《价格法》	无	稳定市场价格总水平,保护消费者和经营者的合法权益
78	《乡镇企业法》	无	乡镇企业合法权益
79	《湿地保护法》	第36条	湿地生态
80	《黑土地保护法》	无	粮食安全
81	《黄河保护法》	无	黄河流域生态
82	《粮食安全保障法》	无	粮食安全
83	《关税法》	无	进出口秩序、国家主权和利益、纳税人权益
84	《能源法》	无	国家能源安全

续表

序号	经济法	公共利益的直接表达	公共利益的间接表达
85	《增值税法》	无	纳税人合法权益

序号	社会法	公共利益的直接表达	公共利益的间接表达
1	《家庭教育促进法》	无	家庭幸福与社会和谐
2	《法律援助法》	无	社会公平正义
3	《安全生产法》	第 74 条	人民群众生命财产安全、经济社会持续健康发展
4	《预防未成年人犯罪法》	无	无
5	《退役军人保障法》	无	退役军人权益
6	《未成年人保护法》	第 106 条	未成年人权益
7	《劳动法》	无	劳动者的合法权益，促进经济发展和社会进步
8	《社会保险法》	无	社会和谐稳定
9	《职业病防治法》	无	保护劳动者健康及其相关权益，促进经济社会发展
10	《老年人权益保障法》	无	老年人合法权益
11	《妇女权益保障法》	无	妇女权益
12	《残疾人保障法》	无	残疾人权益
13	《境外非政府组织境内活动管理法》	第 5、47 条	无
14	《母婴保健法》	无	母亲和婴儿健康
15	《红十字会法》	无	人的生命和健康、人的尊严
16	《慈善法》	第 4、14、15、117 条	慈善组织、捐赠人、志愿者、受益人等慈善活动参与者的合法权益，促进社会进步
17	《反家庭暴力法》	无	家庭成员的合法权益，平等、和睦、文明的家庭关系，家庭和谐、社会稳定

续表

序号	社会法	公共利益的直接表达	公共利益的间接表达
18	《就业促进法》	无	社会和谐稳定
19	《特种设备安全法》	无	人身和财产安全，经济社会发展
20	《劳动合同法》	无	劳动者的合法权益
21	《军人保险法》	无	军人合法权益
22	《工会法》	无	职工权益
23	《矿山安全法》	无	矿山职工人身安全
24	《归侨侨眷权益保护法》	无	归侨、侨眷的合法的权利和利益
25	《公益事业捐赠法》	第6条	社会公益
26	《无障碍环境建设法》	第63条	社会公共利益

（一）公共利益的直接表达

通过对全国人大及其常委会制定和通过的法律规范的梳理和统计，截至2025年1月1日，我国已公布的306件法律中（宪法及相关法53件，行政法98件，民商法25件，经济法87件，社会法28件，刑法4件，程序法11件），涉及公共利益条款的法律超过80件。其中，刑法和程序法涉及的公共利益条款较少，本书主要分析其余5个法律部门的公共利益条款内容。

在“市场（社会）—政府”模式下，公共利益在法律规范中的直接表达首先体现在宪法规范内容中。我国《宪法》第10条和第13条直接运用了“公共利益”的表达形式，主要涉及国家对土地以及公民私有财产的征收和征用。此外，在宪法规范中，公共利益只存在一种表达形式，即“公共利益”，不存在“社会公共利益”的表达形式。除了宪法规范外，与宪法相关的法律规范同时存在“公共利益”与“社会公共利益”的表达形式。例如，《检察官法》和《法官法》规定检察官和法官负有维护“社会公共利益”的义务。

在中国特色社会主义法律体系框架下的行政法规范中，公共利益分别呈现

"公共利益"和"社会公共利益"两种表达形式。其中,《行政处罚法》、《行政强制法》和《行政许可法》三部行政程序法采用"公共利益"表达形式,但没有列举出"公共利益"的具体内容。《城市房地产管理法》第20条和《民法典》第358条均规定了土地使用权提前收回的条件,但二者存在细微差别,前者采用"社会公共利益"的表达形式,后者采用"公共利益"的表达形式。《土地管理法》在《宪法》第10条的基础上,以列举的形式归纳出5种公共利益具体情形。[1] 此外,《测绘法》第36条将公共利益分为防灾减灾、应对突发事件和维护国家安全。其余法律规范则采用"社会公共利益"表达形式,并且没有规定社会公共利益的具体内容,包括《教育法》《高等教育法》《环境保护法》《公共图书馆法》《生物安全法》《医疗卫生与健康促进法》《密码法》《药品管理法》《土壤污染防治法》《公共文化服务保障法》《促进科技成果转化法》《科学技术普及法》《出境入境管理法》《科学技术进步法》。

在中国特色社会主义法律体系框架下的民法商法规范中,公共利益分别呈现"公共利益"和"社会公共利益"两种表达形式,并且部分法律规范通过列举的方式将抽象的"公共利益"转化为具体的"公共利益"。其中,知识产权领域的法律规范主要采用"公共利益"的表达形式,如《著作权法》和《专利法》规定权利人实现著作权和专利权不得损害公共利益。《民法典》在11个条文中分别采用"公共利益"和"社会公共利益"两种表达形式,"公共利益"共计9个条文,"社会公共利益"共计3个条文。其他法律规范则主要采用"社会公共利益"的表达形式,如《公司法》《证券法》《保险法》《信托法》《涉外民事关系法律适用法》《票据法》《海商法》《个人独资企业法》等。其中,《信托法》第60条通过列举的形式将救助

---

〔1〕《土地管理法》第45条第1款规定:"为了公共利益的需要,有下列情形之一,确需征收农民集体所有的土地的,可以依法实施征收:(一)军事和外交需要用地的;(二)由政府组织实施的能源、交通、水利、通信、邮政等基础设施建设需要用地的;(三)由政府组织实施的科技、教育、文化、卫生、体育、生态环境和资源保护、防灾减灾、文物保护、社区综合服务、社会福利、市政公用、优抚安置、英烈保护等公共事业需要用地的;(四)由政府组织实施的扶贫搬迁、保障性安居工程建设需要用地的;(五)在土地利用总体规划确定的城镇建设用地范围内,经省级以上人民政府批准由县级以上地方人民政府组织实施的成片开发建设需要用地的;(六)法律规定为公共利益需要可以征收农民集体所有的土地的其他情形。"

弱者和发展社会公益事业作为“公共利益”具体内容。[1]

在中国特色社会主义法律体系框架下的经济法规范中,公共利益呈现“公共利益”和“社会公共利益”两种表达形式。最新制定的几部法律规范中,如《个人信息保护法》《海南自由贸易港法》《数据安全法》《湿地保护法》均采用的“公共利益”表达形式。也有一些法律规范明确规定了公共利益或社会公共利益的具体内容,如《森林法》第21条将公共利益明确为生态保护和基础设施建设,以及《反垄断法》第20条将社会公共利益明确为节约能源、保护环境和救灾救助。其他法律规范并未明确公共利益或社会公共利益的具体内容。[2]

在中国特色社会主义法律体系框架下的社会法规范中,公共利益呈现“公共利益”和“社会公共利益”两种表达形式。其中,《安全生产法》《境外非政府组织境内活动管理法》《慈善法》采用“社会公共利益”表达形式,《未成年人保护法》《公益事业捐赠法》采用“公共利益”表达形式。社会法规范虽然没有直接规定公共利益或社会公共利益的具体表现形式,但《慈善法》和《公益事业捐赠法》通过对慈善活动和公益事业的概念界定,间接表达了公共利益或社会公共利益的具体表现形式。[3]

(二)公共利益的间接表达

公共利益除了直接表达为“公共利益”和“社会公共利益”外,还在宪法规范和其他法律规范中通过具体的公共利益形式予以呈现,如国家利益、国家安全、国家主权、消费者权益、劳动者权益、生态环境安全、社会秩序、经济秩序等。这些间接的公共利益表达内容散布在不同类别的法律规范中,主要存在于宪法及相关法规范、行政法规范、民商法规范、经济法规范和社会规范领域。

---

[1] 根据《信托法》第60条的规定,救助弱者包括救济贫困、救助灾民和扶助残疾人,发展社会公益事业包括发展教育、科技、文化、艺术、体育、医疗卫生、环境保护等社会公益事业。

[2] 《企业国有资产法》《统计法》《政府采购法》《注册会计师法》《种子法》《对外贸易法》《中小企业促进法》《港口法》《建筑法》《广告法》等采用“社会公共利益”表达形式,《旅游法》《水法》《资产评估法》《海域使用管理法》则采用“公共利益”表达形式。

[3] 其具体包括救助灾害、扶贫济困、扶老救孤、恤病助残、环境保护、社会公共设施建设、发展科学、教育、文化、卫生和体育等事业。

在宪法及相关法规范中,公共利益的间接表达形式包括国家安全、国家利益、国家主权、国家机关组织秩序、国家机关运作秩序等。构成宪法及相关法的法律规范大致可分为两个类别,即维持国家机关组织运行的法律规范,以及维护国家尊严和利益的法律规范。前者包括《宪法》《立法法》《监察法》《监察官法》《人民法院组织法》《法官法》《人民检察院组织法》《检察官法》《国务院组织法》等法律规范,主要维护国家机关组织运行秩序,后者包括《国防法》《国家安全法》《国旗法》《国歌法》《国徽法》《反分裂国家法》以及涉港涉澳法律规范等,主要维护国家安全、国家利益和国家主权。

在行政法规范中,公共利益的间接表达形式包括社会治安秩序、公共安全、食品安全、交通秩序、粮食安全、网络信息安全、公众健康等。中国特色社会主义法律体系下,上述公共利益的间接表达形式散布在行政法规范中。这些行政法规范主要由控权法和管理法组成。控权法规范重心是控制行政权力,并维护国家机构运行秩序,包括《行政许可法》《行政处罚法》《行政强制法》《行政复议法》等。管理法规范重心是管理社会事务、经济事务和政治事务,并维护社会秩序、经济秩序和政治秩序,包括《土地管理法》《疫苗管理法》《教育法》《消防法》《野生动物保护法》《中医药法》《体育法》《食品安全法》《反食品浪费法》《反恐怖主义法》等。有些法律规范同时具备控权法和管理法属性,如《治安管理处罚法》。

在民商法规范中,公共利益的间接表达形式包括社会经济秩序、投资者权益、消费者权益、生产经营者权益、金融秩序等。这些公共利益的间接形式在民商法规范中主要分布于民法规范、商法规范和民事特别法规范领域。民法规范主要以《民法典》为主,这是社会主义市场经济领域的基本法律形式,主要维护社会和经济秩序。商法规范包括《公司法》《合伙企业法》《个人独资企业法》《企业破产法》《海商法》等,这些法律同样具有维护社会经济秩序的功能。民事特别法规范包括《著作权法》《专利法》《商标法》《消费者权益保护法》《证券法》《商业银行法》《信托法》《证券投资基金法》等,这些法律主要维护消费者权益、金融秩序和经营者权益等。

在经济法规范中,公共利益的间接表达形式较之于宪法及相关法、行政法和民商法更为丰富。从主体角度看,公共利益包括个人信息权益、消费者权益、农民权益、经营者权益、公众健康、纳税人权益、国家利益；从市场角度看，公共利益包括邮政市场秩序、建筑市场秩序、旅游市场秩序、金融市场秩序、电影市场秩序。此外，公共利益还包括国家财政经济秩序、能源安全、环境保护、生态安全、基础设施建设、数据安全等。这些公共利益的间接形式由不同经济领域和市场领域的法律规范所确认。[1]

在社会法规范中，公共利益的间接表达形式包括社会公平正义、未成年人权益、退役军人权益、劳动者权益、老年人权益、妇女权益、残疾人权益、母婴健康、社会和谐、社会公益等。这些公共利益形式主要由《未成年人保护法》《退役军人保障法》《劳动法》《工会法》《老年人权益保障法》《妇女权益保障法》《残疾人保障法》《矿山安全法》《法律援助法》《安全生产法》《公益事业捐赠法》《社会保险法》《军人保险法》等法律规范确认。这些法律规范主要保护社会中的特殊群体或弱势群体利益。其中，军人群体具有双重属性，其既属于社会中的特殊群体，具有社会性质公共利益属性，同时也是国防军队建设的组成部分，具有政治公共利益属性。

二、公共利益的逻辑体系表达

从我国现有法律规范的具体内容看，公共利益和社会公共利益处于混用的状态。例如，我国《民法典》在同一法律体系框架内，就存在“公共利益”和“社会公共利益”两种规范表达形式。民法作为保护私人利益的法律规范，其将公共利益纳入私法框架的目的在于通过蕴含公共利益价值的强制性和禁止性规范以及公序良俗条款作为民法上法律行为有效性要件，从而实现限制私法自治的效果。[2]因而，公共利益或社会公共利益的具体内容需要超越私法框架在其他法律规范中

---

〔1〕包括《反不正当竞争法》《反垄断法》《个人信息保护法》《政府采购法》《审计法》《建筑法》《旅游法》《邮政法》《产品质量法》《广告法》《水法》《森林法》《草原法》《渔业法》《农业法》《电影产业促进法》以及各种类型的税收法律规范，如《企业所得税法》《个人所得税法》《资源税法》《车船税法》等。

〔2〕参见冉克平：《论“公共利益”的概念及其民法上的价值——兼评〈合同法〉第52条之规定》，载《武汉大学学报（哲学社会科学版）》2009年第3期。

寻找。公共利益和社会公共利益拥有丰富的内涵,国家利益、国家安全、国家主权、社会秩序、经济秩序、金融秩序、消费者权益、劳动者权益、军人权益、妇女权益、残疾人权益、老年人权益、未成年人权益、建筑市场秩序、旅游市场秩序、邮政市场秩序、生态环境、生态安全等都可以成为公共利益或社会公共利益的具体表现内容。然而,我国法律规范没有区分公共利益和社会公共利益,似乎也没有区分的必要。但是,要实现法律体系的统一性,法律概念的统一性不可或缺。此外,我国宪法只规定了"公共利益"的表现形式,对于"社会公共利益"则没有规定。

在"市场(社会)—政府"模式下,宪法是所有其他法律规范的规范起源,而公共利益作为宪法的规范表达形式理应成为其他法律规范表达公共利益的最高形式,即在宪法之外的其他法律规范应当将公共利益具体内容作为其法律规范制定和实施的依据。公共利益的宪法化实现了宪法价值和公共利益价值的融合,有助于克服规制活动在保护公共利益价值层面存在的失灵问题。[1] 这为公共利益内涵的确立提供了一条民主道路,即将公共利益内容与社会主义民主相结合,通过人民民主专政制度和全国人民代表大会制度,以民主协商的方式实现公共利益的具体化。我国法律规范中的公共利益条款内容正是民主确立公共利益内容的体现。从公共利益的直接法律表达和间接法律表达中可以看出,公共利益可以通过不同利益性质实现理论上的类型区分。公共利益性质可以分为社会性质、政治性质、环境性质和经济性质 4 个种类,形成社会性质公共利益[2]、政治公共利益、环境公共利益和经济公共利益,进而为社会公益诉讼、政治公益诉讼、环境公益诉讼和经济公益诉讼提供法律利益基础。而经济法体系构造则需要建立在"经济公共利益"基础上,使经济法成为维护和实现经济公共利益的法律规范,并围绕经济公共利益的具体内容形成具体的经济法律规范群。

---

〔1〕 参见[英]迈克·费恩塔克:《规制中的公共利益》,戴昕译,中国人民大学出版社 2014 年版,第 241 页。

〔2〕 为了区分公共利益概念下的社会公共利益和学术界常用的社会公共利益两个概念,前者可以称为"具有社会性质的公共利益",后者则是等同于公共利益的社会公共利益。因此,为了避免混淆,明确本部分的社会公共利益是具有社会性质的公共利益简称,后文涉及该概念时均使用"社会性质公共利益"。

(一)社会性质公共利益

社会性质公共利益不同于法律规范以及主流经济法理论中的社会公共利益概念。后者所谓社会公共利益等同于本书中的公共利益概念,主要存在于除宪法外的其他法律规范文本中。理论界关于社会公共利益的认识也倾向于将公共利益和社会公共利益混同而不做区分。有学者将经济法中的社会公共利益分为经济基础设施、社会基础设施、自然环境和资源、弱势群体4个部分。[1] 也有学者以《反垄断法》为例,认为社会公共利益包括经济效率、公平竞争和消费者利益。[2] 还有学者在其论文中同时使用公共利益和社会公共利益两个概念,认为经济法以社会公共利益为价值目标,同时又分析经济法规范中的公共利益规定。[3] 公共利益研究主要起源于西方国家。美国社会学家庞德第一次从法律角度将利益分为个人利益、公共利益和社会利益,认为公共利益是政治组织在社会生活中的要求、需要或愿望,社会利益是文明社会在社会生活中的要求、需要或愿望。[4] 庞德区分了公共利益和社会利益两个概念,但此种区分无法解释中文语境下的"社会公共利益"概念。从构词法上也能看出,社会公共利益是庞德所区分的公共利益和社会利益的融合。

本书依据公共利益具有的社会性质而提出的社会公共利益,其实是社会性质的公共利益概念,是对宪法中"公共利益"概念的具像化。因此,社会性质公共利益是公共利益的下位概念。从构词法角度看,社会公共利益、公共利益、利益三个词汇在语义逻辑上呈现包含关系。学界将社会公共利益和公共利益混同的做法,明显不符合汉语表达逻辑,违背了基本的语义规则,应当予以纠正。要把握社会性质公共利益概念,首先需要明确何为社会性质。广义的社会是包含政治、经济和环境等在内的所有社会关系的总和,将社会公共利益和公共利益等同的做法就

---

〔1〕 参见薛克鹏:《经济法基本范畴研究》,北京大学出版社2013年版,第222~224页。

〔2〕 参见童肖安图:《社会公共利益视角下垄断纠纷可仲裁性研究》,载《华东政法大学学报》2021年第3期。

〔3〕 参见陈蓉:《经济法对公共利益的回应》,载《社会科学家》2012年第8期。

〔4〕 参见[美]罗斯科·庞德:《通过法律的社会控制》,沈宗灵译,商务印书馆2010年版,第41页。

是采用的广义社会概念。而狭义的社会则是在政治、经济、环境领域之外的其他领域,社会性质公共利益采用的狭义社会概念,其社会性质排除了政治性质、经济性质、环境性质。

社会性质公共利益包含社会基础设施、社会弱势群体以及社会秩序等内容。第一,法律规范中的社会公益事业,如科学事业、教育事业等都是社会公共利益的具体表现形式,而发展社会公益事业就是在进行社会基础设施建设。[1] 第二,法律规范中的妇女、未成年人、老年人、残疾人都属于社会弱势群体,他们的合法权益需要由国家特别保护,并形成了《妇女权益保障法》《老年人权益保障法》《未成年人保护法》《残疾人保障法》等专门法律规范。此外,社会弱势群体还包括因突发事件导致的贫困者和弱势者,这些社会性质公共利益在现有法律规范中表现为扶贫济困和救助灾民。第三,社会性质公共利益还包括社会秩序,如社会治安秩序和道路交通秩序。这部分法律规范当前分布在行政法规范中。但是,通过对社会性质公共利益概念的抽象、提炼以及总结,属于维护社会性质公共利益的法律应当归属于社会法,包括与社会基础设施建设相关的法律规范、与社会弱势群体权益保护相关的法律规范、与社会秩序维护相关的法律规范。因此,散布于行政法规范中的社会秩序管理规范应当从行政法规范中抽离出来,纳入社会法规范框架下。

(二)政治公共利益

政治公共利益是以公共利益作为逻辑推导起点,依据公共利益的政治属性并结合形式逻辑推理得出的结果。当然,当下的法律规范或学术研究中均没有使用“政治公共利益”这一利益类型的表述方式,而是以“国家利益”的形式存在。此外,在法律规范和学术研究中,国家利益、公共利益以及社会公共利益通常处于并

[1] 世界银行在1994年对社会基础设施和经济基础设施作了区分,而后社会基础设施内容开始得到拓展,包括幼儿园、青少年宫、学校、图书馆、科技馆、博物馆、影剧院、音乐厅、医院、防疫站、保健站、疗养院、休养所、体育场馆、游乐园、休闲场所、敬老院、福利院、康复机构等。参见世界银行:《1994年世界发展报告:为发展提供基础设施》,毛晓威等译,中国财政经济出版社1994年版;赖金良:《作为社会基础设施的民生保障体系建设》,载《浙江社会科学》2012年第5期。

列关系。[1] 其实,如果对公共利益的内部构造予以解析,国家利益以及社会公共利益都可以被公共利益概念所吸收。而国家利益属于政治公共利益,社会公共利益则属于社会性质公共利益。对于国家利益而言,国家主权、国家安全、国防、军事和外交等具体国家利益类型同时具有政治性和公共性,应当属于政治公共利益的具体内容。此外,政治机关组织及运行秩序、政治制度、政治体制等也属于政治公共利益的范围。我国七大法律部门中的宪法及相关法主要是维护政治公共利益的法律。

从宪法及相关法的法律规范内容看,其大致可以分为外部法和内部法两种类型。外部法是与国外其他国家利益相关联的法律,这部分法律侧重维护国家主权、国家安全、国防、军事和外交等外部政治公共利益。例如,《反外国制裁法》《反分裂国家法》《陆地国界法》维护的是国家主权、安全和发展利益以及国家领土完整;《国家安全法》维护国家安全;《国防法》《人民防空法》维护国防利益;《国籍法》《国歌法》《国徽法》则是将国籍、国歌和国徽作为保护对象,这三者均是国家的象征形式,因此这三部法律维护的是国家形象。此外,《军事设施保护法》《专属经济区和大陆架法》《领海及毗连区法》《缔结条约程序法》等法律主要涉及军事和外交领域的公共利益。

内部法是与国家机关组织运行相关联的法律,这部分法律侧重维护国家机关组织秩序、国家机关运行秩序、政治制度和政治体制等内部政治公共利益。以《全国人民代表大会组织法》《国务院组织法》等为代表的国家机关组织法维护的是政治组织秩序;以《立法法》《法官法》《监察官法》《检察官法》等为代表的法律主要维护政治运行秩序;以《民族区域自治法》《香港特别行政区基本法》《澳门特别行政区基本法》等为代表的法律主要维护部分区域的政治公共利益。当然,也有部分法律规范同时维护公共利益和个人利益,如《国家赔偿法》。该法律涉及政治公共利益和公民个人利益,前者表现为滥用职权等损害国家机关形象和国家机关运行秩序,后者表现为侵害公民人身权利和财产权利。

---

[1] 参见刘光华、张广浩:《祛魅公共利益:基于“价值—工具”法律利益分类范式》,载《兰州大学学报(社会科学版)》2018 年第 4 期。

(三)环境公共利益

环境公共利益概念虽然没有出现在法律文本中,但已被学者所提及。部分有学术影响力的期刊已经刊发了以“环境公共利益”命名的学术论文。[1] 在这些论文中,环境公共利益被认为是环境权所体现的具体内容,并实质上被宪法和环境保护法所确认。有学者结合《宪法》第 26 条以及《环境保护法》第 1 条和第 2 条的内容,将环境公共利益界定为各种天然的和经过人工改造的能够满足人类生存和发展需要的生态利益的自然因素。[2]

为了保护环境公共利益,国家需要制定相关的法律规范制止侵害环境公共利益的行为。例如,《环境保护法》《海洋环境保护法》《生物安全法》等法律规范旨在规制各种污染生态的行为,这些行为侵害了生态环境利益。此外,环境公共利益还包括由各种形式的自然资源所形成的利益,即自然资源利益。这些自然资源包括水资源、矿产资源、能源、动物资源、森林资源、草原资源等。围绕着这些自然资源的保护和利用也形成了《长江保护法》《水法》《矿产资源法》《煤炭法》《野生动物保护法》《畜牧法》《森林法》《草原法》《湿地保护法》等自然资源保护法。

因此,环境公共利益可以分为生态环境利益和自然资源利益两大类,并形成了生态环境法和自然资源法两个法律规范群,其共同构成了环境公共利益保护法。有学者从环境法所保护的环境利益这个视角出发,将环境利益分为环境生态利益和环境资源利益。[3] 此种二元分与环境公共利益的二元分有异曲同工之处。生态环境利益和自然资源利益正好对应生态利益和资源利益,生态环境法则

---

〔1〕 在 CSSCI 来源期刊中,部分论文标题直接包含“环境公共利益”的表述。参见周勇飞、高利红:《多元程序进路下环境公共利益司法体系的整合与型构》,载《郑州大学学报(哲学社会科学版)》2020 年第 5 期;朱谦:《环境公共利益的宪法确认及其保护路径选择》,载《中州学刊》2019 年第 8 期;朱丽:《美国环境公共利益司法保护制度与实践及对我国的启示》,载《环境保护》2017 年第 21 期。

〔2〕 参见朱谦:《环境公共利益的法律属性》,载《学习与探索》2016 年第 2 期。

〔3〕 前者是自然生态系统对人类的生产、生活和环境条件产生的非物质性的有益影响和有利效果;后者是人们在开发利用环境要素和自然资源过程中所获得的物质性的有益影响和有利效果。参见史玉成:《生态利益衡平:原理、进路与展开》,载《政法论坛》2014 年第 2 期。

侧重于从整体上规制生态破坏和环境污染问题,自然资源法侧重于规制在自然资源开发利用过程中的生态破坏和环境污染问题,但二者都有一个相同目标:保护环境公共利益。

(四)经济公共利益

经济公共利益是依据公共利益具有的经济属性而形成的公共利益类型,其主要存在于经济法领域。在经济法理论研究中,经济法所维护的公共利益存在多种指称,其中主流用法包括社会公共利益〔1〕、社会整体经济利益〔2〕、社会利益〔3〕等。这些利益类型均从广义经济法角度概括经济法中的利益类型,并将经济法和社会法等新兴法律部门纳入同一评价体系。但此种方法却无法实现经济法和社会法等新兴法律部门内部的部门法划分。此时,寻求另一种利益类型划分方法,并为不同法律部门设定部门法边界就显得有必要和价值。

公共利益性质类型化作为一种方法,可以为新兴法律部门内部的部门法划分提供依据。这种方法建立在公共利益和私人利益二元划分的基础上,从而区分维护公共利益的法律规范和维护私人利益的法律规范。在业已形成的中国特色社会主义法律体系中,维护私人利益的法律规范包括民商法以及行政法,前者维护民事主体的个人利益,后者维护行政相对人的个人利益;维护公共利益的法律规范包括宪法相关法、经济法、社会法等法律规范。宪法相关法主要维护政治公共利益、经济法主要维护经济公共利益、社会法主要维护社会性质公共利益。此外,还存在维护环境公共利益的环境法。

上述法律体系划分方法有助于完善具有中国特色的社会主义法律体系内容。第一,巩固了我国社会主义法律体系形成的理论依据,即七个法律部门均建立在维护私人利益和公共利益的基础上,这为社会主义法律体系提供了正当性基础。第二,宪法相关法应当是维护包括国家安全、国家主权、国防、军事和外交在内的

〔1〕 参见薛克鹏:《经济法基本范畴研究》,北京大学出版社2013年版,第197~234页。

〔2〕 参见刘凯:《论制定经济基本法的路径选择》,载《法学杂志》2021年第8期。

〔3〕 参见李昌麒、陈治:《经济法的社会利益考辩》,载《现代法学》2005年第5期。

政治公共利益的法律规范,应属于政治法。第三,可以发现现有法律体系存在的问题,如在行政法规范中夹杂着不少维护社会性质公共利益和经济性质公共利益的法律规范,教育法、公共图书馆法、精神卫生法等维护社会性质公共利益的法律规范应纳入社会法框架,食品安全法、药品管理法、土地管理法等维护经济公共利益的法律规范应纳入经济法框架。第四,7 大法律部门无法涵盖维护环境公共利益的环境法。包含生物安全法、土壤污染防治法、固体废物污染环境防治法等在内的维护环境公共利益的法律规范应纳入环境法框架。环境公共利益不同于经济公共利益、社会性质公共利益以及政治公共利益,应当是独立存在的一种公共利益类型。但在现有的法律体系框架下,维护环境公共利益的法律规范被分散划入行政法和经济法,破坏了行政法和经济法的法益结构。

综上所述,依据公共利益性质区分,公共利益可以分为社会性质公共利益、政治公共利益、环境公共利益和经济公共利益。由于公益诉讼以公共利益为利益基础,结合我国现有的公益诉讼范围〔1〕,公益诉讼可以从理论上形成社会公益诉讼、政治公益诉讼、环境公益诉讼和经济公益诉讼 4 种类型。这些公益诉讼在我国法律规范中均有体现,如未成年人保护公益诉讼属于社会公益诉讼;〔2〕军人权益保护公益诉讼和英烈保护公益诉讼属于政治公益诉讼;〔3〕环境保护公益诉讼属于环境公益诉讼;〔4〕安全生产公益诉讼、反垄断公益诉讼和消费公益诉讼属于经济公益诉讼;〔5〕此外,《行政诉讼法》第 25 条规定涉及国有财产保护、国有土地使用权出让的行政公益诉讼同样属于经济公益诉讼,其主要涉及政府主体的经济行为。

三、经济法体系的公共利益基础

经济法中的经济公共利益并非存在于抽象的理论层面,而是源于我国现行有

---

〔1〕 具体包括生态环境和资源保护、食品药品、国有财产保护、国有土地使用权出让、英雄烈士保护、安全生产、反垄断、未成年人保护、军人权益保护、消费者权益保护。

〔2〕 参见《未成年人保护法》第 106 条。

〔3〕 参见《军人地位和权益保障法》第 62 条和《英雄烈士保护法》第 25 条。

〔4〕 参见《环境保护法》第 58 条。

〔5〕 参见《安全生产法》第 74 条、《反垄断法》第 60 条、《消费者权益保护法》第 47 条。

效的不同级别的法律规范的具体规定，其首先存在于宪法经济规范中。宪法中的经济条款以及权利条款内容为经济公共利益提供了最高位阶的法律效力。同时，除宪法外的其他具体经济法律规范从不同角度细化了经济公共利益的内容。在此基础上，经济法中的经济公共利益内容得以明确，其包含经济基础设施、经济弱势群体以及经济秩序等内容。

（一）经济基础设施

经济基础设施与社会基础设施同属于基础设施范畴。基础设施也被称为公共设施，是为了向所有社会成员提供最基本生活服务，满足其日常生活需要。公共性是基础设施的基本属性，这决定了基础设施具有公共利益的性质。经济基础设施和社会基础设施分别从经济属性和社会属性两个角度解释基础设施的公共性特征。[1] 经济基础设施具有经济性和公共性，而社会基础设施具有社会性和公共性。这是经济基础设施和社会基础设施之间存在的内部关系，而二者又分别成为经济公共利益和社会性质公共利益的组成部分。

对于经济基础设施而言，其主要为经济和居民生活提供公共服务，包括交通、通信、供水、供电和供气等设施。[2] 这些经济基础设施同时也作为公共物品而存在，为了公共利益的需要而向社会公众供给，主要表现为物质意义上的公共利益。经济基础设施作为经济法所保护的经济公共利益之一，已经被相关法律规范所确认。《土地管理法》第45条第1款第2项所列举的"能源、交通、水利、通信、邮政等基础设施"就属于经济基础设施范畴。与社会基础设施不同，经济基础设施为经济社会发展提供经济基础，创造经济条件，营造经济环境。而社会经济设施则

---

〔1〕 社会基础设施是指那些主要服务社会市场、社会政策、社会目标的设施与服务，其主要是医疗卫生、教育、福利服务和公共服务设施等，它们深受社会政策与社会福利政策的影响；经济基础设施是指那些主要服务经济市场、经济政策、经济目标的设施与服务，它们主要是电力、电信、公路桥梁和港口、机场等设施。参见刘继同：《社会基础设施体系建设与构建和谐社会的社会基础》，载《福建论坛（人文社会科学版）》2008年第3期。

〔2〕 参见薛克鹏：《经济法基本范畴研究》，北京大学出版社2013年版，第222页。

为经济社会发展奠定社会基础。[1] 将经济基础设施纳入经济公共利益，同时将社会基础设施纳入社会性质公共利益的做法，实现了经济法和社会法在保护公共利益层面的区分，前者更加注重经济性，后者更加注重社会性。当然，经济基础设施和社会基础设施处于相互促进、相互融合的关系中，经济基础设施可以为社会基础设施建设提供经济基础和经济条件，而社会基础设施能够实现经济基础设施的效用最大化。

（二）经济弱势群体

弱势群体利益是公共利益的组成部分，维护弱势群体利益就是在维护公共利益，而损害弱势群体利益则是在损害公共利益。同时，弱势群体利益也得到了宪法的规范确认。宪法关于尊重和保障人权、保护人身自由权、保护人格尊严权、保护住宅权、保护劳动权、保护受教育权，以及对年老、疾病、丧失劳动力公民的物质帮助权、对残疾人和特殊人权的帮扶权等相关规范内容，均是在确认和维护弱势群体利益。为了落实宪法关于弱势群体利益的保护目标，经济法和社会法分别从经济弱势群体保护和社会弱势群体保护两个维度展开。

经济法中的经济弱势群体是指在市场经济条件下基于经济实力的悬殊而导致的处于不利经济地位的市场主体，如消费者、劳动者以及中小经营者。这三类经济弱势群体分别在不同的市场经济条件下产生。第一，消费者是在和经营者的商品或服务交换过程中所形成的一种特殊市场主体。在民法视野下，消费者和经营者之间具有平等关系，其形成的合同体现双方的意思表示。然而，经营者相对于消费者的强势经济地位，导致市场经济中出现经营者侵害消费者人身权和财产权的行为，突破了意思自治而形成了意思强制。第二，劳动者是在和用人单位的劳动交换过程中所形成的一种特殊市场主体。劳动者和用人单位之间同样存在经济实力的悬殊差距，这为用人单位欺压强迫劳动者埋下隐患。实践表明，在没有法律强制性约束的前提下，劳动者常常处于用人单位的压迫和剥削状态中，如

---

[1] 参见刘继同：《社会基础设施体系建设与构建和谐社会的社会基础》，载《福建论坛（人文社会科学版）》2008 年第 3 期。

强迫劳动、克扣劳动报酬、任意辞退劳动者等。第三,中小经营者是在和大型经营者进行的市场经济活动中所形成的一种特殊市场主体。掌握丰富经济资源和具有超强经济实力的经营者在和其他中小经营者的市场交易活动中,会出现强制交易或限制交易等行为。《反垄断法》所禁止的滥用市场支配地位行为就属于侵害具有经济弱势地位的中小经营者利益的情形。

(三)经济秩序

经济秩序是除了经济基础设施、经济弱势群体外的另一种常见的经济公共利益形式。同时,经济秩序也是在法律规范中经常出现的一种利益形式。我国《宪法》第 15 条通过将社会秩序和经济秩序相结合,以“社会经济秩序”的规范表述确立了经济秩序的宪法地位。此外,宪法经济规范也创设了社会主义市场经济秩序,并借由反垄断法等具体法律规范实现社会主义市场经济秩序保护目标。我国实行社会主义市场经济,其经济秩序是社会主义市场经济秩序,遵循市场经济的一般性规律,即自由秩序。《民法典》的编纂和实施为确立社会主义市场经济中的自由秩序提供了法律基础。但为了保护自由市场不被破坏,实现自由秩序的长久存在,经济法需要通过经济立法的形式,规制破坏自由秩序的各种行为形式。这意味着,经济秩序并非一成不变,而是会根据社会主义市场经济的发展程度形成不同类型的秩序类型。

经济秩序作为经济公共利益形式之一,其可以根据不同标准划分为具体的秩序类型。这些具体的经济秩序背后都存在一个具体的法律规范,从而为规范经济秩序提供法律依据。第一,根据经济运行阶段,经济秩序可以分为生产秩序、交易秩序、竞争秩序、财政秩序、劳动秩序等不同的秩序类型。例如,《安全生产法》《产品质量法》《食品安全法》主要维护生产秩序;《消费者权益保护法》主要维护交易秩序;《反垄断法》《反不正当竞争法》主要维护竞争秩序;《预算法》主要维护财政秩序;《劳动法》《劳动合同法》主要维护劳动秩序。第二,根据市场类型,经济秩序可以分为建筑市场秩序、旅游市场秩序、邮政市场秩序、金融市场秩序、电影市场秩序、房地产市场秩序等不同的市场秩序。例如,《建筑法》主要维护建筑市场秩序;《旅游法》主要维护旅游市场秩序;《邮政法》主要维护邮政市场秩序；《反洗钱法》主要维护金融市场秩序；《电影产业促进法》主要维护电影市场秩序；《城市房地产管理法》主要维护房地产市场秩序。

第三节　经济法体系完善的行为路径：经济行为

在“市场（社会）—政府”理论模式下，根据经济法体系完善的整体市场逻辑、双重行为逻辑和法律治理逻辑，经济法体系完善的第二个路径立足于法律规范中的经济行为，并通过经济行为类型化为经济法体系构造奠定行为基础。经济行为类型依据不同的标准会得出不同的结论，如私益性经济行为和公益性经济行为、市场主体经济行为和政府主体经济行为、产品类经济行为和服务类经济行为。其中，在经济法规范视域下，市场主体经济行为和政府主体经济行为是经济法最主要的两类经济行为。经济法体系完善需要建立在市场主体经济行为和政府主体经济行为基础上。其中，市场主体实施的经济行为主要以生产行为、经营行为、用工行为、流通行为、竞争行为、金融行为、服务行为为主，是对经济活动各个阶段的具体细化；政府主体实施的经济行为主要分为政府收入行为、政府支出行为和国有资产管理行为。政府主体的经济行为同样发生在经济活动的生产、分配、交换、消费和服务各个阶段，但其与市场主体的经济行为又有所差异。例如，在生产阶段，市场主体主要涉及私人物品的生产行为，而政府主体主要涉及公共物品的生产行为，由于公共物品生产需要投入资本，此行为也属于政府支出行为。在分配阶段，市场主体主要涉及用工行为和劳动行为，政府主体主要涉及税收行为，此行为属于政府收入行为。在交换和消费阶段，市场主体主要涉及经营行为、竞争行为、价格行为等，政府主体则涉及政府采购、政府投资，此行为属于政府支出行为。在服务阶段，市场主体主要提供私人服务，政府主体主要提供公共服务，如公共卫生服务、公共文化服务、公共法律服务等，这些行为属于政府支出行为。而政府主体对国有资产的管理，则包括了利用国有资产的生产行为、国有资产交易行为、国有资产服务行为等。在完善经济法体系过程中，经济法规范对象既包括了传统经济二元体系中的市场主体经济行为，同时也包括了政府主体经济行为。传统经济法二元体系将政府主体经济行为纳入宏观调控行为中,模糊了经济法的规范对象。这导致现有经济法体系重点关注对市场主体经济行为的规制,而放松了对政府主体经济行为的规制。政府举债行为、货币发行行为和转移支付行为等政府经济行为缺少法律的强制性规范,从而使政府主体实施经济行为具有任意性。为此,与政府主体经济行为相关联的法律规范需要在未来不断继续制定和完善。在现有法律规范下,立足于市场主体经济行为和政府主体经济行为两个视角,经济行为中的主流经济行为可以分为竞争行为、经营行为、用工行为、金融行为和财政行为。

一、经济行为的法律规范基础

在中国特色社会主义法律体系中,经济行为主要存在于民法商法规范和经济法规范两个类别,并散见于其他法律规范中。其中,民法规范主要涉及民事行为,商法规范主要涉及商事行为,而经济法规范主要涉及经济行为。民事行为和商事行为虽然也是经济行为的一部分,但与经济法中的经济行为存在差别。也就是说,经济行为是民法规范、商法规范和经济法规范共同规范对象,但民法规范和商法规范基于保护个体利益角度规范经济行为,其规范方法以民事主体和商事主体意思自治为主,而经济法规范基于保护经济公共利益角度规范经济行为,其规范方法以限制、强制或禁止为主。

在民法规范中,经济行为被表述为民事活动或民事法律行为。民事活动或民事法律行为主要分为财产行为和人身行为两种类别,具体包括合同行为、物权行为、人格权行为、代理行为、结婚行为、离婚行为、收养行为、继承行为、侵权行为等。这些行为的设立、变更或终止均可以通过当事人意思表示实现,是民事主体意思自治的体现。并非所有民事行为均是经济行为,只有与经济目的相关的民事行为才具有经济行为的属性,而非经济目的的民事行为不属于经济行为,如结婚、离婚、收养、继承等就不属于经济行为范畴。虽然民事行为与经济行为具有内在关联,但民事行为的上述具体类型表明,民事行为是微观层面的经济行为,其直接影响了经济行为的性质和效果,构建了经济行为的底层逻辑架构。

在商法规范中,经济行为被表述为商事行为。[1] 与商事行为相关的法律规范,同时也是经济法所研究的对象。但商事行为和经济行为仍然有所区别,前者采取的是与民事行为相同的微观视角,后者采取的是宏观视角,这决定了商事行为仍然是与个人利益相关联的行为,经济行为则是与公共利益相关联的行为。

在经济法规范中,经济行为是囊括生产、分配、交换、消费和服务各个经济阶段的整体性行为。这些经济行为存在于零散的法律规范中。以中国特色社会主义法律体系中的经济法规范群为例,经济法规范包括87部法律规范文件,除去两部法律决定外,共计85部法律规范。这85部经济法规范包含了大部分的经济行为内容(见表5-2)。这些经济行为包括产品类和服务类的经济行为,前者涉及产品的生产、经营、流通和消费行为,后者则是服务行为。例如,《农业法》《产品质量法》《电力法》《煤炭法》所涉及的农产品生产与流通、产品生产与经营、电力生产与使用、煤炭生产与经营就属于产品类的生产、经营、流通行为;《邮政法》《旅游法》《广告法》所涉及的邮政服务、旅游服务和广告服务属于经济行为中的服务经济行为。各类税法所涉及的税收征缴行为属于经济行为中的分配行为。《预算法》《政府采购法》《企业国有资产法》涉及政府的收支行为、政府采购行为、企业国有资产管理行为。同时,《反垄断法》《反不正当竞争法》所规定的经济垄断行为、行政垄断行为、不正当竞争行为均存在于流通或交换环节,是对商品流通或服务流通行为的保障性经济行为。

表5-2　经济法规范中的经济行为表现

序号	经济法规范文件	经济行为
1	《个人信息保护法》	个人信息处理活动
2	《海南自由贸易港法》	贸易活动
3	《印花税法》	缴纳印花税
4	《数据安全法》	数据处理活动

[1] 商事行为是依商法所规定的商事主体以营利性营业为目的而从事的行为。参见苗延波:《商事行为概论》,载《甘肃政法学院学报》2008年第6期。

续表

序号	经济法规范文件	经济行为
5	《广告法》	广告活动
6	《民用航空法》	民用航空活动
7	《草原法》	保护、建设、利用草原
8	《乡村振兴促进法》	乡村振兴(产业振兴、人才振兴、文化振兴、生态振兴、组织振兴,推进城乡融合发展等活动)
9	《进出口商品检验法》	进出口商品检验行为
10	《动物防疫法》	动物防疫活动
11	《长江保护法》	长江保护
12	《出口管制法》	出口管制
13	《契税法》	缴纳契税
14	《城市维护建设税法》	缴纳城市维护建设税
15	《台湾同胞投资保护法》	投资
16	《森林法》	森林、林木的保护、培育、利用和森林、林木、林地的经营管理活动
17	《资源税法》	缴纳资源税
18	《反不正当竞争法》	不正当竞争行为
19	《建筑法》	建筑活动
20	《车船税法》	缴纳车船税
21	《外商投资法》	外商投资
22	《港口法》	港口规划、建设、维护、经营、管理及其相关活动
23	《企业所得税法》	缴纳企业所得税
24	《耕地占用税法》	缴纳耕地占用税
25	《预算法》	政府收支行为
26	《电力法》	电力建设、生产、供应和使用活动
27	《产品质量法》	产品生产、销售活动
28	《车辆购置税法》	缴纳车辆购置税
29	《环境保护税法》	缴纳环境保护税

续表

序号	经济法规范文件	经济行为
30	《农业机械化促进法》	农业机械化
31	《旅游法》	旅游活动、旅游服务
32	《节约能源法》	节约能源
33	《计量法》	计量活动
34	《船舶吨税法》	缴纳船舶吨税
35	《循环经济促进法》	循环经济活动
36	《农产品质量安全法》	农产品生产经营
37	《电子商务法》	电子商务行为
38	《个人所得税法》	缴纳个人所得税
39	《烟叶税法》	缴纳烟叶税
40	《公路法》	公路的规划、建设、养护、经营、使用和管理
41	《会计法》	会计行为
42	《标准化法》	标准化工作
43	《中小企业促进法》	中小企业行为
44	《煤炭法》	煤炭生产、经营活动
45	《对外贸易法》	对外贸易（货物进出口、技术进出口和国际服务贸易）
46	《网络安全法》	建设、运营、维护和使用网络，以及网络安全的监督管理
47	《水法》	开发、利用、节约、保护、管理水资源
48	《资产评估法》	资产评估行为
49	《航道法》	航道的规划、建设、养护、保护
50	《防洪法》	无
51	《深海海底区域资源勘探开发法》	深海海底区域资源勘探、开发活动
52	《种子法》	品种选育、种子生产经营和管理行为
53	《税收征收管理法》	税收征收行为、税收缴纳行为
54	《邮政法》	邮政普遍服务

续表

序号	经济法规范文件	经济行为
55	《畜牧法》	畜牧业生产经营行为
56	《烟草专卖法》	烟草专卖行为
57	《铁路法》	铁路运输、铁路建设
58	《注册会计师法》	会计服务
59	《政府采购法》	政府采购
60	《渔业法》	渔业生产活动
61	《农业法》	农业生产经营、农产品流通与加工
62	《农业技术推广法》	农业技术推广
63	《清洁生产促进法》	清洁生产
64	《水土保持法》	水土保持活动
65	《石油天然气管道保护法》	输送石油、天然气的管道的保护
66	《可再生能源法》	可再生能源的开发利用
67	《矿产资源法》	矿产资源的勘查、开发利用和保护
68	《进出境动植物检疫法》	进出境动植物检疫
69	《统计法》	统计活动
70	《企业国有资产法》	企业国有资产管理
71	《反垄断法》	垄断行为
72	《银行业监督管理法》	银行业监督管理行为
73	《反洗钱法》	洗钱活动
74	《审计法》	审计行为
75	《中国人民银行法》	制定和执行货币政策
76	《海域使用管理法》	海域使用行为
77	《价格法》	价格行为
78	《乡镇企业法》	乡镇企业行为
79	《湿地保护法》	湿地保护、利用、修复和相关管理行为
80	《黑土地保护法》	黑土地保护、利用、治理和修复行为

续表

序号	经济法规范文件	经济行为
81	《黄河保护法》	黄河流域生态保护和高质量发展各类活动
82	《粮食安全保障法》	粮食生产、储备、流通、加工行为
83	《关税法》	关税征收行为、关税缴纳行为
84	《能源法》	能源开发利用行为
85	《增值税法》	增值税征收行为、增值税缴纳行为
86	《全国人民代表大会常务委员会关于外商投资企业和外国企业适用增值税、消费税、营业税等税收暂行条例的决定》	无
87	《第五届全国人民代表大会常务委员会关于批准〈广东省经济特区条例〉的决议》	无

此外,在行政法规范文件、民法商法规范文件和社会法规范文件中,也存在部分经济行为。例如,行政法规范群中的《药品管理法》《食品安全法》《疫苗管理法》《土地管理法》《图书馆法》《公共文化服务保障法》涉及药品、食品、疫苗、土地的生产行为、经营行为、流通行为、使用行为,以及公共服务行为;民法商法规范群中的《消费者权益保护法》《商业银行法》《保险法》《证券法》《证券投资基金法》《信托法》《招标投标法》《农村土地承包法》涉及生产经营行为、消费行为、商业银行行为、保险行为、证券行为、证券投资基金行为、信托行为、招标投标行为、农村土地承包行为等;社会法规范群中的《劳动法》《劳动合同法》《安全生产法》涉及用工行为、劳动行为与生产行为。

上述法律规范中的经济行为既可以通过产品类经济行为和服务类经济行为予以区分,还可以通过经济行为实施主体予以区分,即政府主体的经济行为和市场主体的经济行为。[1] 经济行为没有实际损害或可能损害社会公共利益、其他市场主体利益时,政府没有规制的必要。只有当市场行为实际损害或者可能损害社会公共利益、其他市场主体利益时,政府才需要规制。例如,经营者实施了垄断行为、不正当竞争行为、欺诈消费者行为等,政府就需要对这种市场行为进行规制。

二、经济行为的逻辑体系表达

从经济行为的法律规范表达可以看出,经济行为存在于行政法规范群、民法商法规范群、经济法规范群和社会法规范群等诸多法律部门中。此外,刑法规范中也存在经济行为,其主要以经济犯罪行为作为经济行为的存在形式,是一种具有严重危害性的经济行为形式。这表明,经济行为除了是法律规范的主要规范对象外,同时经济行为也具有多样的表现形式,可以存在于不同性质的法律规范中。为了将存在于各类法律规范中的纷繁复杂的经济行为总结归纳为抽象的行为表现形式,经济行为类型化是一条可行的出路。经济行为的类型化工作可以依据不同的标准展开。第一,依据经济行为性质标准,经济行为可以分为公益经济行为和私益经济行为;第二,依据经济行为主体标准,经济行为可以分为市场经济行为和政府经济行为;第三,依据经济行为对象标准,经济行为可以分为产品经济行为和服务经济行为。

(一)经济行为性质标准:公益经济行为与私益经济行为

从法律规范角度看,经济行为存在于绝大多数部门法规范中。从经济实践角度看,经济行为是经济主体的实践活动,其产生之初是为了满足个人经济利益。随着经济实践活动的深入和发展,经济行为开始突破个人经济利益,并触及公共

---

〔1〕 前者包括政府收支行为、政府采购行为、税收征收行为、政府投资行为等,后者包括竞争行为、生产经营行为、金融行为等。其中,竞争行为的具体表现主要包括垄断行为、不正当竞争行为。生产经营行为则包括产品生产经营、食品生产经营、药品生产经营、特种设备生产经营等。金融行为包括证券行为、期货行为、保险行为、中央银行行为、商业银行行为等。参见杨尊源:《论经济法的体系化标准》,载《河北工业大学学报(社会科学版)》2021 年第 2 期。

利益。这形成了经济行为的二元性质,即同一经济行为同时存在公共属性和私人属性,是经济公共利益和个人私有利益的集合。

以经济主体实施的经营行为为例,其既涉及经济主体个人利益,同时也涉及其他经济主体利益、消费主体利益以及经济秩序等经济公共利益。第一,经营者从事商品经营或服务经营活动,其行为具有民事行为和商事行为的特征,其主体也同时是民事主体和商事主体。此时,经营者经营商品或服务,其直接目的并非实现公共利益,满足公共需求,而是为了实现个人盈利,满足个体经济需求。此外,经营行为需要在两个或以上的主体间展开,方能实现盈利目的。这就使得经营者和经营者、经营者和消费者之间产生了经济关联,并在这种经济关联过程中同时满足具体经营者和具体消费者的个人需求。从这一层面看,经营行为及其关联行为属于具有个人利益性质的经济行为。

第二,经营者从事商品经营或服务经营活动,其行为还具有公共利益属性,表现为经营行为所指向的对象具有公共性以及经营行为秩序具有公共性。一方面,经营者无论经营商品还是经营服务,其均需要处于特定商品市场或服务市场背景下。此时,提供商品或服务的经营者具有特定性,但其所涉及的交易对象具有不特定性。消费者群体就属于该经营行为所指向的最重要的不特定群体。当经营者向不特定消费者提供缺陷商品或服务时,该经营行为转变为公共危害行为。另一方面,经营行为秩序也具有公共性。经营行为秩序属于经济秩序的组成部分,隶属于经济公共利益范畴。不良经济行为秩序包括知假售假、以次充好、以不合格产品冒充合格产品、不正当经营等,这些经营行为将形成示范效应,从而导致劣币驱逐良币的结果,最终损害良好的经营风气、破坏市场环境。

(二)经济行为主体标准:市场经济行为和政府经济行为

市场经济行为和政府经济行为是依据经济行为实施主体不同而形成的两种经济行为类型。这也是经济法的两种主要规范对象,是构建经济法体系的行为基础。在传统的经济法二元体系中,市场主体经济行为和政府主体经济行为分别构成了市场规制法和宏观调控法的实质内容。从经济行为实施主体角度看,市场主体和政府主体具有内在的关联,即政府主体以市场主体的身份参与经济活动,而非以监管主体身份参与经济活动。从这个层面看,政府主体也属于市场主体的组成部分,应当被纳入市场主体框架下,从而没有必要将具有相同性质的两个主体并列。其实,政府主体与市场主体并列,彰显了政府主体不同于普通市场主体,应属于特殊市场主体,并且由于政府主体同时具有监管身份,这种双重身份属性使得政府主体在实施经济行为过程中,存在权力干预经济的风险。因此,相较于市场主体的经济行为而言,政府主体的经济行为应当受到更加严格的规范和约束。

市场主体实施的经济行为具有广泛性,也是市场经济环境中主流的经济行为类型,从而长期受到法律及其监管部门的严格监管和约束。例如,生产行为、经营行为、竞争行为、融资行为、服务行为等均是市场主体通常实施的经济行为。对政府主体的经济行为而言,其通常包含上述市场经济行为,但其实施的经济行为具有特殊性。由于政府主体具有公共属性,其不可能像市场主体一般从事营利性经济活动,并且政府主体所拥有的财产具有公共性,这决定了政府没有权限任意使用公共财产。因此,对政府经济行为进行预算监督就尤为重要。一般而言,政府主体的经济行为大致包括政府收入行为、政府支出行为和公共资产管理行为。政府收入行为包括税收征收、政府举债、费用收取等,政府支出行为包括政府采购、政府投资、转移支付、提供公共服务、提供公共物品等,公共资产管理行为包括对国有资产的管理等。其中,国有企业实施的经济行为不同于一般市场主体实施的经济行为,虽然国有企业也作为市场主体而存在,但其本质上由政府所设立,是公有制经济下的产物。因此,国有企业的经济行为从形式上看属于市场主体经济行为,但从实质上看属于政府主体实施的经济行为。

(三)经济行为对象标准:产品经济行为和服务经济行为

从经济行为的作用对象标准看,经济行为可以分为产品经济行为和服务经济行为。产品和服务是经济行为所指向的两种客体,也是市场经济中满足市场需要的两种形式。根据权利归属特性,产品和服务可以分为公共产品和私人产品、公共服务和私人服务。经济行为对象标准和经济行为性质标准以及经济行为主体标准具有紧密关系。一方面,经济行为对象标准和经济行为性质标准之间的关系体现为公共利益和个体利益在产品和服务中的展现,这不仅影响着产品和服务的权利归属,也决定着产品和服务的利益性质。公共产品和公共服务是具有公共利益的产品和服务,而私人产品和私人服务是具有个体利益性质的产品和服务。另一方面,经济行为对象标准和经济行为主体标准之间的关系体现为政府主体和市场主体在产品和服务中的供给。公共产品和公共服务一般由政府主体提供,私人产品和私人服务一般由市场主体提供。

在产品经济行为中,经济行为可以细分为公共产品经济行为和私人产品经济行为,前者一般由政府主体提供,后者一般由普通市场主体提供。在公共产品供给中,包括道路、桥梁、公园、供水、供电等市政设施均是公共产品。此外,国家发行货币也属于提供公共产品。这些公共产品经济行为应当纳入法律规范框架下,受到法律约束。当然,私人也可以提供公共产品,但由于公共产品具有非排他性和公共性,并且伴随“搭便车”问题,大部分市场主体无法从提供公共物品中获取利益,从而导致市场主体缺乏提供公共物品的动力。因此,基于逐利的市场特性,市场主体常常提供私人物品,如食品、房屋、车辆、电脑等,用于满足个体日常生活需求。

在服务经济行为中,经济行为可以细分为公共服务经济行为和私人服务经济行为。公共服务经济行为包括公共卫生服务、公共法律服务、公共文化服务等,这类公共服务通常由政府提供,其相应的财政支出纳入预算管理。私人服务经济行为则由普通市场主体提供,其服务内容广泛,包括中介服务、运输服务、家政服务、邮政服务、物流服务、金融服务、旅游服务等。这些存在于市场中的私人服务类经济行为是检验社会主义市场经济活跃度和健康度的标尺,也是监管部门重点监督对象。

三、经济法体系的经济行为基础

通过对经济行为进行规范分析和类型分析,我们发现经济行为的形式具有多样性,其在不同划分标准下具有不同的行为内容。这些经济行为作为客观存在的行为事实可以同时接受多个法律部门的调整和规范。经济法规范经济行为建立在经济基础设施、经济弱势群体和经济秩序等经济公共利益基础上,这使经济法规制经济行为具备正当性依据。依托市场主体和政府主体两个观察视角,对于经济法中的经济行为可以实现精细化分析。在传统经济法二元体系中,市场规制法和宏观调控法主要涉及反垄断、反不正当竞争、消费者权益保护、财政调控、金融调控、价格调控等内容。[1] 这些内容同时也构成了经济法规范的基础内容。以经济法二元体系中的主要内容为基础,经济法中的经济行为大致包括竞争行为、经营行为、金融行为、财政行为。此外,依据经济公共利益中的经济弱势群体内容,劳动者和消费者均属于经济弱势群体,劳动者权益和消费者权益具有同质性。因此,劳动者权益保护和消费者权益保护在经济法规范中具有同等地位。经济法中的主流经济行为还需要在上述四类经济行为的基础上,增加用工行为。这形成了经济法中的五类主流经济行为,即竞争行为、经营行为、用工行为、金融行为、财政行为。当然,经济法并非只规范这五类经济行为,其他具有经济基础设施、经济弱势群体和经济秩序等经济公共利益性质的行为均属于经济法的规范对象。这五类行为是在当前的学术研究成熟程度和法律规范完善程度的基础上形成的。在未来,当其他经济行为的法律规范和学术研究具有相当规模并趋于成熟时,也可以适时地将其吸收作为经济法中的主流经济行为。

(一)竞争行为

竞争行为是经济法中的一类重要经济行为。从经济行为过程看,其属于交换环节,竞争的目的是交换,竞争是交换的手段行为,是交换行为的组成部分,如垄断是为了独家交换、不正当竞争是为了最优交换;从经济行为性质看,竞争行为主要涉及公共利益,虽然竞争行为也涉及竞争者的个人利益,但这并非经济法所关注的重点。从经济行为主体看,竞争行为既涉及普通市场主体,又涉及政府主体,前者是经济属性的竞争,后者是行政属性的竞争,经济垄断和行政垄断分别是市场主体实施的限制竞争行为和政府主体实施的限制竞争行为。此外,与市场主体一样,政府主体也可以实施不正当竞争行为,如通过不合理的补贴等方式帮助经

---

[1] 参见张守文:《经济法总论》,中国人民大学出版社2009年版,第35~36页。

营者攫取竞争优势。[1] 竞争行为一般应符合自由竞争和公平竞争两个基本条件,经济法将竞争行为作为规范对象的目的也是实现自由竞争和公平竞争。但市场主体和政府主体实施的经济垄断、行政垄断、不正当竞争、价格不正当竞争、串通招标投标、不合理倾销、不合理补贴等行为,破坏了自由竞争秩序和公平竞争秩序,损害了正当经营者权益以及消费者福利,应当受到法律规范的否定性评价。

(二)经营行为

经营行为是经济法中经济行为的主要形式。生产是经营行为的前置要件,没有生产行为就无法形成产品和服务,经营行为也就丧失了客体内容。交换是经营行为中实现经营目标的条件,经营行为只有在交换过程中,才能实现资源和利益的转换。消费是经营行为的对立面,是站在消费主体的角度认识经营行为,即经营者的经营行为和消费者的消费行为共同形成了经济活动中的交换环节。经营行为既包括普通市场主体的经营行为,也包括政府主体的经营行为。前者是市场经济中常见的经营形式,而后者则具有特殊性。一般而言,政府作为行政主体不得参与市场经济中的生产经营活动,但为了特定公共利益的需要,政府主体也要实施经营行为。由于政府主体不能直接实施经营行为,其需要通过特定的媒介完成,国有企业就属于政府实施经营行为的间接形式。国有企业混合所有制改革,就属于政府主体的经营行为改革,并通过设立投资运营公司深化了政府主体实施经营行为的间接性。

(三)用工行为

用工行为是经济行为形成的基础性条件,涉及生产、分配、交换、消费和服务各个经济活动过程。与经营行为和消费行为类似,用工行为和劳动行为是一体两面的关系。从用人单位角度看,该经济行为表现为用工行为;从劳动者角度看,该经济行为表现为劳动行为。此外,用工行为同时存在于市场主体和政府主体中。

---

〔1〕 参见汪永福、毕金平:《竞争中立视域下政府补贴的公平竞争审查路径》,载《安徽大学学报(哲学社会科学版)》2020 年第 2 期。

但经济法所规范的对象是市场主体实施的用工行为，而非政府主体的用工行为。这是因为，政府主体的用工行为是行政组织内部的人事管理活动，不属于市场经济活动，这决定了政府主体的用工行为以及公务员的劳动行为不具有经济属性。而市场主体实施的用工行为具有经济性，用人单位为了最大限度实现自身个体利益，存在侵害劳动者权益的主观利益动机，而劳动者相对于用人单位而言处于经济弱势地位。因此，经济法为了实现劳动者等经济弱势群体利益，需要限制用人单位的用工行为。

（四）金融行为

金融行为作为经济法中的经济行为，是主要围绕资金融通而形成的行为形式，包括金融经营行为和金融消费行为。银行以及非银行金融机构主要实施金融经营行为，其他市场主体则主要实施金融消费行为，从而实现资金融通目的。此外，政府主体也能实施金融行为，包括直接实施和间接实施两种模式。传统经济法二元体系框架下的金融调控行为就属于政府主体直接实施的金融行为，这类行为主要由中国人民银行实施，如发行货币、再贴现、再贷款、经营国债或政府债券、经理国库等，这些行为均属于政府实施的经济行为。政府间接实施金融行为主要通过设立国有银行的形式实现，由财政部和中央汇金公司主导设立的中国工商银行、中国农业银行等商业银行作为银行金融机构，它们实施的金融行为等同于政府实施的金融行为。当然，此处的金融行为作为经济行为而存在。政府主体不仅能实施金融经济行为，还能实施金融监管行为，这主要通过国家金融监管机构和中国人民银行两个金融监管机构作出。但金融监管行为不同于金融经济行为，此处的金融行为仅指金融经济行为，不包括金融监管行为。

（五）财政行为

财政行为作为经济法中的经济行为形式，与其他几类经济行为不同，其主要由政府主体作出。财政行为虽然也存在于市场主体中，但其主要表现为财务行为，而非财政行为。市场主体的财务行为一般是内部行为，属于市场主体的自治范畴。而政府主体的财政行为涉及公共财政资金，是一种具有经济公共利益性质的政府经济行为。根据财政学理论，财政行为由财政收入和财政支出组成。[1]关于政府经济行为中的公共资产管理行为，其也可以纳入财政收入或财政支出范畴，如与国有资产投资、公共资产开发相关的内容属于财政支出，而与国有资产收益、公共资产收益相关的内容属于财政收入。政府主体的财政行为应当全部纳入预算，从而实现对财政行为的监督管理，重点从财政收入行为和财政支出行为两个方面约束政府经济行为。

经济法中的这 5 类主流经济行为具有普遍性和代表性。从理论上看，竞争行为、经营行为、用工行为、金融行为和财政行为均可以由市场主体和政府主体作出，并且同时存在于经济活动的生产、分配、交换、消费和服务环节。但由于政府主体具有特殊性，部分行为由于政府的参与从而使行为性质发生改变，并不再属于经济行为范畴，如政府主体的用工行为。但从整体上看，市场主体无论从事何种经济活动，其均需要实施竞争行为、经营行为、用工行为和金融行为，而财政行为作为政府主体的经济行为，其仍然具有普遍性，是政府主体最主要的经济行为形式，也影响着市场主体的经济行为。同时，结合既有法律规范和学术研究实践，这 5 类经济行为也是法律和研究所关注的重点，故而本书将竞争行为、经营行为、用工行为、金融行为和财政行为作为经济法中的 5 类主流经济行为。

[1] 财政收入包括税收收入以及包含政府性收费、政府性基金、国有资本经营收入、社会保险基金收入、政府举债收入在内的非税收收入，财政支出包括政府消费支出、政府投资支出、社会保障支出。参见《公共财政概论》编写组编：《公共财政概论》，高等教育出版社 2019 年版，第 177 ~ 189 页。

第六章　新模式下经济法体系构造形式："基本内容＋主要内容"

基于经济法体系构造新模式以及经济法体系完善逻辑与完善路径，新的经济法体系由基本内容和主要内容组成。经济法体系的基本内容既体现了经济法规范的基本属性，同时也实现了经济法体系的周延性，即基本内容反映了经济法体系的"全景"；经济法体系的主要内容具有不周延性，其反映了当下经济法体系中确已成熟且完善的内容，即主要内容反映出经济法体系中最重要的"半景"。第一，经济法新体系体现了法律规范的二阶思维。法律规范的二阶思维体现在经济法中的经济行为规范和针对经济行为的监督管理规范，从经济法体系的思维构造和实质内容角度抽象后形成经济法体系的基本形式，成为经济法规范的识别标准。第二，法律规范的二阶思维促成了经济法体系基本内容的形成，包括市场主体经济行为规制法（市场规制法）和政府主体经济行为规制法（政府规制法）。原有的市场规制法和宏观调控法二元体系内容可以被吸收到上述两个类别中。[1] 第三，基于经济法中的五种主要经济行为，经济法体系主要内容包括规制竞争行为的竞争法、规制经营行为的消费法、规制用工行为的劳动法、

〔1〕 例如，消费者权益保护法、反垄断法和反不正当竞争法均属于市场主体经济行为规制法范畴，金融调控法、财税调控法属于政府主体经济行为规制法范畴。

规制金融行为的金融法和规制财政行为的财政法。同时,经济法新体系还具有开放性、时代性和回应性,能够回应当下以及未来的理论需求和现实问题。在数字经济时代,数字经济行为可以成为一种新的经济行为,并受到经济法规制。其中,数据行为作为数字经济时代的主要经济行为形式,可以形成规制数据行为的数据法。这体现了经济法体系在数字经济时代背景下的新发展和新内容。

第一节 经济法体系的基本内容构造

宪法、民商法、刑法、社会法、经济法等法律规范都存在二阶思维,展现了法律规范的层次性特征,其体现在法律规范制定和法律规范实施两个阶段,是内容规范和实施规范的总和。二阶思维从主体要素和行为要素为经济法规范提供了四个规范要素内容,即市场主体要素、政府主体要素、经济行为要素和监督行为要素。这些要素间的排列组合可以分别形成不同类型的法律规范群。其中,主体间经济行为要素组合形成了民法规范、商法规范和经济法规范的不同内容,主体间监督行为要素组合形成了宪法相关法规范、行政法规范、经济法规范和程序法规范的不同内容。同时,二阶思维运用于经济法规范中可以为经济法规范提供识别标准,这形成了经济法体系的二阶内容,即经济行为法和经济监管法。法律规范需要同时满足经济行为法和经济监管法两部分内容,方可成为经济法规范。

一、经济法体系基本内容背后的思维模式:二阶思维

经济法规范体系背后体现了二阶思维模式。法律规范的二阶思维是实体法律规范和程序法律规范的结合,实现了法律规范的层级表达。一方面,二阶思维模式为法律主体提供实体行为规则;另一方面,二阶思维模式为法律主体提供程序行为规则,进而确保主体行为符合法律规范要求。二阶思维为经济法规范体系提供了具体的完善方式,其通过主体间经济行为和主体间监督行为的排列组合,不仅准确区分了民商法、经济法和行政法之间的关系,同时奠定了经济法体系基本内容的形成基础。

(一)二阶思维的法学释义:规范的层级表达

二阶思维是法律规范在制定和实施过程中的抽象总结,也是规制概念二元内涵的体现,其在法律规范中表达为内容规范和实施规范两部分。其中,实施规范的主要目的是监管内容规范是否实现,其主要呈现监管规范的特点。规制概念包括了法律规范制定和法律规范实施两个内容,前者是为主体提供具体行为规则,后者则是确保主体行为符合法律规范要求,而如何确保主体行为符合法律规范要求,同样需要一套独立的规范体系。规制概念二元内涵的背后体现了规范的层级性,同时也是二阶思维在法律规范中的体现。

将二阶思维引入法律规范分析中,可以强化法律规范的内部联系,并发现内容规范和实施规范存在的问题。以宪法规范为例,宪法规范的实施方式之一是合宪性审查,从而监督宪法内容是否得以实现。当下对于合宪性审查尚未制定统一的法律规范,而是通过内部沟通协商机制完成合宪性审查。这种非对抗的内部协商机制作为宪法实施路径,最终通过作出违宪决定的机构主动撤销决定、规定或规范实现宪法监督目的,是一种超越法律系统,横跨法律系统和政治系统的沟通协商制度。[1] 随着合宪审查制度的发展和完善,围绕合宪审查程序以及合宪审查具体内容可以形成专门性的规则或办法,并在必要时上升为法律规范。从而实现宪法内容规范和宪法实施规范的二元统一。

在民法规范中,二阶思维既体现在民法规范的内部关系方面,也体现在民法规范和诉讼法规范的外部关系方面。一方面,《民法典》为民事主体提供了丰富的民事权利规则和民事义务规则,这构成了民事行为规范。从民法规范的内部体系看,这些规范具有二阶性特征,既为民事主体提供包括物权行为、合同行为、人格权行为、继承行为、婚姻家庭行为在内的行为规则,同时也为民事主体提供了如何保障上述行为得以实现的规则内容。也就是说,当民事主体实施了违反上述规范的行为时,权利主体可以追究侵权责任或违约责任,从而矫正义务主体的民事行为。另一方面,民法规范需要借助诉讼法规范实现其规范内容,从而达到追究

---

〔1〕 参见翟国强:《宪法实施的协调机制:一个比较法的视角》,载《湖北社会科学》2021年第9期。

义务主体侵权责任或违约责任的目的。仲裁法规范和民诉法规范都为民法规范内容的实现提供了一套规则,即权利人可以通过仲裁或诉讼的方式达到监督义务主体民事行为的效果。这就是二阶思维在法律规范中的体现,从而使得法律规范呈现层级表达的特征。

在刑法规范中,二阶思维主要体现在刑法规范和刑事诉讼法规范的关系上。我国《刑法》通过10章内容规定了包含危害国家安全等在内的10类犯罪行为,以禁止性规范的形式为所有主体提供了行为规则,并明确了实施上述禁止性行为的法律后果。但《刑法》没有规定如何追究主体的犯罪责任从而矫正主体的犯罪行为。因此,刑法规范只彰显了二阶思维中的一部分内容,即有关犯罪行为的认定和责任配置内容,其归属于行为内容规范。与刑法规范相对应的另一部分内容,即针对犯罪行为的监督规范体现在《刑事诉讼法》中。《刑事诉讼法》通过规定立案、侦查、提起公诉、审判和执行等程序性规范内容,实现了对犯罪行为的监督效果和矫正效果,是刑法内容规范的实施规范。此外,《监狱法》也通过规定刑罚执行以及罪犯教育改造等规范内容,进一步强化了对刑法中行为内容规范的监督和实施。因此,二阶思维在刑事法律规范中的运用,主要表现为《刑法》《刑事诉讼法》《监狱法》等一系列实体法规范和程序法规范的相互配合。其中,实体法规范是基础性规范内容,程序法规范则是在实体法规范基础上的监督规范或实施规范。

在社会法规范中,社会保障和社会弱势群体权益保护是主要规范内容。社会保障主要解决疾病、贫穷、社会歧视、老龄化、居住困难等社会问题,并对妇女、儿童、老年人、残疾人等社会性弱势群体提供特殊保护。社会法规范的上述内容为各类主体设定了提供社会保障的义务和保护社会弱势群体的义务,这些义务规范内容构成了义务主体的行为准则,从而为这些主体提供行为指引。这些内容构成了社会法规范的第一层次内容,而如何实现这些义务,或者说当义务人违反行为规范应当如何矫正他们的行为以及如何追究法律责任,则构成了社会法规范的第二层次内容。这些内容主要通过行政法规范得以实现,如《公职人员政务处分法》《行政强制法》《行政处罚法》《治安管理处罚法》等。

在经济法规范中,二阶思维体现为经济法规范内容的层级性,即经济法规范包括经济行为规范内容和经济监管规范内容,二者共同构成了作为整体而存在的经济法规范体系。在法理学中,法律规范的逻辑构造是分析法律条文的工具之一。法律规范逻辑结构依据其发展历程分别形成了4种主要观点。[1] 无论是哪种观点,上述关于法律规范的逻辑要素主要分析规范的静态形式,都为经济法规范条文的制定提供了法理基础。而二阶思维在经济法规范中的运用,则是分析法律规范的动态形式,是经济法规范内容和规范内容实现的结合。以《反不正当竞争法》为例,二阶思维在该法中体现为不正当竞争行为规则、针对不正当竞争行为调查规则以及法律责任规则三部分内容。一方面,《反不正当竞争法》通过"勿为模式"为经营者设定行为规范,即经营者不得实施混淆、贿赂、虚假宣传等行为,并为经营者设置了违反行为规范时需要承担的法律责任。这属于第一层级的经济行为规范内容,即竞争行为规范。另一方面,《反不正当竞争法》关于不正当竞争行为调查规定为监管机构设置了监管规范,从而使得监管机构可以监督经营者的竞争行为,主动调查经营者是否实施了不正当竞争行为。当经营者存在违反行为规范的情形时,监管机构可以依据《反不正当竞争法》和行政程序法规范,如《行政强制法》《行政许可法》,要求经营者承担法律责任,从而矫正经营者的违法行为。

(二)二阶思维的法学运用:规范的要素组合

二阶思维为经济法规范的形成提供了主体要素和行为要素,主体要素包括市场主体要素和政府主体要素,行为要素包括经济行为要素和监督行为要素。这四个要素构成了经济法规范的四个核心内容,即经济法是关于市场主体和政府主体的经济行为与监督行为的规范体系。经济法规范需要同时具备上述四个要素,缺少任一要素都无法形成经济法规范,由经济法规范所构成的经济法体系也将不复存在。政府主体、市场主体、经济行为、监督行为四个要素也可以通过排列组合,

---

〔1〕 这4种观点分别为三要素(假定、处理和制裁)、二要素(行为模式和法律后果)、新三要素(假定条件、行为模式和法律后果)、新二要素(构成要件和法律后果)。参见赵树坤、张晗:《法律规则逻辑结构理论的变迁与反思》,载《法制与社会发展》2020年第1期。

从而形成主体间经济行为和主体间监督行为两个类别,前者包括政府主体与政府主体、政府主体与市场主体、市场主体与市场主体三种类型的经济行为,后者包括政府主体与政府主体、政府主体与市场主体、市场主体与市场主体三种类型的监督行为。政府主体、市场主体、经济行为、监督行为四个要素最终形成六种组合形式,这六种不同组合形式可以分别形成不同类型的法律规范。[1]

1. 主体间经济行为组合形式

经济行为作为二阶思维运用于经济法规范中的表现形式之一,其在不同主体间会形成不同性质的经济行为,同时也是联系经济法规范、民法规范、商法规范的桥梁之一。存在于不同主体间的经济行为,既是经济法规范的行为基础,也是民法规范和商法规范的行为基础,只是后者从微观视角进一步剖析了经济行为的具体形式,从而形成了民事行为和商事行为概念。在政府主体与政府主体、政府主体与市场主体、市场主体与市场主体中,经济行为既可以表现为民法规范中的民事行为,也可以表现为商法规范中的商事行为,但其首要且直接表现为经济法规范中的经济行为。

政府主体与政府主体之间的经济行为主要表现为政府之间的财政转移支付行为。自 1994 年国家实行分税制财政体制以来,为了解决不同级别政府之间的财政能力差异问题,我国实行了政府间转移支付制度。[2] 我国《预算法》明确规定,政府间转移支付纳入一般公共预算,实现对预算收入和预算支出的监督和管理,并授权国务院制定转移支付的具体办法。目前,关于转移支付的相关规定主要以部门规章及其规范性文件为主。[3] 这使政府间转移支付的经济行为缺乏高位阶法律规范的约束,而《预算法》关于转移支付的笼统规定,使得其规范内容不具有可操作性。政府间转移支付制度作为社会主义市场经济体制下的财政制度

---

〔1〕 也就是政府主体与政府主体之间的经济行为、政府主体与市场主体之间的经济行为、市场主体与市场主体之间的经济行为、政府主体与政府主体之间的监督行为、政府主体与市场主体之间的监督行为、市场主体与市场主体之间的监督行为。

〔2〕 参见汪冲:《政府间转移支付、预算软约束与地区外溢》,载《财经研究》2014 年第 8 期。

〔3〕 例如,《中央对地方专项转移支付管理办法》《中央转移支付地方项目包虫病患者救治管理办法》等。

内容，应当纳入法律规范范畴，至少应将政府间转移支付纳入行政法规以及法律的框架下，从而实现政府主体与政府主体之间的经济行为在法治化轨道中运行，形成政府主体与政府主体间的经济行为规范。

政府主体与市场主体之间的经济行为主要表现为直接型经济行为和间接型经济行为，是市场与政府共生关系的具体表现。[1] 在直接型经济行为中，政府主体与市场主体是实施经济行为的共同主体，也是经济法律关系的直接当事人，如政府采购、政府招投标、政府直接投资等经济行为。在这类行为中，政府主体与市场主体通过直接接触和相互合作的形式，实现项目、工程或服务的交易，以及投资项目的展开。直接接触和相互合作，是指政府主体和市场主体直接签订相关协议或合同，并成为协议或合同的直接当事人。从民法规范和商法规范角度看，政府主体与市场主体之间的直接型经济行为属于民事主体之间的合同行为或商事交易行为。在间接型经济行为中，政府主体并不直接与市场主体接触，而是面向所有市场主体作出经济行为，如提供公共物品。中国人民银行发行人民币的行为就属于政府主体与市场主体的间接型经济行为，即提供公共货币。此外，政府利用国有企业向社会生产并提供道路、高铁、电力、燃气、自来水、通信网络等行为，也属于间接型经济行为。此种行为不需要特定市场主体作为政府经济行为的相对方，但受益者却是所有市场主体。

市场主体与市场主体之间的经济行为是最普遍存在的经济行为形式，也是民法和商法的主要规范对象。经济法则是在民商法针对经济行为作出第一次规范的基础上，为了克服民商法在规范经济行为方面存在的不充分和不完整等局限性问题，实行的二次规范。在初次规范中，市场主体与市场主体之间的经济行为表现为平等民事主体之间的财产行为或者交易行为。其中，这种财产行为或交易行为主要通过订立合同的形式产生，其属于《民法典》所规范的对象。但民商法对经济行为的初次规范也存在不周延问题，即部分以民事合同为表现形式的经济行为导致经济公共利益损害，典型表现形式为垄断协议，这就需要对该类经济行为进行二次规范。在二次规范中，经济法将原本属于市场主体意思自治的合同内容

---

〔1〕 参见王全兴、管斌：《市场化政府经济行为的法律规制》，载《中国法学》2014年第1期。

纳入法律规范内容中,从而对合同内容与合同效力作出更加严格的规定,如《反垄断法》禁止经营者订立垄断协议导致垄断协议无效。部分经济法规范直接将特殊类型合同确立为法律规范,如《劳动合同法》。用人单位和劳动者之间的劳动合同原本属于平等主体之间的意思自治范畴,而《劳动合同法》则限制了当事人的意思自治,对劳动合同的订立、履行、变更、解除、终止作出强制性规定,为经营者的用工行为确立了行为规范。

2. 主体间监督行为组合形式

监督行为作为二阶思维运用于经济法规范中的另一种表现形式,其在不同主体之间也会形成不同性质的监督行为,并成为联系宪法相关法规范、行政法规范、经济法规范和程序法规范的桥梁。例如,政府主体与政府主体之间的监督行为涉及宪法相关法、行政法和经济法。而政府主体与市场主体之间的监督行为主要涉及经济法规范,市场主体与市场主体之间的监督行为主要涉及民商法规范。此外,上述三种监督行为形式均涉及程序法规范,如《行政诉讼法》《民事诉讼法》。

政府主体与政府主体之间的监督行为依据监督对象的不同具有多种表现形式。其中,对政府抽象行政行为的监督属于宪法相关法规范的内容、对政府具体行政行为的监督属于行政法规范的内容、对政府经济行为的监督属于经济法规范的内容。政府抽象行政行为属于政府立法行为。根据《宪法》和《立法法》的规定,对政府立法行为的监督由全国人民代表大会(包括常务委员会、法律委员会和有关专门委员会)、国务院、地方人民代表大会常务委员会通过备案审查的方式实施,其他国家机关、社会团体或公民个人也可以建议有权机关监督政府立法行为。政府具体行政行为包括行政许可、行政强制、行政公开、行政处罚等,对这些行为的监督通过政府内部监督和行政相对人提起行政复议和行政诉讼的方式实施。这些内容归属于《行政许可法》《行政强制法》《行政处罚法》《行政复议法》《行政诉讼法》等行政法规范。政府经济行为包括政府主体与政府主体之间的经济行为、政府主体与市场主体之间的经济行为,对这些行为的监督主要通过经济法规范实现,包括预算监督、审计监督、公平竞争审查监督、行政公益诉讼监督等方式。这些内容归属于《预算法》《审计法》《政府采购法》《反垄断法》等经济法规范。

政府主体与市场主体之间的监督行为主要针对市场主体实施的经济行为,这是经济法规范的主要内容之一。我国政府机构职能改革的重要目标之一,就是优化市场主体经济行为的监管结构。政府职能机构的设置建立在市场类型和市场行为的基础上,如国家反垄断局主要监督市场垄断行为、国家证券监督管理委员会主要监督证券行为、人力资源和社会保障部门主要监督用人单位的用工行为。这些监督行为归属于《反垄断法》《证券法》《劳动法》等经济法规范。

市场主体与市场主体之间的监督行为主要存在于民商法规范中,属于当事人意思自治的范畴。这类监督行为不同于前两种监督行为,其不具有法律强制性,当事人可以自由协商乃至放弃监督,同时也不会招致法律的制裁。而前两种监督行为具有法律强制性,监督主体不实施监督行为将承担相应的法律责任,如政务处分、责令改正、重新作出等。市场主体与市场主体之间的监督行为除了表现为和解、调解、仲裁等形式,还包括私益诉讼。这种监督方式也是在民商法领域具有较高威慑力的监督形式,会对另一方市场主体形成法律强制力,并迫使另一方市场主体履行法律义务。但此种法律强制力并不约束实施监督行为的市场主体,这是此类监督行为具有任意性而非强制性的体现。

二、经济法体系基本内容:市场规制法与政府规制法

二阶思维在法律规范中的运用使得法律规范呈现具体行为规范和具体监督规范的二阶内容。在经济法规范中,此种二阶内容表现为经济行为法规范和经济监管法规范。这为识别经济法规范、区分经济法规范和其他法律规范提供了方法。经济行为法和经济监管法也成为经济法规范的识别标准。具体而言,识别经济法规范需要两个步骤和四个环节,第一步是判断是否存在经济主体以及经济行为,第二步是判断是否存在监督主体以及监督行为。在第一步中,根据主体和行为不同,经济行为包括市场主体的经济行为和政府主体的经济行为;在第二步中,监督主体和监督行为分别以市场主体经济行为和政府主体经济行为为基础,形成针对市场主体经济行为的监管规范和针对政府主体经济行为的监管规范。其中,围绕市场主体经济行为及其监督行为形成的经济法规范是市场主体经济行为规制法(市场规制法),围绕政府主体经济行为及其监督行为形成的经济法规范是

政府主体经济行为规制法(政府规制法)。由此,经济法规范体系分为市场规制法规范和政府规制法规范。(见图6-1)

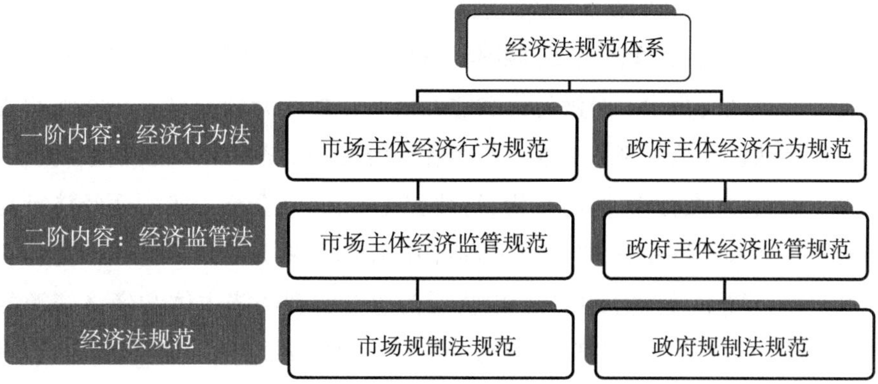

图6-1　经济法体系的基本内容

(一)经济法体系基本内容的规范识别标准

识别经济法规范需要运用到两个标准,第一个是经济行为规范标准,第二个是经济监管规范标准。第一个标准主要用于判断法律规范内容中是否存在经济主体及其经济行为。第二个标准主要用于判断是否存在监管机构的监督管理行为。这两个标准主要遵循经济法体系完善的经济行为路径和公共利益路径。经济法规范内容需要同时包含经济行为和公共利益两个核心要素,否则就无法成为经济法体系的组成部分。

1.经济法规范识别标准之一:经济行为法规范

经济行为构成了经济法规范的基础内容,也是构造经济法体系的底层逻辑。无论是传统经济法二元体系还是本书提出的新经济法体系,都建立在各种形式的经济行为基础上。在传统经济法二元体系中,经济关系是构建经济法体系的依据。其中,市场规制关系和宏观调控关系都需要以具体的经济行为为依托,但传统经济法二元体系存在的结构混乱问题,掩盖了经济关系背后的经济行为。在新经济法体系中,经济行为取代经济关系成为经济法体系构造的依据。然而,在所有法律规范中,经济法、民法、商法均存在经济行为内容,具有规范经济行为的功能,属于经济行为法规范的范畴。因此,在经济法体系一阶内容中,识别经济法规范需要:(1)判断是否存在经济主体及其经济行为;(2)区分民法、商法和经济法中的经济行为类型;(3)区分经济法规范中的经济行为类型。

第一,识别经济法规范需要判断是否存在经济主体及其经济行为,从而区分经济行为和非经济行为。经济行为和非经济行为的二元划分是经济类法律规范和非经济类法律规范的判断标准。非经济行为是除经济行为外的其他各类行为,包括军事行为、外交行为、国防行为、行政程序行为、社会行为等。而经济行为则涉及经济主体和经济利益,是经济主体利用经济资源换取经济利益的行为。在现代市场经济环境下,经济行为主要以货币为媒介实现经济主体和经济资源的联系。因此,判断是否存在经济主体及其经济行为的标准之一是货币媒介是否发挥经济作用。当然,在非经济领域也可能存在经济行为,如军事领域除了军事行为外,也存在军事采购等军事经济行为。虽然此类行为具有特殊性,但其仍属于经济行为的范畴,是经济特别行为。此外,经济主体和经济行为的判断需要从两个角度展开,即以经济主体为依据判断经济行为和以经济行为为依据判断经济主体。对于前者而言,经营者、消费者、劳动者以及各类公司和企业等主体,属于典型的经济主体,其相关行为也属于经济行为。对于后者而言,如政府主体、军事主体等不属于典型的经济主体,但当它们从事生产、分配、交换、消费、服务等经济行为时,便转变为经济主体身份。

第二,识别经济法规范需要区分民法、商法、经济法中的经济行为。民法中的民事行为和商法中的商事行为都属于经济行为的具体类型之一。从经济利益性质角度看,民事行为和商事行为涉及经济个体利益,而经济行为涉及经济公共利益。民法、商法和经济法中的经济行为判断标准除了经济利益性质判断标准外,还可以从经济行为表现形式入手,即经济行为标准判断标准。民法和商法中的经济行为从微观角度观察经济法中经济行为的某个环节,是个体主义方法论在民商法中的运用体现。例如,民商法中的合同行为和商事行为主要存在于经济流通过程中,属于经济行为中的交换环节。而经济法中的经济行为则从宏观角度观察所有经济行为阶段,是整体主义方法论在经济法中的运用体现。此外,经济法中的经济行为各个阶段相互配合,共同组成了具有闭环特征的经济循环系统。所谓

“不谋万世者,不足谋一时;不谋全局者,不足谋一域”。[1] 谋万世和谋全局正是经济法中的经济行为特性,而谋一时和谋一域则是民商法中的经济行为特性。

第三,识别经济法规范需要区分经济法中的经济行为类型,将市场主体经济行为和政府主体经济行为作为经济行为法规范的基础,并结合经济法中的主流经济行为类型,重点关注市场主体和政府主体各自实施的竞争行为、经营行为、用工行为、金融行为、财政行为。此外,在经济法中,经济行为法的规范形式包括强制性规范、限制性规范和禁止性规范。这也是识别经济法中经济行为法规范的方法之一,从而实现经济法和民商法的规范区分。经济法中的经济行为规范通常采用“应当”“不得”“禁止”等规范用语,为经济主体实施经济行为设置负面清单,从而限定经济行为范围。而民商法中的经济行为规范通常采用“可以”“允许”等规范用语,赋予经济主体实施经济行为的自由。

2. 经济法规范识别标准之二:经济监管法规范

在明确经济法体系一阶内容后,识别经济法规范还需要进一步判断是否存在监管主体及其监管行为,包括法定监管机构、法定监管权限、法定监管程序、法定监管责任等内容。虽然经济行为法规范已经形成了经济法规范雏形,能够初步划分民法规范、商法规范和经济法规范的界限,但经济行为法规范没有揭示出经济法规范的本质属性,即监督管理属性。在经济行为法规范中,无论是市场主体的经济行为还是政府主体的经济行为,均可适用民法规范和商法规范的内容。所谓经济法规范的强制性、限制性和禁止性特征也并非经济法所独有,民商法规范中同样存在类似规范内容,构成民事主体和商事主体的民事义务规范。因此,仅从经济行为法规范角度看,经济法规范识别尚存争议。此时,经济监管法规范内容可以成为识别经济法规范的另一个重要标准。

如果说经济行为法规范是民法、商法和经济法所共有的规范内容,那么经济监管法规范则是经济法所特有的规范内容。经济法规范在经济行为法规范基础上,以经济监管法规范为其规范形成的标志。经济监管法规范内容以经济行为法规范内容为依据,分别形成针对市场主体经济行为的监管规范和针对政府主体经

---

[1] (清)陈澹然:《寤言二·迁都建藩议》。

济行为的监管规范。对于民法规范和商法规范而言,它们也存在相应的监督规范,但并非经济法语境下的经济监管法规范。民法和商法中的监督规范对监督主体而言不具有法律强制力,也不存在针对监督主体而设置的法律责任。但在经济法中,经济监管法规范是为经济监管机构创设的规范其监管行为的法律规则。当监管机构违反监管行为规则时,需要承担法律责任。此外,针对市场主体经济行为和政府主体经济行为,存在两套不同的经济监管法规范内容,即市场主体经济行为监管法规范和政府主体经济行为监管法规范。

对于市场主体经济行为而言,政府监管机构是法定的监督主体,其有权调查并处理市场主体的违法经济行为。而规范监督主体监督行为主要通过《行政许可法》《行政强制法》《行政处罚法》等行政程序法规范得以实现。对于政府主体经济行为而言,某些特定监管机构是法定的监督主体,其有权调查并处理政府主体的违法经济行为。而规范监督主体监督行为主要通过宪法相关法规范得以实现,如《公职人员政务处分法》等。将经济法规范体系划分为经济行为法和经济监管法二阶层后,结合市场主体经济行为监督法和政府经济行为监督法的内容,我国经济法规范体系存在的问题得以凸显。例如,经济法规范体系主要侧重于市场主体经济行为的监督,并由此形成了一套完备的规范体系和严密的监督体系,而针对政府主体经济行为的监督则相对不足,并且规范体系和监督体系均不完善,存在监管主体欠缺、监管责任欠缺、监管内容不完备等问题。

(二)经济法体系的两个类别:市场规制法和政府规制法

以传统经济法二元体系中的市场规制法和宏观调控法为既有学术基础,在"市场(社会)—政府"理论模式指导下,遵循整体市场逻辑、双重行为逻辑和法律治理逻辑,结合经济公共利益、市场主体经济行为和政府主体经济行为等内容,运用包含经济行为规范和经济监管规范的经济法规范二阶思维,得出的新经济法体系形式及其内容以市场规制法和政府规制法为基本类别,具体包括竞争法、消费法、劳动法、金融法和财政法。其中,市场规制法和政府规制法不同于传统二元体系下的市场规制和政府规制概念。后者所谓的"市场规制"和"政府规制"是通过不同的语言结构形式表达相同的语义内容,"市场规制"即"规制市场",等同于

“政府规制”。在新的经济法体系中,市场规制法和政府规制法采用相同语言逻辑形式,表达两种完全相反的语言规范内容。市场规制法是规制市场主体经济行为的法律规范,政府规制法是规制政府主体经济行为的法律规范。

在市场规制法中,规制主体和规制对象是两个基本要素,然后是规制权限、规制程序和规制责任。规制主体是具有监督管理职责的特定监管机构,其隶属于各个级别的人民政府,属于实施监督行为的政府主体范畴,如市场监管部门、金融监管部门(金融监管机构、证券监管委员会、中国人民银行)、教育监管部门、运输监管部门等。规制对象是市场主体在生产、分配、交换、消费和服务等经济活动过程中所实施的具体经济行为,如生产行为、经营行为、竞争行为、用工行为、流通行为、服务行为等。规制权限、规制程序和规制责任涉及规制主体如何规制市场主体经济行为问题。但市场规制法并非经济法规范体系的全貌,其只涉及了政府如何规制和管理市场的问题。传统经济法二元体系过分注重政府如何规制和管理,并进而提出了政府针对市场经济活动享有的监管和调控职能。这种倚重现象模糊了经济法规范体系的另一个组成部分,即如何规制和管理政府的经济行为。在新经济法体系下,这个问题可以经由“政府规制法”得以解决。

在政府规制法中,规制主体和规制对象同样是两个基本要素,其次是规制权限、规制程序和规制责任等内容。规制主体是具有监督职能的特定机关、部门或机构,这些规制主体有的隶属于行政机关,有的隶属于权力机关,也有的隶属于监察机关,如各级人民代表大会及其常务委员会、审计部门、财政部门都可以成为政府预算的监督部门。规制对象是政府主体实施的各类经济行为,主要涉及政府收入、政府支出和公共资产管理。规制权限、规制程序和规制责任则涉及规制主体如何监督政府经济行为问题。政府规制法中的政府规制和行政法中的政府规制不同,前者规制政府经济行为,后者是政府作为主体去规制其他行为。[1]

目前,我国政府规制法存在自我监督问题,即政府主体既是经济行为的实施主体,同时又是监督经济行为的主体。以《预算法》第53条和第57条为例,第53

〔1〕 参见薛克鹏:《规制的经济法属性及构成要素——〈民法典〉背景下的经济法理论变革》,载《现代法学》2022年第3期。

条规定预算由各级政府组织执行并由政府财政部门负责具体执行工作，同时第57条又规定各级政府财政部门负责监督和管理预算支出。此外，该法第26条规定政府各部门组织和监督本部门预算的执行，即《预算法》直接以法律规范的形式规定财政部门既是预算的执行主体，同时也是预算执行的监督和管理部门，前者是经济活动主体，后者是经济监督主体。除政府财政部门外，政府其他部门既可以组织本部门预算的执行，也可以监督本部门预算的执行。这种典型的自我监督形式，赋予政府财政部门既当运动员又当裁判员的权限，明显违背自然公正原则。

除了《预算法》，《中国人民银行法》同样存在自我监督问题，甚至存在监督欠缺问题。《中国人民银行法》第4条确定了中国人民银行的各项职责。[1] 这使得中国人民银行既是经济行为的实施主体，同时也是针对市场主体经济行为的监管主体。其中，发行人民币行为本质属于公共物品供给或生产行为，是应当受到监督管理的政府经济行为。但《中国人民银行法》并未规定针对发行人民币行为的监督主体以及监督程序和相应法律责任。此外，《中国人民银行法》第37条规定中国人民银行应当加强内部监督，这赋予了中央银行自我监督的权力。

从传统经济法二元体系下的市场规制法和宏观调控法，发展为新经济法体系下的市场规制法和政府规制法，是二阶思维运用于经济法规范及其经济法体系的体现，并使经济法规范及其体系呈现出经济行为法和经济监管法的二阶层次特征。这使经济法规范以及经济法体系面貌更加清晰，经济法所要解决的问题以及当前经济法规范存在的问题也更加明显。

第二节　经济法体系的主要内容构造

在市场规制法和政府规制法这一新经济法体系下，经济法体系的主要内容以

---

〔1〕 包括制定和执行货币政策、发行人民币、管理人民币流通，以及监督管理银行间同业拆借市场、银行间债券市场、银行间外汇市场、黄金市场等。

经济法中的主流经济行为为基础,通过监管经济行为,形成了竞争法、消费法、劳动法、金融法和财政法五元内容。其中,竞争法主要规制竞争行为,由自由竞争法和公平竞争法组成;消费法主要规制经营行为,由商品消费法和服务消费法组成;劳动法主要规制用工行为,由劳动关系法和劳动保护法组成;金融法主要规制金融行为,由金融行为法和监管法组成;财政法主要规制财政行为,由财政收入法和财政支出法组成。

一、竞争法:竞争行为规制法

在经济法规范体系中,竞争法是规制竞争行为的法律规范,其规范结构由竞争行为规范和竞争监管规范组成。竞争法既规制市场主体竞争行为,也规制政府主体竞争行为,并形成了以法律和行政法规为主干内容、以规章及其他规范性文件为补充内容的规范体系内容。其中,竞争法规范体系中的法律规范主要包括《反垄断法》《反不正当竞争法》《招标投标法》《招标投标法实施条例》《反补贴条例》《反倾销条例》《价格法》等。这些规范性文件内容涉及不同性质的竞争行为和不同行业领域内的竞争行为,如经济垄断行为和行政垄断行为,以及平台经济领域、原料药领域、汽车产业领域和知识产权领域等。

竞争法规范主要为市场主体和政府主体提供与竞争活动相关的行为准则。这些行为准则主要存在于《反垄断法》《反不正当竞争法》《价格法》《招标投标法》《招标投标法实施条例》《反补贴条例》《反倾销条例》,并通过强制性、限制性和禁止性规范条文,为不同主体实施竞争行为提供准则。竞争行为规则主要从垄断行为、不正当竞争行为、倾销行为、补贴行为、招标行为和投标行为、价格行为等角度约束市场主体和政府主体的经济行为。这些行为大致可以分为自由竞争行为和公平竞争行为两种类型,前者涉及竞争数量问题,即竞争自由度,后者涉及竞争质量问题,即竞争公平度。由此,竞争行为规范可以分为自由竞争行为规范和公平竞争行为规范。《反垄断法》和《反不正当竞争法》为自由竞争和公平竞争框定了行为规范内容。此外,自由竞争和公平竞争并非对立关系,而是共同作为竞争法规范的价值追求。[1] 针对市场主体竞争行为,我国形成了一套完整的监督管理制度体系,主要指向反垄断监管和反不正当竞争监管。监督管理主体主要以市场监督管理部门为主,如反垄断局、价格监督检查和反不正当竞争局。国家设立统一的市场监管部门,即国家市场监督管理总局,负责反垄断统一执法和监督管理市场秩序。监督管理权限、监督管理程序以及相应法律责任规定在《反垄断法》第六章和第七章以及《反不正当竞争法》第三章和第四章,同时适用《行政处罚法》《行政强制法》等行政程序法律规范。对于行政垄断而言,我国形成了公平竞争审查制度,防止政府出台排除、限制竞争的政策措施。[2] 此外,政府主体通过具体行政行为实施的行政垄断,同样属于市场监督管理部门的监管职责范围。对比市场主体竞争行为和政府主体竞争行为的监督内容,我们可以发现二者具有相似性。其相似性表现在监管规范层面,尤其是市场主体和政府主体实施的垄断行为均适用相同的监督管理规范,即由市场监管部门负责市场主体和政府主体的垄断监管。此外,由于行政垄断不同于一般的经济垄断,为了防止政府主体实施垄断行为,我国又确立了针对政府政策制定的公平竞争审查制度,赋予了政府自我监管的权限。

(一)自由竞争法

自由竞争法主要由《反垄断法》及其相关法律规范构成。其中,《反垄断法》是自由竞争法的龙头法,其将垄断作为排除限制竞争的行为形式,并明确规定禁止垄断行为,包括禁止达成垄断协议行为、禁止滥用市场支配地位行为、禁止具有排除或限制竞争效果的经营者集中行为、禁止行政垄断行为。其中,前三种垄断行为类型属于市场主体实施的垄断行为,是《反垄断法》的主要规范内容。第四种垄断行为类型属于政府主体实施的垄断行为,包括通过具体行政行为实施的垄

---

〔1〕 其中,《反垄断法》既维护自由竞争也维护公平竞争,《反不正当竞争法》既维护公平竞争也维护自由竞争。参见陈耿华:《反不正当竞争法自由竞争价值的理论证成与制度调适》,载《比较法研究》2021年第6期。

〔2〕 参见国务院2016年6月发布的《关于在市场体系建设中建立公平竞争审查制度的意见》(国发〔2016〕34号)。

断和通过抽象行政行为实施的垄断,前者包括限定商品交易或流通、限制招标投标活动、针对经营者的不平等待遇、强迫经营者实施垄断行为,后者包括制定具有排除限制竞争内容的规定。

此外,自由竞争法还包括其他类型的法律规范及其规范性文件,即国务院、市场监督管理总局、原国家反垄断委员会等政府职能部门依据《反垄断法》等法律规范,出台的一系列与规制竞争行为相关的规范性文件。这些规范性文件包括:《禁止垄断协议规定》《禁止滥用市场支配地位行为规定》《制止滥用行政权力排除、限制竞争行为规定》《国务院关于经营者集中申报标准的规定》《经营者集中审查规定》《公平竞争审查条例》《公平竞争审查制度实施细则》《关于平台经济领域的反垄断指南》《关于原料药领域的反垄断指南》《关于汽车业的反垄断指南》《关于知识产权领域的反垄断指南》《关于相关市场界定的指南》《经营者反垄断合规指南》《国务院反垄断委员会垄断案件经营者承诺指南》《国务院反垄断委员会横向垄断协议案件宽大制度适用指南》《企业境外反垄断合规指引》《经营者集中反垄断合规指引》《经营者反垄断合规指南》。上述规范性文件均属于《反垄断法》规范体系内容,共同形成自由竞争法规范。

(二)公平竞争法

公平竞争法主要由《反不正当竞争法》构成,其将公平竞争界定为符合自愿、平等、公平和诚信原则的竞争行为,并列举了 7 种破坏公平竞争的行为类型。[1] 此外,《价格法》第 14 条规定经营者不得实施不正当价格行为,包括操纵市场价格、低于成本价倾销、哄抬价格、价格欺诈、价格歧视等。这类行为属于价格不正当竞争行为,虽然规定在《价格法》中,但该部分内容应纳入公平竞争法体系下,属于《反不正当竞争法》的内容之一。《价格法》第 14 条规定的 8 种不正当竞争行为主要由市场主体作出。对于政府主体而言,其同样可能实施妨碍公平竞争的行为,如给予经营者不合理的补贴、串通招标投标等。这些行为分别由《反补贴

---

〔1〕 这要求经营者在生产经营活动中不得实施商业混淆、商业贿赂、虚假或引人误解的商业宣传、侵犯商业秘密、不正当有奖销售、商业诋毁、网络不正当竞争。

条例》《招标投标法》所确认。

从理论上看，自由竞争法和公平竞争法涉及市场主体的经济行为和政府主体的经济行为。其中，市场主体的经济行为属于市场规制法规范对象，政府主体的经济行为属于政府规制法规范对象，这两种是相关联但又完全不同的行为类型。针对市场主体竞争行为的监督管理规范和针对政府主体竞争行为的监督管理规范应当相互分离，并形成两种不同的监督管理制度。针对市场主体竞争行为的监督管理制度已经基本成熟，即由隶属于政府内部的监管机构依据法定监管权限和程序实施。而针对政府主体竞争行为的监督管理制度同样应当如此，即由独立于政府主体的其他监督部门依据特定权限和程序开展对行政垄断或不正当竞争行为的监督活动。当前的公平竞争审查制度以及隶属于政府的市场监管部门负责行政垄断监管执法工作，都属于自我监督和内部监督，其等同于市场主体自我监督垄断行为和不正当竞争行为。当然，如何实现针对政府排除限制竞争或不公平竞争行为实施独立的监督管理，是当下以及未来需要解决的理论课题和实践课题。

二、消费法：经营行为规制法

在经济法规范体系中，消费法是基于规制经营者经营行为，从而保护消费者权益的法律规范。消费者作为经济弱势群体，其整体性权益是经济公共利益的组成部分，属于经济法所保护的利益类型。目前，消费法以《消费者权益保护法》为核心，由商品消费法和服务消费法组成，涉及消费安全保障、消费交易公平、商品服务质量保证、商品服务标示等内容，其法律规范包括《食品安全法》《产品质量法》《标准化法》《计量法》《广告法》《旅游法》《农产品质量安全法》《电子商务法》《价格法》《个人信息保护法》等。

在经济行为和监督行为双重行为视角下，这些保护消费者权益的法律规范可以分为经营行为规范和经营监管规范。前者主要涉及经营者生产、销售商品或提供服务的行为，后者主要涉及政府监管部门的监督检查行为。经营行为是经济法中的常见经济行为类型，是生产、交换、消费、服务等经济行为的集合体。经营行为是专属于经营者的行为类别，同时市场主体又是实施经营行为的主要主体，此外政府主体也可以借助公有制企业等市场主体间接实施经营行为。这些经营行为散布于不同单行法律规范中，没有形成统一的经营行为规制法体系。但这些分散的经营行为规制法可以借助消费前、消费中和消费后三个不同阶段而实现体系化，即消费前的经营行为、消费中的经营行为和消费后的经营行为。《意大利消费法典》的编纂采用消费行为逻辑，分别规定消费前、消费中和消费后的经营者义务及其消费者权利。[1]

此外，根据消费客体的不同，经营行为可以分为商品经营行为和服务经营行为，对应商品消费行为和服务消费行为，这同样可以实现经营行为规制法的体系化。其中，规制商品经营行为的消费法属于商品消费法，其由商品质量安全法、商品交易公平法和商品标示管理法组成。其中，商品质量安全法包括普通商品质量安全法和特殊商品质量安全法；商品交易公平法包括价格法、计量法以及消费合同法；商品标示管理法包括普通商品标示管理法和特殊商品标示管理法。规制服务经营行为的消费法属于服务消费法，具体包括电子商务服务领域的经营行为规范、旅游消费领域的经营行为规范、信息服务领域的经营行为规范、广告服务领域的经营行为规范、交通运输服务领域的经营行为规范、售后服务规范等内容。

（一）商品消费法

商品消费法主要规制商品经营行为，包括商品生产行为和商品销售行为。商品消费法根据消费行为的不同阶段以及具体消费内容的不同，可以分为商品质量安全法、商品交易公平法、商品标示管理法。

第一，商品质量安全法主要涉及商品质量保障问题，直接关系消费安全。立法机关为了维护消费者安全，围绕商品质量制定了包含《产品质量法》《标准化法》等在内的普通商品质量安全法。[2] 此外，我国法律规范还根据产品类型差异

---

〔1〕"消费前"是指商业宣传、信息等活动；"消费中"与消费者合同相关；"消费后"则涉及售后担保及生产者责任。参见《意大利消费法典》，胡俊宏、雷佳译，中国政法大学出版社 2013 年版，"序"第 2 页。

〔2〕除《产品质量安全法》外，相关法律规范还包括《标准化法》《进出口商品检验法》《标准化法实施条例》《国家标准管理办法》《行业标准管理办法》《认证认可条例》等。参见李昌麒、许明月编著：《消费者保护法》，法律出版社 2021 年版，第 107 页。

制定了特殊产品质量安全法，涉及食品安全、保健品安全、药品安全（包括麻醉药品、精神药品和放射性药品等特殊药品安全）、化妆品安全、机动车辆安全、农产品安全、特种设备产品安全、工业产品质量安全、建设工程质量安全等。[1] 商品质量安全法主要规范消费行为作出前的经营者行为，以商品生产环节为主。当然，商品销售环节的商品质量安全问题同样属于商品质量安全法的规范内容。

第二，商品交易公平法主要涉及商品交易环节的消费公平问题。立法机关为了维护消费者的交易公平权益，制定了涉及价格、计量、合同等内容的法律规范。其中，《价格法》《计量法》是实现消费者价格公平和计量公平的主要法律依据。此外，实现消费者价格公平的法律规范还包括《价格管理条例》《价格违法行为行政处罚规定》，实现消费者计量公平的法律规范还包括《计量法实施细则》《进口计量器具监督管理办法》《计量违法行为处罚细则》。[2] 涉及消费合同相关的法律规范内容主要存在于《消费者权益保护法》和《民法典》中，这源于我国尚无独立的"消费合同法"。除上述法律法规外，竞争法规范中同样存在商品公平交易法的相关内容，如《反垄断法》中的价格垄断和《反不正当竞争法》中的商业混淆、不正当有奖销售等。虽然这些内容归属于竞争法中的自由竞争法和公平竞争法，但仍然与消费者利益相关。

第三，商品标示管理法主要涉及商品名称、产地、生产日期等信息标示行为以及广告宣传行为。商品标示包括普通商品标示和特殊商品标示，前者适用于所有商品，后者适用于特殊种类的商品。涉及普通商品标示的法律规范主要包括《产品质量法》《商标法》《反不正当竞争法》等。特殊商品标示包括食品标示、农产品标示、化妆品标示、药品标示、香烟标示、服装标示等，其涉及《食品安全法》《农产品质量安全法》《化妆品监督管理条例》等法律规范内容。

---

[1] 这些特殊产品质量安全法包括《食品安全法》《食品安全法实施条例》《农产品质量安全法》《药品管理法》《药品管理法实施条例》《麻醉药品和精神药品管理条例》《放射性药品管理办法》《化妆品监督管理条例》《特种设备安全法》《建设工程质量管理条例》。

[2] 参见李昌麒、许明月编著：《消费者保护法》，法律出版社2021年版，第183页。

(二)服务消费法

服务消费法主要规制服务经营行为,根据消费不同阶段可以分为消费前的服务规范、消费中的服务规范和消费后的服务规范。在消费前、消费中、消费后三个阶段的服务经营行为规范基础上,根据消费类型和消费领域的不同,又可以形成电子商务服务领域的经营行为规范、旅游消费领域的经营行为规范、信息服务领域的经营行为规范、广告服务领域的经营行为规范、交通运输服务领域的经营行为规范等。上述规范主要存在于《电子商务法》《旅游法》《个人信息保护法》《广告法》《民用航空法》《道路运输条例》等法律规范中。这些不同领域经营行为规范均可以根据其涉及的不同消费阶段纳入前述三类经营行为规范中,从而实现经营行为规范的体系化整合,为消费法的体系化或法典化奠定经济行为基础。

第一,消费前的服务经营是为了达成交易目标而实施的过程行为。具体而言,在消费者作出消费行为前,经营者需要保证其经营的服务符合安全质量标准、宣传信息真实有效等。对经营者而言,其负有服务安全保障义务、提供真实信息义务、质量瑕疵告知义务等;对消费者而言,其享有安全权和知情权等法定权利。消费前经营行为的监管规范主要监督管理服务生产行为及其宣传行为,并追究违法经营主体的法律责任。这些经济行为由经营者单独作出,在民法规范中属于单方民事法律行为。但此类行为的受众群体不特定,具有公共性,仅凭意思自治难以有效保证经营者依法依规实施上述经济行为,故而需要由监督管理机构通过强制性措施保障经营者的生产行为、宣传行为符合法律要求。其监督方式包括抽样检查、现场调查、检验检疫、备案审查等,并在此基础上借助行政程序法规范,实施行政强制、行政许可、行政处罚等行为。

第二,消费中的服务经营行为将经营者和消费者通过合同的方式联系在一起,其既是民法意义上的民事行为又是经济法意义上的经济行为。与传统的民事行为规范不同,经济法中的经营行为规范为经营者设置了诸多强制性、禁止性义务。例如,在交易过程中,经营者不得实施不合理交易、强制交易、欺诈交易,以及侵犯消费者人格尊严等行为。这些构成了经营者的不作为义务,同时也对应着消费者享有的公平交易权、自主选择权、人格尊严受尊重权。该部分可单独成立消费合同法,内容包括租赁服务合同、旅游服务合同、消费借贷服务合同等。[1] 消费中经营行为的监管规范主要监督管理服务的交易行为,并追究违法经营主体的法律责任。这部分内容主要涉及消费者和经营者之间的合同行为,是经济法思维作用于民事领域的体现。在民法的传统观念中,消费者和经营者之间的合同行为是平等主体间的民事行为,应当遵从意思自治原则,由消费者和经营者自主协商确定合同履行内容。但经营者在合同订立、履行过程中出现违反意思自治的行为时,消费者难以有效应对而只能被迫接受。那种认为消费者和经营者处于平等地位,可以自由磋商订立合同和履行合同,协商解决纠纷的想法只是理论上的空想。[2] 为了应对此种不平等现象,经济法首先将合同内容法定化,从而减少当事人之间的意思自治范围,并配置监督管理机构监督经营者的合同订立行为和合同履行行为。经营者承担的法律责任则不再是民事责任,而是由特定监管机构追加的罚款以及没收财产等经济法责任。

第三,消费后的经营行为主要涉及经营者提供售后服务行为。根据《消费者权益保护法》第 24 条和第 25 条的规定,经营者需要向消费者承担法定的退货、更换和修理的义务,以及承担线上购物 7 日内无理由退货的义务,这形成了消费后的经营行为规范。此外,在交易完成后,经营者有义务接受消费者监督,听取消费者提出的意见和建议。售后服务行为作为消费结束后的经济行为,直接关系着消费者的消费体验和消费安全,也影响着整个消费秩序和经营秩序。对经营者而言,售后服务行为属于负担性质行为,在没有外在强制力的约束下,经营者自愿履行售后义务的可能性较低。此时,监督管理机构可以成为强制经营者履行售后服务义务的外在主体,对不履行 7 日无理由退货义务的经营者进行罚款、责令停业整顿、吊销其经营资格,从而对经营者形成威慑力,使其履行维护消费者合法权益的法律义务。

---

〔1〕 参见王天雁:《民法典编纂中消费者私法的体系化与法典化》,载麻昌华主编:《私法研究》第 23 卷,法律出版社 2018 年版。

〔2〕 参见齐云:《对意大利〈消费法典〉的双重透视——以民法典与部门法典的关系为视角》,载陈小君主编:《私法研究》第 13 卷,法律出版社 2012 年版。

三、劳动法：用工行为规制法

在经济法规范体系中，劳动法是基于规制用人单位的用工行为，从而保护劳动者权益的法律规范。[1] 劳动者与消费者具有相似性，均是在社会主义市场经济环境下所形成的经济弱势群体，其权益属于经济法所保护的经济公共利益。目前，我国围绕劳动者权益保护已经形成了以《劳动法》为基本法律规范，包括劳动关系法和劳动保护法在内的一系列法律规范。[2] 虽然我国目前没有劳动法典，但劳动法典在其他国家已有原型，如《俄罗斯联邦劳动法典》《法国劳动法典》《苏联劳动法典》《罗马尼亚人民共和国劳动法典》《保加利亚人民共和国劳动法典》。[3] 这些劳动法典大致包含劳动合同、劳动保护、劳动组织、劳动冲突以及劳动教育培训等内容。德国劳动法虽然没有制定统一的劳动法典，但其将劳动法分解为劳动关系法、劳动保护法和集体劳动法，呈现体系化结构。[4] 在经济法二阶思维中，劳动法作为保护劳动者权益的法律规范，其主要由用工行为规范和用工监管规范组成。前者为用人单位的用工行为提供规范指引，同时也是劳动者实施劳动行为的规范指引，后者为监督管理机构监管用工行为提供规范指引，同时也是实现用工行为规范内容的外在强制力保证。对于用工行为的监督管理主要分

〔1〕 此处需作一说明，劳动法在现有理论学说和研究实践背景下被纳入社会法范畴，本书对此予以尊重，但这不影响本书从理论上探讨劳动法的法律体系归属。此外，即便在社会法体系中，劳动法和社会保障法在法律保护对象方面也存在明显的区分，前者为主要保护与消费者权益具有同质性的劳动者权益（消费者与劳动者均属于经济弱势群体），后者主要保护未成年人、老年人、妇女、残疾人等社会弱势群体权益，而经济弱势群体与社会弱势群体具有主体非同质性。因此，本书在尊重现有法律体系的基础上，探讨劳动法的法律体系归属的理论可能性。

〔2〕 保护劳动者权益的法律法规包括《劳动法》《劳动合同法》《职业病防治法》《安全生产法》《就业促进法》《工会法》《矿山安全法》《劳动争议调解仲裁法》《社会保险法》《保障农民工工资支付条例》《女职工劳动保护特别规定》《劳动合同法实施条例》《职工带薪年休假条例》《劳动保障监察条例》《失业保险条例》《劳动保险条例》《社会保险费征缴暂行条例》《工伤保险条例》等。

〔3〕 参见黄道秀主编：《俄罗斯联邦劳动法典》，蒋璐宇译，北京大学出版社 2009 年版；《法国劳动法典》，罗结珍译，国际文化出版公司 1996 年版；中央人民政府法制委员会编：《苏俄劳动法典》，萨大为译，人民出版社 1951 年版；《罗马尼亚人民共和国劳动法典》，余长河译，中华书局 1951 年版；中国工运研究所编：《保加利亚人民共和国劳动法典》，于景斌、谭颂椒译，工人出版社 1987 年版。

〔4〕 参见［德］雷蒙德·瓦尔特曼：《德国劳动法》，沈建峰译，法律出版社 2014 年版，第 20 页。

为劳动者监督和政府机构监管。对于前者而言，劳动者及其劳动者组织可以通过协商、调解以及诉讼的方式实现对用人单位用工行为的监督目标，从而自发维护劳动者自身权益。对于后者而言，特定的劳动监督部门可以根据用工监管规范及其行政程序法规范，开展劳动保障监察，查处劳动违法案件，维护劳动者权益。目前，我国人力资源和社会保障部门是劳动领域的用工监督主体。此外，市场监督管理部门也可以参与用工行为监督，如吊销违法用工单位的营业执照等。《劳动法》作为直接保护我国劳动者权益的法律，其主要内容可以总结为劳动关系和劳动保护两部分。由此，劳动法作为用工行为规制法，其可以划分为劳动关系法和劳动保护法。

（一）劳动关系法

劳动关系法主要调整劳动者和用人单位之间的劳动法律关系，具体表现为劳动合同关系。其在《劳动法》基础上，进一步细化劳动合同和集体合同部分的规定，并在我国法律规范中直接表现为《劳动合同法》和《劳动合同法实施条例》。

从现有的劳动关系法内容看，我国《劳动法》《劳动合同法》存在用工监管规范内容较少、监管主体自由裁量权大、用人单位法律责任威慑性低等问题。《劳动法》涉及劳动行政部门监督检查的条文仅三条，即《劳动法》第85—87条，《劳动合同法》涉及劳动行政部门监督检查的内容仅有四条，即《劳动合同法》第73—76条，其内容主要涉及劳动行政部门有权查阅用人单位相关资料以及实地检查等，同时概括规定有关部门可以在各自职权范围内开展监督检查工作。在法律责任内容部分，劳动行政部门有权针对违法用工行为，要求用工单位承担罚款、警告、没收违法所得、停业整顿、责令改正、责令履行等法律责任。其中，大部分规范内容仅规定了罚款权，而未对罚款金额作出具体限制，这使监督主体自由裁量权扩大。同时，部分规范条文虽然明确了罚款数额范围，但其额度较低，对用人单位不具有法律威慑力。例如，《劳动合同法》第84条规定，用人单位向劳动者收取财物或扣押档案等物品时，劳动监督部门可以处以500元以上2000元以下的罚款。

在《劳动法》和《劳动合同法》中，涉及监督主体法律责任的条款仅两条，即

《劳动法》第 103 条和《劳动合同法》第 95 条。此外，上述两条款没有具体展开劳动监督主体的法律责任，仅仅以概括式的规范形式规定不履行职责或违法行使职权时，需要承担赔偿责任和政务处分责任。这种概括式规定存在可操作性弱、对劳动监督部门约束力不足问题，导致劳动监督部门怠于行使职权，使得各类企业等用人单位存在的违法加班、克扣工资、强迫劳动等违法用工行为难以得到查处，并催生出"996"等严重侵害劳动者休息休假权的劳动模式。"996"工作制度不仅折射出现代企业管理的缺失，更凸显劳动行政部门在企业用工行为领域的监管缺位。[1]

（二）劳动保护法

劳动保护法主要涉及劳动者享有的各项劳动权利，并依据劳动者的不同类型可以分为普通劳动保护法和特殊劳动保护法。普通劳动保护法主要涉及所有劳动者的工作时间和休息休假保护、工资保障、劳动安全卫生保护、社会保险和福利等，特殊劳动保护法主要涉及女职工保护和未成年工保护。我国《劳动法》第 3 条明确规定劳动者享有各项劳动权利，其相关法律规范可以分为禁止性用工行为规范、限制性用工行为规范和强制性用工行为规范。

第一，禁止性用工行为规范为用人单位提供行为禁区，且没有例外情形。例如，禁止用人单位安排女性职工和未成年人从事矿山井下作业等国家规定的第四级体力劳动强度的劳动，禁止用人单位以性别、民族、种族、宗教信仰为由歧视劳动者。此外，用人单位和劳动者在订立和履行劳动合同的过程中，全日制用工试用期最长不得超过 6 个月，非全日制用工不得约定试用期。这些禁止性规范构成了用人单位的法定不作为义务。第二，限制性用工行为规范与禁止性用工行为规范相似，但存在例外情形。例如，劳动法规范虽然禁止用人单位招收使用未满 16 周岁的未成年人，但该规范不属于禁止性用工行为规范，而是限制性用工行为规范。文艺、体育和特种工艺单位可以在遵守国家规定和保障未成年人接受义务教育的前提下，招收使用未满 16 周岁的未成年人。第三，强制性用工行为规范与前

〔1〕 参见陈晓暾：《从"996"之争看和谐劳动关系二元机制的构造》，载《甘肃社会科学》2020 年第 5 期。

两种行为规范不同,其不是为用人单位提供行为禁令,而是为用人单位提供行为命令,从而为用人单位创设法定作为义务。例如,用人单位应当保证劳动者每周至少休息一日,在国家法定休假日应当安排劳动者休息休假,应当为劳动者支付加班报酬以及购买社会保险,应当建立职业培训制度等。

除此之外,劳动保护法还可以吸收《职业病防治法》《安全生产法》《就业促进法》《矿山安全法》《社会保险法》《保障农民工工资支付条例》《女职工劳动保护特别规定》《职工带薪年休假条例》《劳动保障监察条例》《失业保险条例》《社会保险费征缴暂行条例》《工伤保险条例》《工会法》等法律规范。

四、金融法:金融行为规制法

在经济法规范体系中,金融法是规制金融行为、维护金融秩序的法律规范,包括金融行为规范和金融监管规范两部分内容。其中,金融行为规范是民商法和经济法所共有的规范内容,而金融监管规范则是经济法所特有的规范,这决定了金融法所具有的经济法规范属性及其经济法规范体系定位。金融行为根据主体性质不同,可以分为市场主体的金融行为和政府主体的金融行为。目前,我国围绕金融行为已经形成了包括商业银行法、证券法、保险法、信托法等在内的一系列金融法律规范。[1] 这些金融法律规范主要涉及市场主体金融行为,而与政府金融行为相关的法律规范主要是中国人民银行法。

因此,从金融行为规范看,金融行为包括银行行为、信托行为、证券行为、保险行为、期货行为等,为这些金融行为设定行为规则是金融行为规范的主要功能。从金融监管规范看,金融监管机构应当针对不同类型的金融行为开展监督管理工作,从而保证不同类型的金融行为符合金融行为规范的要求。目前,银行行为、证券行为、保险行为、期货行为等金融行为均有对应的监督管理机构,包括金融监督

---

〔1〕 我国当前金融法包括以下具体的法律法规文件:《商业银行法》《信托法》《中国人民银行法》《证券法》《证券投资基金法》《银行业监督管理法》《保险法》《反洗钱法》《企业债券管理条例》《外资银行管理条例》《中国人民银行货币政策委员会条例》《存款保险条例》《农业保险条例》《证券公司监督管理条例》《证券公司风险处置条例》《证券交易所风险基金管理暂行办法》《证券期货行政执法当事人承诺制度实施办法》《期货交易管理条例》《外汇管理条例》。

管理机构、证券监督管理机构、期货监督管理机构。但也存在部分金融行为没有对应的监督管理主体,如信托行为和中国人民银行行为。对于信托行为而言,有学者将信托法界定为民商法,认为我国存在民事信托和商事信托融合的实践特征,并且我国不存在信托财产双重所有制赖以生存的法律土壤,信托法应定位为商业组织法,属于商法体系。[1]

从经济法规范体系角度看,金融法只有金融行为规范无法纳入经济法规范群,并且不受监督的金融行为最终难以实现经济公共利益。就信托行为而言,虽然其主要属于当事人意思自治范畴,但公益信托涉及公共利益,应当纳入监督管理框架内。

(一)金融行为法规范

金融行为规范主要为金融经营者从事保险、银行、信托、证券、期货等金融业务提供行为规范指引,从而将金融行为纳入法律规范框架下,实现金融秩序稳定等经济公共利益。我国与金融产品和金融服务相关的法律规范所涉及的金融行为主要包括银行行为、证券行为、期货行为、保险行为、信托行为等。这些金融行为均存在特定的行为准则,分别由《中国人民银行法》《商业银行法》《证券法》《期货交易管理条例》《保险法》《信托法》所确认。其中,银行行为作为金融行为的表现形式之一,可以分为商业银行行为和中央银行行为,前者属于市场主体金融行为,后者属于政府主体金融行为。另外,政府举债行为也属于政府金融行为。

对于市场主体金融行为而言,我国法律规范已经形成了较为全面的金融行为规范,包括商业银行行为规范、证券行为规范、期货行为规范、保险行为规范和信托行为规范。其中,商业银行行为规范主要涉及商业银行设立及其吸收存款、发放贷款和办理结算等银行金融业务。证券行为规范主要涉及证券交易所、证券公司、证券登记结算机构和证券服务机构等证券业务主体行为及证券发行和证券交易两种证券业务行为。期货行为规范主要涉及期货交易所和期货公司等期货经营主体的交易规则。保险行为规范主要涉及保险经营主体实施的人身保险、财产

---

〔1〕　参见朱圆:《论信托的性质与我国信托法的属性定位》,载《中外法学》2015年第5期。

保险经营服务行为。信托行为规范主要涉及民事信托行为、营业信托行为以及公益信托行为。

对于政府主体金融行为，我国法律规范尚不完善，仅有《中国人民银行法》涉及中央银行行为，并且该法律规范主要为中央银行如何调控、监管市场主体设定行为规则，但并未规定如何限制中央银行的行为。此外，政府举债行为作为政府主体实施的金融行为，对此尚未制定独立的行为规则，仅在《预算法》中有所涉及。政府主体金融行为规范与市场主体金融行为规范相比，存在规范数量偏少、规范内容不当等问题。为了严格规范和约束政府主体的金融行为，我国有必要围绕政府主体实施的各类金融行为制定严格的政府金融行为规范。

（二）金融监管法规范

制定金融监管法规范是为了保证金融主体符合金融行为规范，通过设立特定金融监督管理主体，并赋予其监督管理权限，从而实现对不同类型金融行为监督目标的准则，其主要指向金融监管主体的监管行为。根据金融行为的类型，金融监管法规范可以分为市场金融行为监管规范和政府金融行为监管规范两种规范形式。前者主要涉及金融监管机构如何监督管理市场主体实施的金融行为，后者主要涉及金融监管机构如何监督管理政府主体实施的金融行为。

市场金融行为监管规范根据市场主体实施金融行为形式，可以分为商业银行行为监管规范、证券行为监管规范、期货行为监管规范、保险行为监管规范和信托行为监管规范。其中，金融监督管理机构主要负责监督商业银行行为和保险行为。其中，针对以商业银行为代表的银行业金融行为，我国单独制定了《银行业监督管理法》，规定了监管部门、监管措施和法律责任等内容。证券监督管理委员会主要负责监督证券行为，其对应的监管规范与证券金融行为规范合并在《证券法》中，监管规范包含监督管理职责、监督管理措施、监督管理程序和监督管理法律责任。期货监督管理机构主要负责监督期货金融行为，其法律依据为《期货交易管理条例》，只是该监管机构并未单独设立，而是内设于证券监督管理委员会。信托监督管理机构主要负责监督信托金融行为，我国《信托法》并未明确规定信托行为的监督管理主体，《信托公司管理办法》将银行业监督管理机构作为信托公司及其业务活动的监管主体。在最新的政府机构改革中,资管机构监管司成为金融监管机构的内设机构,承担针对信托行为的监督管理工作。

政府金融行为监管规范可以参照市场金融行为监管规范,根据政府主体实施的金融行为形式,形成中央银行行为监管规范、政府融资行为监管规范等。目前,针对中央银行金融行为和政府融资金融行为的监督并不完善,表现为监督管理主体、监督管理措施、监督管理程序、监督管理责任的缺位。例如,《中国人民银行法》并未规定针对中央银行金融行为的监管内容,而主要规定中央银行本身具备的监督管理职权和货币政策制定实施权限。另外,政府以举债方式实施的融资行为仅涉及预算监督形式。预算作为监督政府收支行为的方式,自然不可或缺。但同时,地方政府大量举借债务的行为存在债务暴雷风险,并可能最终波及地方乃至全国金融秩序和安全,应当受到严格的监督和控制。对此,我国有必要制定约束政府举借债务行为的法律规范,并明确政府举借债务范围、程序以及法律责任,同时配置特定的监督管理机构。

五、财政法:财政行为规制法

在经济法规范体系中,财政法是规制财政行为、监督财政收入和财政支出的法律规范。对于财政收入而言,税收收入和非税收入共同构成了公共财政资金收入;对于财政支出而言,政府消费支出、政府投资支出以及社会保障支出是公共财政资金支出的主要形式。我国围绕财政收入行为和财政支出行为已经形成了包括《预算法》《政府采购法》《企业国有资产法》等在内的一系列法律规范,其目的是规范和监督政府财政行为。[1] 从财政行为规范角度看,财政法主要为政府主

---

〔1〕 我国财政法包括以下法律法规文件:《预算法》《政府采购法》《企业国有资产法》《烟草专卖法》《税收征收管理法》《契税法》《城市维护建设税法》《资源税法》《车船税法》《企业所得税法》《耕地占用税法》《车辆购置税法》《环境保护税法》《船舶吨税法》《印花税法》《个人所得税法》《烟叶税法》《审计法》《会计法》《彩票管理条例》《国家金库条例》《预算法实施条例》《医疗保障基金使用监督管理条例》《全国社会保障基金条例》《财政违法行为处罚处分条例》《国有资产评估管理办法》《政府投资条例》《政府采购法实施条例》《企业国有资产监督管理暂行条例》《城镇土地使用税暂行条例》《环境保护税法实施条例》《土地增值税暂行条例》《企业所得税法实施条例》《车船税法实施条例》《个人所得税法实施条例》《增值税法》《关税法》《税收征收管理法实施细则》《房产税暂行条例》《消费税暂行条例》《审计法实施条例》《政府购买服务管理办法》等。

体的财政收入行为和财政支出行为定规立矩,其规范主体是政府机构;从财政监管规范角度看,财政法主要为监督管理政府收支行为定规立矩,其规范主体是不同于前述政府机构的监督管理机构。财政行为规范主要为政府主体的财政收入行为和财政支出行为提供规范指引。财政行为本质是防范和化解公共风险的集体行为。[1] 其关涉的公共利益是财政经济秩序以及财政公共风险。为了维护财政经济秩序和减少财政公共风险,政府财政收支行为需要受到法律规范的约束,并具有公开性和透明性。这需要从财政收入行为规范和财政支出行为规范两个维度确定政府财政行为规则,同时确立对应的监督管理规则。

(一)财政收入法

从财政收入行为规范角度看,其主要包括税收行为规范和非税收行为规范。目前,在税收法定原则的指导下,我国已经确定了不同种类的税收行为规范。这些税收行为规范根据税收种类的不同可以分为流转税法、所得税法、资源税法、财产税法和行为税法,进而延伸出具体的税收法律规范。[2] 例如,我国《增值税法》《关税法》《消费税暂行条例》属于流转税法;《个人所得税法》《企业所得税法》属于所得税法;《资源税法》是资源税法的直接法律形式;《契税法》《车船税法》属于财产税法;《环境保护税法》《印花税法》属于行为税法。对于非税收行为而言,其构成较为复杂,包括行政事业性收费收入、政府性基金收入、国有资源(资产)有偿使用收入、转移性收入等。目前,我国关于非税收行为规范层级较低,主要以部门规范为主,如国家发展和改革委员会、财政部针对行政事业性收费

---

〔1〕 参见程瑜:《公共风险的财政行为分析——一个行为主义视角的分析框架》,载《财政研究》2020年第11期。

〔2〕 流转税法:《土地增值税暂行条例》《增值税法》《关税法》《消费税暂行条例》。
所得税法:《个人所得税法》《企业所得税法》《个人所得税法实施条例》《企业所得税法实施条例》。
资源税法:《资源税法》《城镇土地使用税暂行条例》。
财产税法:《房产税暂行条例》《契税法》《车船税法》《车船税法实施条例》《车辆购置税法》。
行为税法:《环境保护税法》《环境保护税法实施条例》《印花税法》《城市维护建设税法》《耕地占用税法》《船舶吨税法》《烟叶税法》。

收入行为制定了《行政事业性收费标准管理办法》,财政部针对政府性基金收入行为制定了《政府性基金管理暂行办法》。

(二)财政支出法

从财政支出行为规范角度看,其主要包括政府消费支出规范、政府投资支出规范和社会保障支出规范。第一,政府消费支出规范主要涉及政府主体的办公采购行为,其直接的法律规范为《政府采购法》以及《政府采购法实施条例》,该法主要规范政府采购行为。第二,政府投资支出规范主要涉及政府主体的固定资产投资建设行为,其直接的法律规范为《政府投资条例》以及《政府投资基金暂行管理办法》。第三,社会保障支出规范主要涉及政府主体的社会保障基金支出行为,其直接的法律规范为《全国社会保障基金条例》。财政支出法与财政收入法相对应,共同构成了财政法的两个主要组成部分。

在财政法中,无论是财政收入法还是财政支出法均需要对应财政监管规范,从而确保财政收入行为和财政支出行为符合财政法的规范要求。因此,财政监管规范为了保证政府主体的收支行为符合财政行为规范,赋予了特定主体监督管理权限,从而监督政府收支行为。我国形成了多种形式的财政监督制度,包括权力机关监督、审计机关监督、财政部门监督、税务部门监督等。其中,权力机关主要监督政府预算编制和执行情况,审批和批准预算报告和决算报告,并可以通过问责制形式追究政府违法财政行为的法律责任,如免除或罢免直接领导人。但是,权力机关监督具有被动性,其需要由被监督主体依照法定程序和权限主动向权力机关汇报工作,方可实现权力机关对财政行为的监督目标。因此,这种监督方式效率较低,需要结合其他高效且灵活的监督形式。

第一,审计机关不仅监督政府财政收支行为,同时也监督国有的金融和企业事业单位的财务收支行为。但是,在我国现有的行政体制下,审计机关不具有独立性,其隶属于各级人民政府,这不利于审计机关公正独立开展审计监督活动。第二,财政部门主要监督非税收入行为、彩票发行销售行为、会计行为、政府采购行为等政府经济行为。这是财政部门作为监督主体身份参与财政监督活动。[1] 此外,财政部门同时也负责预算执行等工作,此时财政部不再是监管主体,而是作出经济行为的被监管主体。其需要受到权力机关以及审计机关的监督。第三,税务部门主要监督税收征缴行为,包括税务机关的征税行为和纳税主体的缴税行为。我国税收立法采用税收行为和税收监督分离的形式,前者涉及税收实体法,后者涉及税收程序法。契税法、城市维护建设税法、资源税法、车船税法、企业所得税法等税收行为规范属于税收实体法,主要载明具体的税收要素,如纳税主体、征税客体以及计税依据。此外,我国单独制定了税收程序法,即《税收征收管理法》,用于监督管理税收征收行为和税收缴纳行为,保证国家税收收入。在《税收征收管理法》中,税务部门具有双重身份。一方面,税务部门需要监督管理纳税主体的税收缴纳行为,并追究违法纳税行为人的法律责任;另一方面,税务部门需要在内部开展自我监督管理工作,由上级税务机关监督下级税务机关,以及由税务机关监督其税务工作人员。[2]

六、余论:经济特别法

经济法体系并非只包括竞争法、消费法、劳动法、金融法和财政法,还存在其他法律规范内容。经济法体系的五元内容建立在竞争行为、经营行为、用工行为、金融行为和财政行为这5种主流经济行为基础上。在这5种主流经济行为之外,其余涉及经济公共利益的经济行为仍然可以形成具体的法律规范内容。对此,经济法可以借鉴民法理论的处理方法,将其作为经济特别法。经济特别法对应具体行业或市场领域内的经济行为,这些特别经济行为不仅需要符合竞争法、消费法、劳动法、金融法和财政法的规范内容,同时也需要符合该经济领域内的特别法律规范。这些具体经济领域涉及面广、法律关系复杂,至少包括建筑经济领域、农业

---

〔1〕 其相关法律规范包括《政府非税收入管理办法》《彩票管理条例》《彩票管理条例实施细则》《会计法》《政府采购法》《政府购买服务管理办法》等。

〔2〕 《税收征收管理法》第10条规定:"各级税务机关应当建立、健全内部制约和监督管理制度。上级税务机关应当对下级税务机关的执法活动依法进行监督。各级税务机关应当对其工作人员执行法律、行政法规和廉洁自律准则的情况进行监督检查。"

经济领域、军事经济领域、运输经济领域和医药经济领域等内容,分别涉及建筑经济行为、农业经济行为、军事经济行为、运输经济行为以及医药经济行为,由此形成建筑经济法、农业经济法、军事经济法、运输经济法、医药经济法等经济特别法。

第一,建筑经济法主要涉及建筑工程及其相关行为,包括建设用地开发、房屋建造、土木工程建造以及房屋销售等建筑领域的经济行为,其相关的法律规范包括《建筑法》《城市房地产管理法》《土地管理法》《建设工程质量管理条例》等;第二,农业经济法主要涉及农业领域经济行为,包括农村经济发展、农产品生产和销售、农村土地承包等,其相关的法律规范包括《农业法》《农村土地承包法》《农产品质量安全法》《种子法》《乡村振兴促进法》《农业技术推广法》《农业机械化促进法》《乡镇企业法》等;第三,军事经济法主要涉及军事领域的经济行为,包括军事财政、军事采购、国防科技工业建设、国防资产管理、军事经济监督等内容,其相关的法律规范主要由中央军事委员会制定,如《国防法》等军事法律规范;[1]第四,运输经济法主要涉及各种形式的交通运输设施制造与建设、货物运输、旅客运输以及交通运输安全保护等交通运输领域内经济行为,其相关的法律规范包括《铁路法》《公路法》《民用航空法》《港口法》《航道法》等;第五,医药经济法主要涉及医疗机构与人员准入、药品或医疗产品生产制造及其质量监督、医疗服务等医药经济领域内经济行为,其相关法律规范包括《基本医疗卫生与健康促进法》《药品管理法》《中医药法》《医师法》《医疗器械监督管理条例》《医疗机构管理条例》《中药品种保护条例》等。

第三节　数字经济时代经济法体系新发展

建立在经济公共利益和经济行为基础上的经济法新体系,不仅能够整合现有的经济法律规范,还能够吸收将来可能出现的经济法律规范。在数字经济时代,数字经济行为逐渐成为主流的经济行为类型,其是以数据为核心的新型经济行

[1] 参见黄天明编著:《军事经济法》,中国财政经济出版社2018年版,第1~60页。

为,并围绕具有稀缺属性的数据资源开展收集、加工、利用、存储、交易、竞争等经济行为。运用经济行为规范和经济监管规范的经济法体系二阶思维分析工具,经济法在数字经济时代具有新的体系形式和内容,表现为数字经济行为规范和数字经济监管规范。其中,数据法作为规制数据行为的法律规范形式,可以被经济法所吸收,从而成为经济法体系的新内容。当然,数据法正处于形成和发展阶段,尚未完全成熟,相关立法工作、执法工作、学科建设工作正在进行中,如我国现已颁布《数据安全法》《个人信息保护法》,各高校也在开展数据法的学科建设和人才培养工作。待到数据法成熟完善之际,经济法可以将其吸收纳入规范体系框架内,成为经济法体系主要内容之一。

一、数字经济时代的经济法问题

在数字经济时代,数据成为数字经济行为的枢纽,是一种具有稀缺属性和经济价值的新型资源。各类经济主体围绕数据展开竞争和交易等经济活动,并带动相关理论与实证研究,如数据权的性质及权属、个人信息权利的形式与保护、数据采集流通交易应用的规范化等。[1] 在此过程中,诸多经济法问题开始形成,包括数据权益问题、数据安全问题、数据垄断问题、数据法律规范体系地位问题等。从社会热点和研究重点看,数据权益问题、数据安全问题和数据垄断问题是当下的热点问题,理论界和实务界都对此展开了各种形式的探讨和研究,并出台了相关的法律规范。此外,数据法律规范的体系定位问题也开始被部分学者提及,其重点在于界定数据安全法、网络安全法和国家安全法的关系以及数据法的法域性质。

(一)数据权属问题

数据权益问题主要涉及数据的法律性质及其权属。数据的法律性质可以分为数据权利和数据法益两种形式。有学者认为《民法典》采用个人信息和数据二分模式,意味着数据是具有财产属性的市场主体数据,而个人信息是体现人格利

〔1〕 参见李爱君主编:《中国大数据法治发展报告(2019)》,法律出版社 2020 年版,第 10~11 页。

益的个人数据，由此将《民法典》中的数据认定为财产权利而非法益。[1] 也有学者认为，数据权利无法解决数据利益冲突的复杂性，并且数据私权化也和数据共享存在内部冲突，导致数据壁垒，故而需要从多元化的数据利益入手，形成数据法益，摒弃传统的权利路径而转向法益路径。[2] 其实，从权利和法益的关系角度看，法益是由法律所保护的利益，包括权利性质利益和非权利性质利益，其可以统称为权益。因此，数据法益或数据权利都可以用数据权益概括。以个人信息为例，个人信息是数据的基础形式和特殊形式，《民法典》以及《个人信息保护法》均规定了个人信息权益，明确个人信息权益包括权利以及其他利益。[3] 除了个人信息这一特殊数据形式外，其他类型的数据主要以数据利益而非数据权利的形式出现，并主要体现在数据收集和存储等数据行为中。

（二）数据安全问题

数据安全问题关涉公共安全、国家安全以及数据主体权益。数据是国家的基础性战略资源，但数据并非掌握在国家手中，而是存在于多样化的主体中，数据处理活动较为复杂。超级平台企业成为海量数据的实际控制人，并利用数据开展生产经营活动，甚至从事数据跨境交易等涉及重大公共利益的行为，直接威胁公共安全和国家安全。为了保护数据安全，我国制定了《数据安全法》，将数据处理活动纳入国家安全审查的范围，并建立了数据安全审查制度、数据分类分级保护制度、数据交易管理制度和出口管制制度、数据安全应急处置机制、数据安全风险评估机制等数据安全制度机制。同时，各类数据活动主体负有数据安全保护义务，包括建立数据安全教育培训制度等各项制度。政务数据由国家机关负责开展保护监督工作，一方面落实政务数据安全保护责任，另一方面建立政务数据开放目录，通过统一平台实现政务数据开放利用。

---

〔1〕 参见沈浩蓝：《法益抑或财产权利？——〈民法典〉规定的"数据"的法律性质认定》，载《科技与法律（中英文）》2021年第3期。

〔2〕 参见任颖：《数据立法转向：从数据权利入法到数据法益保护》，载《政治与法律》2020年第6期。

〔3〕 个人信息权利规定在《个人信息保护法》第四章部分，包含决定权、知情权、查阅权、复制权、更正权、删除权等。

（三）数据垄断问题

数据垄断问题主要涉及数据对市场竞争秩序的破坏。数据作为生产要素能够为经营者创造巨大经济效益。从工业经济时代到数字经济时代，数字经济平台利用数据和算法等技术优势，汇集各类交易主体和交易行为，成为新的法律主体，并使数据成为市场竞争的核心要素和法律客体。[1] 与此同时，聚集于平台企业的数据会形成数据池，大规模数据的集合为市场竞争带来挑战和不确定性，如经营者利用该数据池开展敏感数据交易，达成和实施卡特尔共谋，利用数据优势实施数据封锁，从而实现排除和限制市场竞争的效果。[2] 数据垄断一般由超级平台企业实施，并形成对中小企业的市场挤出效应，或利用兼并等经营者集中方式消灭潜在的市场竞争者。数据垄断问题的出现冲击了现有的反垄断法规范体系，使得传统价格中心型反垄断法框架无法有效规制数字市场中的垄断行为，将价格作为判断竞争损害的标准，忽视了平台经营者利用数字技术和算法技术获得的优势地位，降低了反垄断法的实施效果。[3] 在经济法中，数据垄断问题主要依靠竞争法规范解决，是数据领域的竞争问题。

数据权益问题、数据安全问题和数据垄断问题是数字经济时代背景下的热点问题，也是理论界和实务界的重点关注对象。围绕这些问题，与数据相关的法律规范相继制定颁布，典型代表为《个人信息保护法》和《数据安全法》。围绕着这些数据法律规范，其规范的体系定位问题逐渐成为理论研究的对象。例如，部分学者将《数据安全法》和《网络安全法》视为《国家安全法》的下位法，将《数据安全法》作为维护国家安全的延伸性法律规范。[4] 也有学者认为《数据安全法》与《国家安全法》、《网络安全法》处于同一法律效力层级，分别保护数据安全、主权

---

〔1〕 参见杨东：《论反垄断法的重构——应对数字经济的挑战》，载《中国法学》2020 年第 3 期。

〔2〕 参见时建中、王煜婷：《“数据池”共享行为的竞争风险及反垄断法分析》，载《江淮论坛》2021 年第 2 期。

〔3〕 参见杨东、臧俊恒：《数据生产要素的竞争规制困境与突破》，载《国家检察官学院学报》2020 年第 6 期。

〔4〕 参见许可：《数据安全法：定位、立场与制度构造》，载《经贸法律评论》2019 年第 3 期；朱雪忠、代志在：《总体国家安全观视域下〈数据安全法〉的价值与体系定位》，载《电子政务》2020 年第 8 期。

安全和网络安全,《数据安全法》不从属或依附于后两部法律规范,应当立足于数据法体系和安全法体系进行体系建构。[1] 数据安全不仅关涉国家安全,还关系数字经济安全。同时,数据法除了保护数据安全外,还保护数字经济公共利益,如中小平台企业权益、数字经济弱势群体权益以及数字经济秩序等。数据行为作为数字经济时代的新型经济行为形式,需要受到数据法的调整和规范。由此,数据法的规范体系定位成为一个理论问题,该问题能够借助经济法新体系形式得以阐释。

二、经济法体系对数据法的阐释

经济法体系对数据法的阐释主要体现为两方面内容:数据法规范内涵和数据法规范定位。经济法体系对数据法规范内涵的阐释主要涉及数字经济行为,具体表现为数据行为。经济法体系对数据法规范定位的阐释主要涉及数据法与其他部门法的关系。《数据安全法》和《个人信息保护法》等现行法律规范属于数据法的规范组成,其可以纳入数据行为规范和数据监管规范的分析框架下,从而成为经济法体系的新内容。

(一)经济法体系对数据法规范内涵的阐释

在数字经济时代,数据作为信息的记录形式,逐渐成为数字经济的核心要素,同时也是数字经济行为的形成基础,并深刻影响和改变着经济法行为,包括市场主体的竞争行为和交易行为以及政府主体的监管行为和经济行为。在数字经济领域,数字经济行为与信息相结合,呈现出“行为信息化”特征。[2] “行为信息化”用数据或信息的形式呈现传统经济法中的各类经济行为形式,其典型表现包括数字经济领域内的数字税收、数字金融、数据垄断、数据不正当竞争、平台用工、平台消费歧视等。这些行为都与数据处理活动相关,也可以将其理解为数据行为。数据处理活动与信息处理活动具有内在关联性,数据是通过电子形式或其他

---

〔1〕 参见翟志勇:《数据安全法的体系定位》,载《苏州大学学报(哲学社会科学版)》2021年第1期。
〔2〕 参见张守文:《数字经济与经济法的理论拓展》,载《地方立法研究》2021年第1期。

形式对信息的记录,是信息的载体,数据处理和信息处理具有同质性。我国《数据安全法》和《个人信息保护法》将数据处理活动和信息处理活动界定为"对数据或信息的收集、存储、使用、加工、传输、提供、公开等"[1]。这些数字经济行为在行为表现形式上与传统经济行为具有差异性,但并未改变经济行为的本质,其仍具有经济法内涵。数字经济行为的经济法内涵表现为两个方面:一方面,数字经济行为属于经济法意义下的经济行为;另一方面,数字经济行为是涉及经济公共利益的经济行为。

第一,数字经济行为属于经济法意义下的经济行为。数字经济行为和传统经济行为都利用稀缺资源开展生产、分配、交换、消费和服务等活动,只是二者所利用的稀缺资源存在差别。传统经济行为主要利用自然资源,如矿产、土地、水、风、空气、阳光等,其主要存在于农业经济领域和工业经济领域。工业革命运动为经济活动的广泛开展提供了生产力基础。从人类历史发展阶段看,传统经济行为诞生于农业经济发展阶段,并成熟于第一次工业革命和第二次工业革命发展阶段,分别表现为蒸汽化时代和电气化时代。而数字经济行为则诞生于信息科技革命阶段,即信息化时代。在农业经济和工业经济基础上,数字经济行为主要存在于当前的数字经济发展阶段。数字经济是利用信息技术或数字技术开展的生产经营活动,其等同于信息经济,并以信息或数据作为生产要素、数字技术作为驱动力量、信息网络作为载体,将数字技术与数字经济相融合。[2] 其中,数字技术是关于信息的技术,不同于工业革命中的蒸汽技术和电力技术,后者是关于能量的技术。[3] 因此,数字经济是对经济的信息化形成的新经济形态,促使工业经济向信息经济发展,包括传统产业的信息化、经济基础设施的信息化,其重点在于信息以及数据的采集、加工、使用、存储等,并利用处理完毕的数据信息开展生产经营活动,创造财富价值。在数字经济时代,经济行为主体借助大数据等现代技术,具备

〔1〕《个人信息保护法》第4条第2款规定:"个人信息的处理包括个人信息的收集、存储、使用、加工、传输、提供、公开、删除等。"《数据安全法》第3条第2款规定:"数据处理,包括数据的收集、存储、使用、加工、传输、提供、公开等。"

〔2〕参见中国信息通信研究院:《中国数字经济发展白皮书(2020)》。

〔3〕参见李长江:《关于数字经济内涵的初步探讨》,载《电子政务》2017年第9期。

获取和处理数据信息的能力,从而改变工业经济时代背景下经济行为主体获取信息和处理信息的能力局限性。[1] 数据处理能力的改变反过来又将提高经济主体的行为积极性,并通过机器学习或数据挖掘等形式指导行为方向。在这个过程中,数据成为类似于矿产资源的新型网络资源或信息资源,并具有其经济价值,是推动数字经济发展和实施数字经济行为的内在驱动力。

第二,数字经济行为是涉及经济公共利益的经济行为。经济公共利益包括经济基础设施、经济弱势群体、经济秩序和经济安全等利益形态。对于经济基础设施而言,数字经济行为主要与数据这一新的经济基础设施相关。数字经济中的经济基础设施主要是指数据基础设施,并在此基础上形成了关键信息基础设施。数据基础设施由基础设施和数据管理组成,基础设施包括存储、计算和网络等硬件设施,数据管理包括操作系统、数据库系统和大数据系统,构成支撑数据存储和数据全生命周期管理的软件设施。[2] 关键信息基础设施是在数据基础设施基础上形成的包含重要数据的设施,《关键信息基础设施安全保护条例》第2条列举了关键信息基础设施的类型。[3] 对于经济弱势群体而言,数字经济行为均涉及传统经济中的中小企业、消费者及其劳动者等弱势群体。其中,超级平台利用数据优势实施的“二选一”行为、杀熟行为、平台用工行为等,分别侵害了中小企业经营者权益、消费者权益和劳动者权益。此外,经济行为实现数字化和信息化后,侵害经济弱势群体权益的行为将通过算法技术得以实现,并呈现出“黑箱效应”,使权益侵害行为具有隐秘性。对于经济秩序和经济安全而言,数字经济行为涉及数字经济秩序及其数字经济安全。其中,数字经济秩序包括数字竞争秩序、数字经营秩序、数字金融秩序以及数字税收秩序,数字经济安全包括数据安全、数字金融安全等。

总体来说,在经济法视野下,数字经济行为仍然是经济行为,是数字经济时代

---

〔1〕 参见张昕蔚:《数字经济条件下的创新模式演化研究》,载《经济学家》2019年第7期。

〔2〕 参见中国信息通信研究院、华为技术有限公司:《数据基础设施白皮书(2019)》,第12页。

〔3〕 其将可能危及国家安全、国计民生、公共利益的重要网络设施和信息系统作为关键信息基础设施,包括公共通信和信息服务、能源、交通、水利、金融、公共服务、电子政务、国防科技工业等重要行业和领域。

的新兴行为形式,其以数据为核心要素,表现为对具有稀缺属性的数据资源的收集、加工、利用、存储、交易、竞争等行为。此外,这种新型经济行为也与经济公共利益相关,包括数据基础设施、数字经济弱势群体、数字经济秩序和数字经济安全。为了防止数字经济行为损害经济公共利益,法律有必要对数字经济行为进行规制,包括禁止严重危害经济公共利益的数字经济行为、限制具有危害性的数字经济行为和强制数字经济行为主体承担特定的作为义务,如《数据安全法》规定的建立数据安全教育培训制度、全流程数据安全管理制度、数据安全风险监测制度等作为义务以及《个人信息保护法》所规定的处理个人信息应当取得个人同意、应当事前进行个人信息保护影响评估等作为义务。

(二)经济法体系对数据法规范定位的阐释

数据法的规范定位主要涉及数据法与其他部门法的关系问题。目前,具有代表性的观点为领域法观点,即认为数据法属于领域法,而非部门法。[1] 具体而言,数据法是规范数据活动的领域法,其并不属于传统的基本法律部门,而是聚焦于各部门法在数据领域衍生的共性问题,通过不同的研究角度和方法探索数据全生命周期的普遍规律,包括数据的产生、收集、处理、共享、交易、删除等,重点涉及数据隐私问题和数据安全问题。[2] 领域法学作为超出部门法学的一种法学理论形态,为认识数据法提供了新的视角。然而,认识数据法并非只有领域法一种视角。此外,数据法所涉及的数据活动主要以经济活动为主,包括数据收集、存储、使用、竞争、共享、转让、加工、传输等在内的数据活动都具有经济性特征。因此,数据法主要体现为数据经济法。将数据法放置于经济法的规范视野下,其将呈现出新的体系形式和内容。借助二阶思维所形成的经济法体系二阶内容,数据法是规制数据行为的法律规范,其基础规范为数据行为规范,其递进规范为数据监管规范,属于经济法体系的组成部分。

---

〔1〕 领域法秉持实定法规范和实定法秩序的实用主义研究立场,主张打破部门法桎梏,以问题意识为关怀起点,以经验研究为理论来源,综合借鉴与运用其他社会科学的成熟方法进行研究。参见刘剑文:《论领域法学:一种立足新兴交叉领域的法学研究范式》,载《政法论丛》2016年第5期。

〔2〕 参见何渊主编:《数据法学》,北京大学出版社2020年版,第3~5页。

在经济法规范体系框架下,数据法规范首先表现为数据行为规范。数据行为规范与竞争行为规范、经营行为规范、用工行为规范、金融行为规范、财政行为规范同属于经济行为规范。从现有与数据行为相关的法律规范看,数据行为也称数据处理活动,其法定行为形式包括收集、存储、使用、加工、传输、提供、公开等。[1]由此,数据行为规范分别包括数据收集行为规范、数据存储行为规范、数据使用行为规范、数据加工行为规范、数据传输行为规范、数据提供行为规范和数据公开行为规范。此种关于数据行为类型的划分主要依靠数据处理活动的不同阶段,体现了数据的全生命周期特性。此外,在经济法规范框架下,这些数据行为形式主要体现出经济性特征,并表现为数据经济行为形式,如数据生产行为、数据交易行为、数据竞争行为及数据服务行为等。其中,数据生产行为主要指数据收集行为、数据加工行为;数据交易行为主要是指数据提供行为、数据公开行为;数据竞争行为则属于数据使用行为之一;数据服务行为主要是指数据存储行为、数据传输行为。根据数据分类分级保护原则,数据行为也可以依据数据不同级别分为公共数据行为、企业数据行为和个人数据行为。

根据数据行为的不同表现形式,数据行为规范具有多种类型。除了根据数据生命周期形成数据行为规范外,还可以根据数据行为形式和数据级别形式,形成数据生产行为规范、数据交易行为规范、数据竞争行为规范和数据服务行为规范,以及公共数据行为规范、企业数据行为规范和个人数据行为规范。目前,我国已制定部分数据行为规范,而大部分数据行为规范尚处于探索和起草阶段。其中,《个人信息保护法》主要与个人数据行为规范有关,同时涉及个人信息收集、使用、传输、提供等数据行为规范,并通过赋予个人信息权益、施加个人信息处理者法律义务的方式,保护个人信息。《数据安全法》主要从数据安全保护的角度确立数据行为规范,包括个人数据、企业数据和政务数据三个层面的数据安全,并且确立了一系列数据安全制度,以禁止非法收集、存储、使用、提供各类型数据。数据竞争行为规范可以纳入《反不正当竞争法》和《反垄断法》规范中,故而不必在

---

〔1〕 数据行为具体表现形式由《民法典》第1035条、《个人信息保护法》第4条以及《数据安全法》第3条所确认。

竞争法规范之外单独制定数据竞争行为规范,或者根据未来数据垄断和数据不正当竞争的执法实践和司法实践,在适当时候以列举的方式规定数据垄断行为和数据不正当竞争行为,从而在竞争法规范基础上制定具体的数据竞争行为细则。相比其他数据行为规范,数据交易行为规范应当是当下及未来的重点关注对象,但该行为规范需要建立在数据交易实践经验基础上,其涉及交易平台的设立和运行、数据交易范围、数据交易合同、数据交易中介服务等数据交易相关内容。

在数据行为规范基础上,数据法规范还包括数据监管规范,其与竞争监管规范、经营监管规范、用工监管规范、金融监管规范和财政监管规范同属于经济监管规范。数据监管规范主要为数据监督管理主体规定数据监督管理行为规则,既包括市场主体的数据行为监督,同时也包括政府主体的数据行为监督。目前,全国人民代表大会及其常务委员会针对市场主体的数据行为,采用数据行为规范和数据监管规范合并立法的形式制定部分法律规范,实现对市场主体数据行为的监督管理。例如,《个人信息保护法》规定国家网信部门负责统筹协调个人信息监督管理工作,其他国家部门在本行业和本领域内负责个人信息处理行为的监督管理工作,并明确了监管部门的监管职责和监管措施,包括询问、查阅复制资料、现场检查、约谈、合规审计、处理投诉举报等。《数据安全法》进一步明确数据安全监管的具体部门,包括国家网信部门、公安机关、国家安全机关以及不同行业领域主管部门。[1] 但是,《数据安全法》没有明确数据安全监督管理行为的具体规范内容,包括监管职责、监管程序、监管措施和监管责任等,只在法律责任部分涉及主管部门可以在数据安全监管中采取约谈等形式追究法律责任,包括责令整改、警告、罚款、暂停相关业务、停业整顿等。因此,《数据安全法》虽然明确了涉及数据安全问题的数据处理行为规则,但缺少对应的数据监督规则。

除了市场主体的数据行为监督外,政府主体的数据行为监督同样是数据监管规范的内容之一。政府主体的数据行为主要是政务数据处理行为或公共数据处理行为。《数据安全法》第五章专门规定政务数据安全与开放,为政府主体的公共数据行为制定了行为规范,但同样缺少相应的监管规范。广东和江苏等地区通

---

〔1〕 例如,工业、电信、交通、金融、自然资源、卫生健康、教育、科技等主管部门。

过制定地方性法规弥补了公共数据行为监管规范缺失问题。[1] 其中，广东省在《广东省公共数据管理办法》中规定，政府政务服务数据管理机构是公共数据主管部门，负责监督管理政府主体的公共数据处理行为。同时，广东省政府进行政府机构改革，设立广东省政务服务数据管理局。江苏省在《江苏省公共数据管理办法》中规定，省政务服务管理办公室是公共数据主管部门，负责公共数据处理行为的监督管理工作，将省大数据管理中心作为公共数据运行管理机构。对于政府主体的数据行为监督，全国人民代表大会及其常务委员会有必要在借鉴地方数据监管规范内容和地方数据监督实践经验的基础上，研究制定公共数据行为监督管理法，从而弥补政府主体数据行为监管规范不足的问题。

[1] 参见《广东省公共数据管理办法》第6条、《江苏省公共数据管理办法》第5条。

结　论

本书遵循“经济法旧体系—经济法旧理论模式—经济法新理论模式—经济法新体系”写作思路，完成了对经济法体系的理论反思及其完善路径研究。其内容一言以蔽之，经济法体系应从市场规制法和宏观调控法的二元体系发展为以市场规制法和政府规制法为基本内容，以竞争法、消费法、劳动法、金融法和财政法为主要内容的新体系形式。这是全书的核心观点，也是本书的最终结论。在此基础上，本书围绕是什么、为什么和怎么办三个问题衍生出数个次级结论，从而论证和支撑核心结论。其中，经济法二元体系及其经济法新体系是什么属于本体论层面的问题，经济法二元体系为什么要转化为新体系属于价值论层面的问题，经济法二元体系如何发展为新体系属于方法论层面的问题。从经济法二元体系转变为经济法新体系，意味着经济法体系构造的“政府（社会）—市场”模式转变为“市场（社会）—政府”模式、政府与市场补充关系转变为市场与政府共生关系、政府与社会混同关系转变为政府与社会独立关系、二元市场逻辑转变为整体市场逻辑、双重失灵逻辑转变为双重行为逻辑、国家干预逻辑转变为法律治理逻辑。

第一，经济法二元体系建立在经济法二元论基础上，以调整对象为体系构造方法，遵循二元市场逻辑、国家干预逻辑和双重失灵逻辑，具体表现为市场规制法和宏观调控法二元体系结构，其背后的理论模式为“政府(社会)—市场”模式。经济法新体系以规范对象为体系构造方法,遵循整体市场逻辑、双重行为逻辑、法律治理逻辑,体现了经济行为法和经济监管法的二阶思维,其基本内容为市场规制法和政府规制法,其主要内容为竞争法、消费法、劳动法、金融法和财政法,其背后的理论模式为“市场(社会)—政府”模式。

第二,经济法体系完善的原因在于经济法二元体系问题及其背后的理论模式问题。经济法二元体系问题体现在二元体系内容、二元体系逻辑和二元体系方法三个层面,包括市场规制法和宏观调控法形式与内容表达不匹配问题、市场规制法和宏观调控法关系矛盾问题、二元市场划分合理性问题、双重失灵理论局限性问题、国家干预行为外部性问题、调整对象理论的体系构造局限问题以及经济法体系的手段导向型问题。经济法二元体系背后的理论模式问题体现为政府与市场补充关系问题、政府与社会混同关系问题,具体包括政府与市场对立统一问题、政府主体内容不匹配问题、政府与社会关系存在矛盾、混同关系下的社会行政化、政府主导经济法体系内容。

第三,经济法体系如何完善涉及经济法体系构造理论模式及其经济法体系完善路径两个问题。对于前者而言,在由宪法统领的“市场(社会)—政府”理论模式下,经济法体系构造从原有的国家干预理论转变为法律治理理论,并从宪法经济规范中寻找到经济法规范的起源,以社会主义市场经济秩序作为经济法体系构造的价值基础。在此基础上,政府与市场的共生关系以及政府与社会的独立关系,为经济法体系从市场规制法和宏观调控法转变为市场规制法和政府规制法提供了理论支撑。对于后者而言,经济法新体系建立在利益与行为的双重路径基础上,前者是公共利益,而后者是经济行为。其中,经济法中的公共利益表现为经济公共利益,包括经济基础设施、经济弱势群体以及经济秩序等,经济法中的经济行为主要分为市场主体经济行为和政府主体经济行为两个类别,具体包含竞争行为、经营行为、用工行为、金融行为和财政行为 5 个主要形式。由此,经济法体系从市场规制法和宏观调控法二元体系转变为以市场规制法和政府规制法为基本内容,以竞争法、消费法、劳动法、金融法和财政法为主要内容的新体系形式。

主要参考文献

一、中文文献

（一）中文译著类

1.［奥］凯尔森：《法与国家的一般理论》，沈宗灵译，商务印书馆 2013 年版。

2.［德］弗里茨·里特纳、迈因哈德·德雷埃尔：《欧洲与德国经济法》，张学哲译，法律出版社 2016 年版。

3.［德］卡尔·拉伦茨：《法学方法论》，陈爱娥译，商务印书馆 2003 年版。

4.［德］拉德布鲁赫：《法学导论》，米健译，商务印书馆 2013 年版。

5.［德］雷蒙德·瓦尔特曼：《德国劳动法》，沈建峰译，法律出版社 2014 年版。

6.［德］罗尔夫·斯特博：《德国经济行政法》，苏颖霞、陈少康译，中国政法大学出版社 1999 年版。

7.［德］罗尔夫·施托贝尔：《经济宪法与经济行政法》，谢立斌译，商务印书馆 2008 年版。

8. 中共中央马克思恩格斯列宁斯大林著作编译局编译：《马克思恩格斯选集》（第 1 卷），人民出版社 2012 年版。

9. 中共中央马克思恩格斯列宁斯大林著作编译局编译：《马克思 1844 年经济学哲学手稿》，人民出版社 2000 年版。

10.［德］马克斯·韦伯：《论经济与社会中的法律》，张乃根译，中国大百科全书出版社 1998 年版。

11.［德］施塔姆勒：《现代法学之根本趋势》，姚远译，商务印书馆

2018 年版。

12. [德]瓦尔特·欧肯:《国民经济学基础》,左大培译,商务印书馆 2010 年版。

13. [德]瓦尔特·欧肯:《经济政策的原则》,李道斌等译,中国社会科学出版社 2014 年版。

14. [德]沃尔夫冈·费肯杰:《经济法》(第 2 卷),张世明译,中国民主法制出版社 2010 年版。

15. [德]沃尔夫冈·费肯杰:《经济法》(第 1 卷),张世明等译,中国民主法制出版社 2010 年版。

16. [德]乌茨·施利斯基:《经济公法》,喻文光译,法律出版社 2006 年版。

17. [德]约瑟夫·夏辛、容敏德编:《法治》,阿登纳基金会译,法律出版社 2005 年版。

18. [法]让-皮埃尔·戈丹:《何谓治理》,钟震宇译,社会科学文献出版社 2010 年版。

19. [古希腊]亚里士多德:《政治学》,吴寿彭译,商务印书馆 2009 年版。

20. [韩]权五乘:《韩国经济法》,崔吉子译,北京大学出版社 2009 年版。

21. [美]N. 格里高利·曼昆:《宏观经济学》,卢远瞩译,中国人民大学出版社 2020 年版。

22. [美]曼昆:《经济学原理:微观经济学分册》,梁小民、梁砾译,北京大学出版社 2015 年版。

23. [美]安东尼·M. 奥勒姆、约翰·G. 戴尔:《政治社会学》,王军译,中国人民大学出版社 2018 年版。

24. [美]保罗·R. 克鲁格曼、罗宾·韦尔斯:《宏观经济学》,赵英军译,中国人民大学出版社 2013 年版。

25. [美]保罗·萨缪尔森、威廉·诺德豪斯:《微观经济学》,萧琛译,人民邮电出版社 2012 年版。

26. [美]彼得·L. 伯格、托马斯·卢克曼:《现实的社会建构》,吴肃然译,北京大学出版社 2019 年版。

27. [美]查尔斯·沃尔夫:《市场,还是政府:市场、政府失灵真相》,陆俊、谢旭等译,重庆出版社 2007 年版。

28. [美]理查德·谢弗:《社会学与生活》,赵旭东等译,世界图书出版公司北京公司 2011 年版。

29. [美]罗斯科・庞德:《通过法律的社会控制》,沈宗灵译,商务印书馆 2010 年版。

30. [美]米尔顿・弗里德曼:《资本主义与自由》,张瑞玉译,商务印书馆 2009 年版。

31. [美]乔治・萨拜因:《政治学说史》(下卷),邓正来译,上海人民出版社 2010 年版。

32. [美]维托・坦茨:《政府与市场:变革中的政府职能》,王宇等译,商务印书馆 2016 年版。

33. [美]约瑟夫・E. 斯蒂格利茨、[美]卡尔・E. 沃尔什:《经济学》,黄险峰、张帆译,中国人民大学出版社 2013 年版。

34. [美]詹姆斯・M. 布坎南:《自由、市场和国家》,吴良健等译,北京经济学院出版社 1988 年版。

35. [美]詹姆斯・S. 科尔曼:《社会理论的基础》(上),邓方译,社会科学文献出版社 2008 年版。

36. [日]丹宗昭信、伊从宽:《经济法总论》,[日]吉田庆子译,中国法制出版社 2010 年版。

37. [日]黑川纪章:《新共生思想》,覃力等译,中国建筑工业出版社 2020 年版。

38. [日]金泽良雄:《经济法概论》,满达人译,中国法制出版社 2005 年版。

39. [日]室井力主编:《日本现代行政法》,吴微译,中国政法大学出版社 1995 年版。

40. [日]尾关周二:《共生的理想:现代交往与共生、共同的思想》,卞崇道等译,中央编译出版社 1996 年版。

41. [瑞士]费迪南・德・索绪尔:《普通语言学教程》,裴文译,江苏教育出版社 2002 年版。

42. [苏]B. B. 拉普捷夫主编:《经济法》,中国社会科学院法学研究所民法经济法研究室译,群众出版社 1987 年版。

43.《意大利消费法典》,胡俊宏、雷佳译,中国政法大学出版社 2013 年版。

44. [英]安东尼・奥格斯:《规制:法律形式与经济学理论》,骆梅英译,中国人民大学出版社 2008 年版。

45. [英]汤姆・宾汉姆:《法治》,毛国权译,中国政法大学出版社 2012 年版。

46. [英]弗里德利希・冯・哈耶克:《法律、立法与自由》,邓正来等译,中国大百科全书出版社 2000 年版。

47. [英]弗里德里希・奥古斯特・冯・哈耶克:《通往奴役之路》,王明毅等译,中国社会科学出版社 2013 年版。

48.［英］弗里德里希·奥古斯特·冯·哈耶克:《致命的自负》,冯克利译,中国社会科学出版社 2000 年版。

49.［英］弗里德里希·奥古斯特·冯·哈耶克:《自由宪章》,杨玉生等译,中国社会科学出版社 2012 年版。

50.［英］弗里德里希·奥古斯特·冯·哈耶克:《自由秩序原理》,邓正来译,生活·读书·新知三联书店 1997 年版。

51.［英］休·格拉韦尔、雷·里斯:《微观经济学》(第 3 版),秦向东等译,上海财经大学出版社 2009 年版。

52.［英］哈特:《法律的概念》,许家馨、李冠宜译,法律出版社 2018 年版。

53.［英］卡尔·波兰尼:《大转型:我们时代的政治与经济起源》,冯钢等译,当代世界出版社 2020 年版。

54.［英］科林·斯科特:《规制、治理与法律:前沿问题研究》,安永康译,清华大学出版社 2018 年版。

55.［英］莱昂内尔·罗宾斯:《经济科学的性质和意义》,朱泱译,商务印书馆 2000 年版。

56.［英］迈克·费恩塔克:《规制中的公共利益》,戴昕译,中国人民大学出版社 2014 年版。

57.［英］约瑟夫·拉兹:《法律体系的概念》,吴玉章译,商务印书馆 2018 年版。

(二)中文著作类

1.《公共财政概论》编写组编:《公共财政概论》,高等教育出版社 2019 年版。

2.《经济法学》编写组编:《经济法学》,高等教育出版社 2018 年版。

3. 中共中央文献研究室编:《十六大以来重要文献选编》(上),中央文献出版社 2005 年版。

4.《中华人民共和国民法典》,法律出版社 2020 年版。

5. 陈秀山:《现代竞争理论与竞争政策》,商务印书馆 1997 年版。

6. 程信和、曾晓昀:《经济法典总则》,中国政法大学出版社 2022 年版。

7. 单飞跃、徐开元:《基本经济制度的经济宪法学解释》,载岳彩申、盛学军主编:《经济法论坛》第 24 卷,法律出版社 2020 年版。

8. 单飞跃:《经济法理念与范畴的解析》,中国检察出版社 2002 年版。

9. 段浩:《区域经济调控权运行的法律问题》,中国政法大学出版社 2015 年版。

10. 费孝通:《乡土中国生育制度乡土重建》,商务印书馆 2017 年版。

11. 冯辉:《论经济国家——以经济法学为语境的研究》,中国政法大学出版社 2011 年版。

12.《宏观经济学原理》编写组编:《宏观经济学原理》,中国人民大学出版社 2019 年版。

13. 何渊主编:《数据法学》,北京大学出版社 2020 年版。

14. 胡敏中:《市场正义与社会正义研究》,中国社会科学出版社 2020 年版。

15. 胡平仁等:《法律社会学》,湖南人民出版社 2006 年版。

16. 胡守钧:《社会共生论》,复旦大学出版社 2006 年版。

17. 黄天明编著:《军事经济法》,中国财政经济出版社 2018 年版。

18. 季卫东:《法治秩序的构建》,商务印书馆 2014 年版。

19. 李爱君主编:《中国大数据法治发展报告(2019)》,法律出版社 2020 年版。

20. 李昌麒、许明月编著:《消费者保护法》,法律出版社 2021 年版。

21. 李昌麒:《经济法——国家干预经济的基本法律形式》,四川人民出版社 1995 年版。

22. 李昌麒主编:《经济法学》,法律出版社 2016 年版。

23. 李昌麒主编:《经济法学》,中国政法大学出版社 2017 年版。

24. 李思强:《共生构建说:论纲》,中国社会科学出版社 2004 年版。

25. 李玉虎:《经济法体系"二元结构"界分与调适》,载岳彩申、盛学军主编:《经济法论坛》第 20 卷,法律出版社 2018 年版。

26. 梁小民:《弗莱堡学派》,武汉出版社 1996 年版。

27. 梁小民编著:《西方经济学导论》,北京大学出版社 2014 年版。

28. 林成:《从市场失灵到政府失灵:外部性理论及其政策的演进》,吉林大学出版社 2011 年版。

29. 刘剑文等:《财税法总论》,北京大学出版社 2016 年版。

30. 刘剑文:《财税法——原理、案例与材料》,北京大学出版社 2020 年版。

31. 刘剑文:《理财治国观——财税法的历史担当》,法律出版社 2016 年版。

32. 刘瑞复:《法学方法与法学方法论》,法律出版社 2013 年版。

33. 刘少军:《法边际均衡论:经济法哲学》,中国政法大学出版社 2016 年版。

34. 刘少军:《金融法学》,中国政法大学出版社 2016 年版。

35. 刘文华:《中国经济法基础理论》,法律出版社 2012 年版。

36. 刘文华主编:《经济法》,中国人民大学出版社 2019 年版。

37. 刘文华主编:《新编经济法学》,高等教育出版社 1995 年版。

38. 鲁篱:《经济法的基本范畴研究》,法律出版社 2008 年版。

39. 吕忠梅等:《规范政府之法——政府经济行为的法律规制》,法律出版社 2001 年版。

40. 马洪主编:《什么是社会主义市场经济》,中国发展出版社 1993 年版。

41. 孟庆瑜:《经济法基本问题研究》,人民出版社 2017 年版。

42. 潘静成、刘文华主编:《经济法》,中国人民大学出版社 1999 年版。

43. 潘静成、刘文华主编:《经济法》,中国人民大学出版社 2005 年版。

44. 潘静成、刘文华主编:《经济法基础理论教程》,高等教育出版社 1993 年版。

45. 潘静成、刘文华主编:《中国经济法教程》,中国人民大学出版社 1995 年版。

46. 漆多俊:《经济法基础理论》,法律出版社 2017 年版。

47. 漆多俊:《经济法基础理论》,武汉大学出版社 2000 年版。

48. 漆多俊主编:《经济法学》,高等教育出版社 2019 年版。

49. 漆多俊、冯果主编:《经济法学》,武汉大学出版社 2011 年版。

50. 齐云:《对意大利〈消费法典〉的双重透视——以民法典与部门法典的关系为视角》,载陈小君主编:《私法研究》第 13 卷,法律出版社 2012 年版。

51. 邱本:《经济法研究(下卷:宏观调控法)》,中国人民大学出版社 2008 年版。

52. 邱本:《市场法治论》,中国检察出版社 2002 年版。

53. 邱本:《自由竞争与秩序调控——经济法的基础建构与原理阐析》,中国政法大学出版社 2001 年版。

54. 史际春、邓峰:《经济法总论》,法律出版社 1998 年版。

55. 史际春、冯辉:《“规制”辨析》,载史际春主编:《经济法学评论》第 17 卷,中国法制出版社 2017 年版。

56. 世界银行:《1994 年世界发展报告:为发展提供基础设施》,毛晓威等译,中国财政经济出版社 1994 年版。

57. 宋功德:《论经济行政法的制度结构——交易费用的视角》,北京大学出版社 2003 年版。

58. 孙国华主编:《中国特色社会主义法律体系前沿问题研究》,中国民主法制出版社2005年版。

59. 陶广峰等:《构建与创新:经济法哲学研究》,中国检察出版社2017年版。

60. 王保树等:《中国市场经济法治走向》,昆仑出版社2001年版。

61. 王保树主编:《经济法原理》,社会科学文献出版社2004年版。

62. 王惠玲:《成文宪法的比较研究——以107部宪法文本为研究对象》,对外经济贸易大学出版社2010年版。

63. 王继军:《市场规制法研究》,中国社会科学出版社、人民法院出版社2005年版。

64. 王俊豪:《政府管制经济学导论:基本理论及其在政府管制实践中的应用》,商务印书馆2017年版。

65. 王克稳:《经济行政法基本论》,北京大学出版社2004年版。

66. 王利明:《民法典体系研究》,中国人民大学出版社2018年版。

67. 王全兴:《经济法基础理论专题研究》,中国检察出版社2002年版。

68. 王绍光:《波兰尼〈大转型〉与中国的大转型》,生活·读书·新知三联书店2012年版。

69. 王天雁:《民法典编纂中消费者私法的体系化与法典化》,载麻昌华主编:《私法研究》第23卷,法律出版社2018年版。

70. 魏治勋:《法治的真原》,陕西人民出版社2012年版。

71. 吴光华主编:《宏观经济学基础》,华中科技大学出版社2020年版。

72. 吴弘主编:《宏观调控法学——市场与宏观调控法治化》,北京大学出版社2018年版。

73. 肖江平:《经济法学体系的构造——兼论经济法体系》,载杨紫烜主编:《经济法研究》第3卷,北京大学出版社2003年版。

74. 肖江平:《中国经济法学史研究》,人民法院出版社2002年版。

75. 邢会强:《走向规则的经济法原理》,法律出版社2015年版。

76. 徐孟洲、谭立:《金融法》,高等教育出版社2019年版。

77. 许中缘:《体系化的民法与法学方法》,法律出版社2007年版。

78. 薛克鹏:《经济法的定义》,中国法制出版社2003年版。

79. 薛克鹏:《经济法基本范畴研究》,北京大学出版社2013年版。

80. 薛克鹏主编:《经济法学》,中国政法大学出版社 2018 年版。

81. 严存生:《法治的观念与体制》,商务印书馆 2013 年版。

82. 颜色、郭凯明:《宏观经济学与中国政策》,北京大学出版社 2020 年版。

83. 杨仁寿:《法学方法论》,中国政法大学出版社 2013 年版。

84. 杨紫烜:《国家协调论》,北京大学出版社 2009 年版。

85. 杨紫烜主编:《经济法》,北京大学出版社、高等教育出版社 2014 年版。

86. 姚海放:《也谈"经济法通则的制定"》,载史际春主编:《经济法学评论》第 19 卷,中国法制出版社 2019 年版。

87. 叶明:《经济法实质化研究》,法律出版社 2005 年版。

88. 尹亚军:《重识经济法学:中国变迁与理论出路》,法律出版社 2023 年版。

89. 尹亚军:《为什么是法教义学? ——中国经济法学的方法论选择》,载《北大法律评论》编辑委员会编:《北大法律评论》第 19 卷第 1 辑,北京大学出版社 2019 年版。

90. 于雷:《市场规制法律问题研究》,北京大学出版社 2003 年版。

91. 喻中:《西方法律经济学批判》,中国人民大学出版社 2018 年版。

92. 袁纯清:《共生理论——兼论小型经济》,经济科学出版社 1998 年版。

93. 袁纯清:《和谐与共生》,社会科学文献出版社 2008 年版。

94. 袁纯清:《金融共生理论与城市商业银行改革》,商务印书馆 2002 年版。

95. 岳彩申、盛学军主编:《金融法学》,中国人民大学出版社 2020 年版。

96. 岳彩申:《论经济法的形式理性》,法律出版社 2004 年版。

97. 张世明:《经济法学理论演变研究》,中国民主法制出版社 2009 年版。

98. 张守文、于雷:《市场经济与新经济法》,北京大学出版社 1993 年版。

99. 张守文:《经济法理论的重构》,人民出版社 2004 年版。

100. 张守文主编:《经济法学》,北京大学出版社 2012 年版。

101. 张守文:《经济法学》,中国人民大学出版社 2018 年版。

102. 张守文:《经济法原理》,北京大学出版社 2020 年版。

103. 张守文:《经济法总论》,中国人民大学出版社 2009 年版。

104. 张守文主编:《经济法学》,北京大学出版社 2018 年版。

105. 张文显:《法哲学范畴研究》,中国政法大学出版社 2001 年版。

106. 张学森编著:《金融法学》,复旦大学出版社 2020 年版。

107. 周志成:《最优边界:整体资源配置理论——政策——运行再演绎通论》(第 2 卷),复旦大学出版社 2019 年版。

108. 朱富强:《真实市场的逻辑:市场主体的特性解析》,人民出版社 2020 年版。

109. 孙笑侠:《法律对行政的控制》,光明日报出版社 2018 年版。

110. (清)陈澹然:《寤言二·迁都建藩议》。

(三)期刊论文

1. 包炜杰、周文:《政府与市场关系的演变和突破——兼论中国特色社会主义政治经济学的国家主体性》,载《学术研究》2020 年第 11 期。

2. 编撰经济法典第二研究小组、梁中鑫:《我国编撰经济法典的评估》,载《南华大学学报(社会科学版)》2015 年第 1 期。

3. 曹胜亮:《中外经济法价值目标实现理路的比较与反思——以经济法生成的路径范式为视角》,载《法学论坛》2014 年第 5 期。

4. 曾艳军、王全兴:《协调 WTO 规则与市场规制法的法理分析及路径选择》,载《求索》2009 年第 1 期。

5. 查名祥:《市场规制法若干问题的思考》,载《特区经济》2007 年第 3 期。

6. 柴颖:《论建设小而强的政府与大而强的社会——基于"小政府,大社会"理念本土化的视角》,载《前沿》2013 年第 5 期。

7. 陈耿华:《反不正当竞争法自由竞争价值的理论证成与制度调适》,载《比较法研究》2021 年第 6 期。

8. 陈明义、吴晓凡:《论环境公共利益损害治理的行政合作模式构建》,载《环境保护》2014 年第 23 期。

9. 陈明义、邹雄:《非处理性行政行为保障环境公共利益研究》,载《东南学术》2015 年第 2 期。

10. 陈庆云等:《公共管理理论研究:概念、视角与模式》,载《中国行政管理》2005 年第 3 期。

11. 陈蓉:《经济法对公共利益的回应》,载《社会科学家》2012 年第 8 期。

12. 陈少英:《财税法的法律属性——以财税法调控功能的演进为视角》,载《法学》2016 年第 7 期。

13. 陈婉玲:《法律监管抑或权力监管——经济法"市场监管法"定性分析》,载《现代法学》2014 年第 3 期。

14. 陈婉玲:《经济法权力干预思维的反思——以政府角色定位为视角》,载《法学》2013 年第 3 期。

15. 陈婉玲:《经济法调整:从“权力干预”到“法律治理”》,载《政法论坛》2014 年第 1 期。

16. 陈婉玲:《判断与甄别:经济法权利辨析——以市场主体权利为视角》,载《政法论坛》2017 年第 4 期。

17. 陈晓春、李林:《共生型政府构建的必要性分析》,载《湖南大学学报(社会科学版)》2009 年第 4 期。

18. 陈志刚:《弱势群体保护的法律之维》,载《政法论丛》2015 年第 1 期。

19. 陈治国:《嵌入到互渗——市场与社会的关系再考察》,载《社会科学家》2019 年第 3 期。

20. 程信和:《经济法通则原论》,载《地方立法研究》2019 年第 1 期。

21. 程瑜:《公共风险的财政行为分析——一个行为主义视角的分析框架》,载《财政研究》2020 年第 11 期。

22. 丛中笑:《法与经济之学:法经济学与经济法学》,载《当代法学》2011 年第 2 期。

23. 单飞跃、徐开元:《“社会主义市场经济”的宪法内涵与法秩序意义》,载《东南学术》2020 年第 2 期。

24. 单飞跃、徐开元:《从国家的经济干预到经济的宪法治理——经济法学理论基础的转换》,载《社会科学战线》2021 年第 5 期。

25. 单飞跃等:《改革开放 40 年中国经济法学研究的回顾和展望笔谈》,载《现代法学》2019 年第 1 期。

26. 邓纲:《经济法视野下的政府权力和市场权利结构变迁》,载《西南政法大学学报》2017 年第 1 期。

27. 邓久根:《市场是如何脱嵌的?——对新自由主义市场观的批判》,载《经济社会体制比较》2018 年第 5 期。

28. 丁元竹:《我国社会管理创新的重点与方向》,载《开放导报》2010 年第 4 期。

29. 董保华:《论经济法的国家观——从社会法的视角探索经济法的理论问题》,载《法律科学(西北政法学院学报)》2003 年第 2 期。

30. 冯全普：《创新社会管理的理论探索与路径选择》，载《中国特色社会主义研究》2011年第5期。

31. 冯兴元：《弗莱堡学派代表人物欧肯其人及其经济思想》，载《学术界》2014年第3期。

32. 甘强：《体系化的经济法理论发展进路——读〈欧洲与德国经济法〉》，载《政法论坛》2018年第5期。

33. 高建华：《社会管理：政府社会管理抑或社会自我管理》，载《行政论坛》2014年第4期。

34. 高建华：《政府社会管理：职能定位与体制建构》，载《上海行政学院学报》2015年第2期。

35. 高秦伟：《社会自我规制与行政法的任务》，载《中国法学》2015年第5期。

36. 耿立春、张瑞才：《中国社会治理变迁：历史考察、经验启示与未来展望》，载《辽宁大学学报（哲学社会科学版）》2020年第6期。

37. 古小刚：《国家干预进入和退出的判断标准——兼论经济法逻辑体系的一个缺陷》，载《青海社会科学》2013年第3期。

38. 郭传凯：《政府经济行为规制的形式工具与实质依据》，载《湖北社会科学》2021年第5期。

39. 韩大元：《论宪法在法律体系建构中的地位与作用》，载《学习与探索》2009年第5期。

40. 韩大元：《中国宪法上"社会主义市场经济"的规范结构》，载《中国法学》2019年第2期。

41. 何博超：《阿维森纳论可能性与必然性》，载《世界哲学》2017年第4期。

42. 洪黎民：《共生概念发展的历史、现状及展望》，载《中国微生态学杂志》1996年第4期。

43. 洪银兴：《关键是厘清市场与政府作用的边界——市场对资源配置起决定性作用后政府作用的转型》，载《红旗文稿》2014年第3期。

44. 洪银兴：《关于市场决定资源配置和更好发挥政府作用的理论说明》，载《经济理论与经济管理》2014年第10期。

45. 侯利阳：《市场与政府关系的法学解构》，载《中国法学》2019年第1期。

46. 胡光志、田杨:《人性视野下经济法体系的建构——一个尚未被认知的理路》,载《郑州大学学报(哲学社会科学版)》2011 年第 2 期。

47. 胡光志:《宏观调控法研究及其展望》,载《重庆大学学报(社会科学版)》2008 年第 5 期。

48. 胡光志:《论宏观调控行为的可诉性》,载《现代法学》2008 年第 2 期。

49. 胡锦涛:《高举中国特色社会主义伟大旗帜　为夺取全面建设小康社会新胜利而奋斗——在中国共产党第十七次全国代表大会上的报告》,载《求是》2007 年第 21 期。

50. 胡锦涛:《坚定不移沿着中国特色社会主义道路前进　为全面建成小康社会而奋斗——在中国共产党第十八次全国代表大会上的报告》,载《求是》2012 年第 22 期。

51. 胡丽文:《论经济法学正当性建构的经济宪法基础——基于范式转换的视角》,载《甘肃政法学院学报》2020 年第 3 期。

52. 胡万钟:《论政治社会与市民社会的对立和统一》,载《内蒙古社会科学(汉文版)》2000 年第 3 期。

53. 胡文木:《强国家—强社会:中国国家治理现代化的结构模式与实现路径》,载《学习与实践》2020 年第 2 期。

54. 胡小红:《市场规制法基本理论探究》,载《安徽大学学报》2003 年第 6 期。

55. 胡小红:《试论市场规制法与行政法的关系》,载《政法论坛》2004 年第 3 期。

56. 胡映兰、王国斌:《从管理到治理:中国共产党社会建设的理念创新》,载《湖湘论坛》2017 年第 4 期。

57. 黄建军:《从社会管理到社会治理的多维困境》,载《探索》2014 年第 2 期。

58. 黄茂钦:《论经济新常态背景下经济法综合立法的发展》,载《南华大学学报(社会科学版)》2015 年第 4 期。

59. 黄文艺:《法律体系形象之解构与重构》,载《法学》2008 年第 2 期。

60. 黄新华:《从市场失灵到政府失灵——政府与市场关系的论辩与思考》,载《浙江工商大学学报》2014 年第 5 期。

61. 贾玉娇:《从社会管理到社会治理:现代国家治理能力提升路径研究》,载《吉林大学社会科学学报》2015 年第 4 期。

62. 江帆:《竞争法的思想基础与价值共识》,载《现代法学》2019 年第 2 期。

63. 江远山、郝宇青:《政企关系、地方性共生与中国的经济奇迹》,载《华东师范大学学报（哲学社会科学版）》2018 年第 1 期。

64. 焦海涛：《论“促进型”经济法的功能与结构》，载《政治与法律》2009 年第 8 期。

65. 赖金良：《作为社会基础设施的民生保障体系建设》，载《浙江社会科学》2012 年第 5 期。

66. 雷磊：《“为权利而斗争”：从话语到理论》，载《苏州大学学报（哲学社会科学版）》2019 年第 2 期。

67. 李昌麒、陈治：《经济法的社会利益考辩》，载《现代法学》2005 年第 5 期。

68. 李昌麒、甘强：《经济法与社会法关系的再认识——基于法社会学研究的进路》，载《法学家》2005 年第 6 期。

69. 李昌麒、胡光志：《宏观调控法若干基本范畴的法理分析》，载《中国法学》2002 年第 2 期。

70. 李昌麒、应飞虎：《论经济法的独立性——基于对市场失灵最佳克服的视角》，载《山西大学学报（哲学社会科学版）》2001 年第 3 期。

71. 李建华：《我国经济法立法的分析》，载《吉林大学社会科学学报》1997 年第 2 期。

72. 李剑：《论市场失灵与经济法的关系——以市场规制法为视角的考察》，载《学习与探索》2012 年第 1 期。

73. 李龙、范进学：《论中国特色社会主义法律体系的科学建构》，载《法制与社会发展》2003 年第 5 期。

74. 李时荣、王利明：《关于经济法的几个基本问题》，载《中国社会科学》1984 年第 4 期。

75. 李秀义：《社会治理体制改革创新中政府与社会关系的发展路径探析——基于国内基层管理创新的典型模式分析》，载《中南大学学报（社会科学版）》2014 年第 2 期。

76. 李拥军：《当代中国法律体系的反思与重构》，载《法制与社会发展》2009 年第 4 期。

77. 李永成：《市场失灵的中国经济法思考》，载《河南师范大学学报（哲学社会科学版）》2005 年第 3 期。

78. 李友根：《经营者公平竞争权初论——基于判例的整理与研究》，载《南京大学学报（哲学・人文科学・社会科学版）》2009 年第 4 期。

79. 李玉虎：《民法典时代的经济法体系构造——兼论〈经济法通则〉的结构》，载《财经法学》2020 年第 2 期。

80. 李长江：《关于数字经济内涵的初步探讨》，载《电子政务》2017 年第 9 期。

81. 李中圣:《关于经济法体系问题的研究》,载《中国法学》1991 年第 4 期。

82. 梁德阔:《政府和市场的博弈及社会制衡》,载《贵州社会科学》2014 年第 4 期。

83. 廖奕:《法理话语的均衡实践——论“中国特色社会主义法律体系”的建构》,载《法商研究》2009 年第 2 期。

84. 刘爱龙:《法律体系的建构伦理》,载《求索》2006 年第 2 期。

85. 刘灿:《从经济自由主义和国家干预的纷争与现实看市场经济模式》,载《中国经济问题》2010 年第 1 期。

86. 刘大洪、段宏磊:《谦抑性视野中经济法理论体系的重构》,载《法商研究》2014 年第 6 期。

87. 刘大洪、廖建求:《论市场规制法的价值》,载《中国法学》2004 年第 2 期。

88. 刘大洪、吕忠梅:《现代经济法体系的反思与重构》,载《法律科学(西北政法学院学报)》1998 年第 1 期。

89. 刘凤义:《论社会主义市场经济中政府和市场的关系》,载《马克思主义研究》2020 年第 2 期。

90. 刘光华、张广浩:《祛魅公共利益:基于“价值—工具”法律利益分类范式》,载《兰州大学学报(社会科学版)》2018 年第 4 期。

91. 刘慧:《欧洲新自由主义的发展演变》,载《德国研究》2019 年第 4 期。

92. 刘继峰:《“经济权力”视角下反垄断规则的细化》,载《学术论坛》2021 年第 3 期。

93. 刘继同:《社会基础设施体系建设与构建和谐社会的社会基础》,载《福建论坛(人文社会科学版)》2008 年第 3 期。

94. 刘建宏:《关于构建市场经济法体系的思考》,载《求索》1994 年第 6 期。

95. 刘剑文:《财税法功能的定位及其当代变迁》,载《中国法学》2015 年第 4 期。

96. 刘剑文:《论领域法学:一种立足新兴交叉领域的法学研究范式》,载《政法论丛》2016 年第 5 期。

97. 刘凯:《经济法体系化的系统论分析框架》,载《政法论坛》2022 年第 2 期。

98. 刘凯:《法典化背景下的经济法统合性立法》,载《法学》2020 年第 7 期。

99. 刘凯:《经济法学科学化的法教义学路径》,载《政法论坛》2020 年 1 期。

100. 刘凯:《论制定经济基本法的路径选择》,载《法学杂志》2021 年第 8 期。

101. 刘牧、孙艳伟:《自然秩序的神话:对经济自由主义市场观的反思》,载《社会科学研究》2019 年第 4 期。

102. 刘儒、郭荔:《社会主义市场经济条件下政府和市场的互补关系及特征》,载《东南学术》2021 年第 1 期。

103. 刘儒、王媛:《市场与政府的互补关系》,载《甘肃社会科学》2018 年第 5 期。

104. 刘少军:《经济法的目标与体系研究》,载《政法论坛》1999 年第 3 期。

105. 刘世锦:《关于发展现代市场体系的两个问题》,载《国家行政学院学报》2014 年第 4 期。

106. 刘素梅:《论行政权力的扩张》,载《苏州大学学报》2006 年第 2 期。

107. 刘文华:《中国经济法"干预论"之批判》,载《首都师范大学学报(社会科学版)》2017 年第 6 期。

108. 刘小飞、刘慧慧、陈乾:《深化环境公益诉讼理论与实务研究　提升环境公共利益法治保障水平——"环境公益诉讼理论与实务研讨会"综述》,载《法律适用》2017 年第 13 期。

109. 刘晓农、叶萍:《略论经济法与社会法的功能组合》,载《社会科学》2010 年第 1 期。

110. 刘洋:《评〈马克思中观经济学〉》,载《统计与决策》2020 年第 17 期。

111. 刘志辉:《政府与社会组织关系:从非对称性共生到对称性互惠共生》,载《湖北社会科学》2015 年第 9 期。

112. 卢代富:《经济法中的国家干预解读》,载《现代法学》2019 年第 4 期。

113. 鲁克俭:《马克思唯物史观的重新审视——以"个体与社会(共同体)"为视角》,载《北京行政学院学报》2018 年第 3 期。

114. 罗婧:《从团结型社会组织、行政型社会组织到治理型社会组织——1949 年以来社会组织的变迁历史》,载《清华大学学报(哲学社会科学版)》2020 年第 3 期。

115. 罗筠:《从现代国家构建的视角看社会管理体制的创新》,载《中国行政管理》2011 年第 9 期。

116. 吕世伦、贺小荣:《国家主义的衰微与中国法制现代化》,载《法律科学(西北政法学院学报)》1999 年第 3 期。

117. 马长山、郭海霞:《治理法治化时代的法律体系重构》,载《甘肃社会科学》2016 年第 4 期。

118. 苗延波:《商事行为概论》,载《甘肃政法学院学报》2008 年第 6 期。

119. 缪因知:《新兴法领域的社会科学运用:以金融法为中心》,载《思想战线》2020 年第 6 期。

120. 潘昀:《论宪法上的“社会主义市场经济”——围绕宪法文本的规范分析》,载《政治与法律》2015 年第 5 期。

121. 彭彩虹:《论市场规制法问题研究》,载《前沿》2011 年第 4 期。

122. 钱大军、马新福:《法律体系的重释——兼对我国既有法律体系理论的初步反思》,载《吉林大学社会科学学报》2007 年第 2 期。

123. 钱大军、薛爱昌:《繁华与无序:法律体系建构的中国模式之检讨》,载《法律科学(西北政法大学学报)》2016 年第 1 期。

124. 钱大军:《法律体系理论与当代中国法律体系的建构——以法律体系理论的有用与无用为分析起点》,载《南京师大学报(社会科学版)》2012 年第 4 期。

125. 钱伟刚:《论中国特色社会主义市场经济资源配置方式——从政府和市场的统分视角批判新自由主义》,载《经济社会体制比较》2018 年第 3 期。

126. 乔惠波:《新中国 70 年经济体制演变的线索、逻辑及展望——基于政府与市场关系的视角》,载《湖南科技大学学报(社会科学版)》2019 年第 6 期。

127. 秦国荣:《维权与控权:经济法的本质及功能定位——对“需要干预说”的理论评析》,载《中国法学》2006 年第 2 期。

128. 邱本:《论经济法体系》,载《法制与社会发展》1998 年第 5 期。

129. 邱本:《论市场监管法的基本问题》,载《社会科学研究》2012 年第 3 期。

130. 冉克平:《论“公共利益”的概念及其民法上的价值——兼评〈合同法〉第 52 条之规定》,载《武汉大学学报(哲学社会科学版)》2009 年第 3 期。

131. 任颖:《数据立法转向:从数据权利入法到数据法益保护》,载《政治与法律》2020 年第 6 期。

132. 商红明:《我国〈经济法通则〉研究的过去、现在与未来》,载《财经法学》2020 年第 1 期。

133. 沈浩蓝:《法益抑或财产权利?——〈民法典〉规定的“数据”的法律性质认定》,载《科技与法律(中英文)》2021 年第 3 期。

134. 施雪华:《当前中国社会管理的成就、问题与改革》,载《学习与探索》2013 年第 3 期。

135. 石涛：《政府和市场关系类型、历史演变及启示》，载《上海经济研究》2018 年第 12 期。

136. 时建中、王煜婷：《“数据池”共享行为的竞争风险及反垄断法分析》，载《江淮论坛》2021 年第 2 期。

137. 史际春：《政府与市场关系的法治思考》，载《中共中央党校学报》2014 年第 6 期。

138. 史玉成：《生态利益衡平：原理、进路与展开》，载《政法论坛》2014 年第 2 期。

139. 宋华琳：《迈向规制与治理的法律前沿——评科林·斯科特新著〈规制、治理与法律：前沿问题研究〉》，载《法治现代化研究》2017 年第 6 期。

140. 宋华琳：《中国行政法学分论研究：体系、课题与立场》，载《安徽大学学报（哲学社会科学版）》2020 年第 3 期。

141. 苏若群：《从社会管理到社会治理：十八大以来党的社会建设方略的演进》，载《中共党史研究》2016 年第 8 期。

142. 孙宪忠：《我国民法立法的体系化与科学化问题》，载《清华法学》2012 年第 6 期。

143. 汤吉军、戚振宇：《行为政治经济学研究进展》，载《经济学动态》2017 年第 2 期。

144. 陶广峰：《从中国经济法的发展历程看经济法的国家观》，载《甘肃政法学院学报》2007 年第 1 期。

145. 童肖安图：《社会公共利益视角下垄断纠纷可仲裁性研究》，载《华东政法大学学报》2021 年第 3 期。

146. 童志锋、郁建兴：《从政府本位到社会本位：社会管理体制变革的新分析框架》，载《中共浙江省委党校学报》2011 年第 1 期。

147. 涂开均、袁阳：《强政府强社会及其运行关系解构》，载《重庆社会科学》2014 年第 3 期。

148. 屠世超：《论宏观调控行为的法律性质》，载《中州学刊》2009 年第 1 期。

149. 万冬朝、张富强：《经济法体系结构新探》，载《广东商学院学报》2010 年第 4 期。

150. 汪冲：《政府间转移支付、预算软约束与地区外溢》，载《财经研究》2014 年第 8 期。

151. 汪锦军：《纵向政府权力结构与社会治理：中国“政府与社会”关系的一个分析路径》，载《浙江社会科学》2014 年第 9 期。

152. 汪永福、毕金平：《竞争中立视域下政府补贴的公平竞争审查路径》，载《安徽大学学报（哲学社会科学版）》2020 年第 2 期。

153. 王栋、朱伯兰:《社会组织腐败治理:政社分开的逻辑进路》,载《国家行政学院学报》2018 年第 5 期。

154. 王斐民:《总结过去、演进新知:经济法体系的“二元六部”构造》,载《河南师范大学学报(哲学社会科学版)》2012 年第 2 期。

155. 王洪波:《从实体性到关系性:思维方法之互补或超越——以个体与整体的关系为例》,载《南昌大学学报(人文社会科学版)》2016 年第 2 期。

156. 王华春、张璇:《滞胀时期的“边界”扩张:政府行为与市场效率》,载《改革》2014 年第 7 期。

157. 王继军、李建人:《经济法是市场规制法与宏观调控法的有机结合》,载《法律科学(西北政法学院学报)》1999 年第 1 期。

158. 王继军、王剑卿:《入世后宏观调控法与市场规制法的协调问题》,载《宏观经济研究》2003 年第 5 期。

159. 王继军、王士亨:《公用企业改革与市场规制法》,载《山西大学学报(哲学社会科学版)》2005 年第 3 期。

160. 王继军、张钧:《论市场规制法的基本原则》,载《山西大学学报(哲学社会科学版)》2003 年第 3 期。

161. 王利明:《民法典编纂与中国民法学体系的发展》,载《法学家》2019 年第 3 期。

162. 王莉萍:《经济法如何保障交易公平——从功能视角研究市场规制法》,载《法商研究》2003 年第 2 期。

163. 王琳:《论宏观调控法与市场规制法的关系》,载《生产力研究》2006 年第 11 期。

164. 王伦刚、吴爱辉:《经济法理论假设:市场失灵的片面性及其导致的理论局限》,载《西南民族大学学报(人文社科版)》2003 年第 12 期。

165. 王伦刚、董巍:《论中国式经济法体系——基于中国知网—引文数据库引证数据的实证分析》,载《社会科学研究》2023 年第 3 期。

166. 王晴锋:《超越个体主义与整体主义之争:戈夫曼的互动研究路径》,载《宁夏社会科学》2021 年第 4 期。

167. 王全兴、管斌:《市场化政府经济行为的法律规制》,载《中国法学》2004 年第 1 期。

168. 王诗宗:《治理理论与公共行政学范式进步》,载《中国社会科学》2010 年第 4 期。

169. 王小钢:《以环境公共利益为保护目标的环境权利理论——从“环境损害”到“对环

境本身的损害”》，载《法制与社会发展》2011 年第 2 期。

170. 王小钢：《义务本位论、权利本位论和环境公共利益——以乌托邦现实主义为视角》，载《法商研究》2010 年第 2 期。

171. 王晓华：《从罗斯福新政看美国政府如何应对经济危机》，载《云南民族大学学报(哲学社会科学版)》2009 年第 1 期。

172. 王晓晔：《反垄断法是维护公平自由竞争的利器》，载《价格理论与实践》2013 年第 1 期。

173. 王永强、管金平：《精准规制：大数据时代市场规制法的新发展——兼论〈中华人民共和国食品安全法(修订草案)〉的完善》，载《法商研究》2014 年第 6 期。

174. 吴飞驰：《“万物一体”新诠——基于共生哲学的新透视》，载《中国哲学史》2002 年第 2 期。

175. 吴飞驰：《关于共生理念的思考》，载《哲学动态》2000 年第 6 期。

176. 吴飞驰：《企业与市场的性质》，载《南开经济研究》2001 年第 6 期。

177. 吴卫国：《经济法是调整纵向经济关系的基本法》，载《现代法学》1983 年第 4 期。

178. 吴越：《经济法思维的宪法指向——兼论经济法学的历史命运》，载《法学论坛》2013 年第 3 期。

179. 武力、张林鹏：《改革开放 40 年政府、市场、社会关系的演变》，载《国家行政学院学报》2018 年第 5 期。

180. 席月民：《宏观调控新常态中的法治考量》，载《上海财经大学学报》2017 年第 2 期。

181. 肖江平：《经济法定义的中国学术史考察——侧重于经济法调整对象》，载《北京大学学报(哲学社会科学版)》2012 年第 5 期。

182. 肖京：《经济法的经济社会二元功能之冲突与平衡》，载《法学论坛》2012 年第 6 期。

183. 谢立斌：《经济法与宪法的交互作用》，载《中国法律评论》2020 年第 2 期。

184. 邢会强：《宏观调控行为的不可诉性探析》，载《法商研究》2002 年第 5 期。

185. 邢会强：《金融法的二元结构》，载《法商研究》2011 年第 3 期。

186. 邢会强：《美国惩罚性赔偿制度对完善我国市场监管法的借鉴》，载《法学》2013 年第 10 期。

187. 徐凤：《国家治理现代化与法制转轨——从“管理法”走向“治理法”》，载《首都师范大学学报(社会科学版)》2017 年第 3 期。

188. 徐澜波:《规范意义的“宏观调控”概念与内涵辨析》,载《政治与法律》2014 年第 2 期。

189. 徐澜波:《宏观调控权的法律属性辨析》,载《法学》2013 年第 6 期。

190. 徐澜波:《论宏观调控法的调整方法——从经济法的调整方法切入》,载《法学》2020 年第 7 期。

191. 徐澜波:《我国宏观调控权配置论辩正——兼论宏观调控手段体系的规范化》,载《法学》2014 年第 5 期。

192. 徐强胜:《经济法立法的分类研究》,载《河南社会科学》2005 年第 1 期。

193. 徐显明:《“转型时期国家与社会关系的多维透视”笔谈:社会转型后的法律体系重构》,载《文史哲》2000 年第 5 期。

194. 许可:《数据安全法:定位、立场与制度构造》,载《经贸法律评论》2019 年第 3 期。

195. 许明月、张新民:《现代经济的社会性与经济法——关于经济法产生原因与性质的思考》,载《现代法学》2003 年第 6 期。

196. 许明月:《市场、政府与经济法——对经济法几个流行观点的质疑与反思》,载《中国法学》2004 年第 6 期。

197. 许源源、涂文:《对立还是共生:政府与社会组织间的信任关系研究》,载《甘肃行政学院学报》2018 年第 5 期。

198. 薛克鹏:《规制的经济法属性及构成要素——〈民法典〉背景下的经济法理论变革》,载《现代法学》2022 年第 3 期。

199. 薛克鹏:《法典化背景下的经济法体系构造——兼论经济法的法典化》,载《北方法学》2016 年第 5 期。

200. 薛克鹏:《建构与宪法相融的经济法——兼论政府与市场经济的关系》,载《法学杂志》2021 年第 1 期。

201. 薛克鹏:《经济法体系的重构——以“市场”为标准》,载《现代法学》2019 年第 1 期。

202. 薛克鹏:《经济行政法理论探源——经济法语境下的经济行政法》,载《当代法学》2013 年第 5 期。

203. 薛克鹏:《论经济法的范畴化及其体系》,载《首都师范大学学报(社会科学版)》2013 年第 6 期。

204. 薛克鹏:《误读行政法及其对经济法的危害》,载《现代法学》2009 年第 5 期。

205. 薛克鹏:《野生动物产业规制的双重失灵及其矫正——非法野生动物产业链的法律分析》,载《财经法学》2020 年第 4 期。

206. 薛克鹏:《政府经济行为的法律规制》,载《天津师范大学学报(社会科学版)》2013 年第 6 期。

207. 严仍昱:《从社会管理到社会治理:政府与社会关系变革的历史与逻辑》,载《当代世界与社会主义》2015 年第 1 期。

208. 颜如春:《当代中国的政府与社会关系模式探析》,载《探索》2006 年第 3 期。

209. 杨东、臧俊恒:《数据生产要素的竞争规制困境与突破》,载《国家检察官学院学报》2020 年第 6 期。

210. 杨东:《论反垄断法的重构——应对数字经济的挑战》,载《中国法学》2020 年第 3 期。

211. 杨立华:《建设强政府与强社会组成的强国家——国家治理现代化的必然目标》,载《国家行政学院学报》2018 年第 6 期。

212. 杨立雄:《"个体主义"抑或"整体主义"》,载《经济学家》2000 年第 1 期。

213. 杨玲丽:《共生理论在社会科学领域的应用》,载《社会科学论坛》2010 年第 16 期。

214. 杨紫烜:《论新经济法体系——关于适应社会主义市场经济需要的经济法体系的若干问题》,载《中外法学》1995 年第 1 期。

215. 杨尊源:《规制四阶层论的形成机理、内容构造与运用实践——基于规制国理论与后规制国理论的思考》,载《河北法学》2021 年第 2 期。

216. 杨尊源:《论经济法的体系化标准》,载《河北工业大学学报(社会科学版)》2021 年第 2 期。

217. 姚海放:《经济法国家观研究:基于社会本位与国家概念的展开》,载《政治与法律》2016 年第 12 期。

218. 姚海放:《论宏观调控与政府经济行为的契合》,载《法学家》2008 年第 3 期。

219. 叶静漪、李少文:《新发展阶段中国社会法的转型与重点立法任务》,载《社会科学战线》2021 年第 11 期。

220. 尹广文:《从"行政化控制"到"体制性吸纳":改革开放以来中国社会组织治理问题研究》,载《南京政治学院学报》2016 年第 2 期。

221. 尹亚军:《"问题导向式立法":一个经济法立法趋势》,载《法制与社会发展》2017年第1期。

222. 应飞虎:《问题及其主义——经济法学研究非传统性之探析》,载《法律科学(西北政法学院学报)》2007年第2期。

223. 喻中:《在经济宪法与经济秩序之间——欧肯法律经济学思想的理论逻辑》,载《中国政法大学学报》2016年第5期。

224. 袁纯清:《共生理论及其对小型经济的应用研究》(上),载《改革》1998年第2期。

225. 袁达松、朱成林:《论经济法治的顶层设计——兼重提经济基本法的制定》,载《中山大学法律评论》2014年第3期。

226. 翟国强:《宪法实施的协调机制:一个比较法的视角》,载《湖北社会科学》2021年第9期。

227. 翟志勇:《数据安全法的体系定位》,载《苏州大学学报(哲学社会科学版)》2021年第1期。

228. 张传兵等:《评我国经济法学新诸论》,载《法学评论》1995年第4期。

229. 张德淼、康兰平:《范式与路径的交互映照:中国经济法的理论负重与现实拓宽》,载《社会科学战线》2015年第9期。

230. 张继恒:《法教义学的勃兴对经济法意味着什么》,载《现代法学》2016年第1期。

231. 张杰、李和中:《清单式治理视域下的政府、市场与社会关系研究》,载《广西大学学报(哲学社会科学版)》2018年第2期。

232. 张其山:《法律体系的建构:从完美无缺到不完备》,载《东岳论丛》2010年第4期。

233. 张钦昱:《破产法与反垄断法的异化与共生》,载《法学评论》2021年第3期。

234. 张群群:《超越二元论:对政府与市场关系的反思》,载《当代经济科学》2000年第6期。

235. 张世明:《空间、经济法与和谐之美——从费肯杰先生两卷本〈经济法〉审视中国经济法体系的建构》,载《山西大学学报(哲学社会科学版)》2009年第2期。

236. 张守文:《"改革决定"与经济法共识》,载《法学评论》2014年第2期。

237. 张守文:《"双重调整"的经济法思考》,载《法学杂志》2011年第1期。

238. 张守文:《宏观调控权的法律解析》,载《北京大学学报(哲学社会科学版)》2001年第3期。

239. 张守文:《经济法的立法统合:前提与准备》,载《学术界》2020 年第 6 期。

240. 张守文:《经济法的立法统合:需要与可能》,载《现代法学》2016 年第 3 期。

241. 张守文:《经济法学的基本假设》,载《现代法学》2001 年第 6 期。

242. 张守文:《论经济法与宪法的协调发展》,载《现代法学》2013 年第 4 期。

243. 张守文:《略论经济法上的调制行为》,载《北京大学学报(哲学社会科学版)》2000 年第 5 期。

244. 张守文:《数字经济与经济法的理论拓展》,载《地方立法研究》2021 年第 1 期。

245. 张守文:《宪法问题:经济法视角的观察与解析》,载《中国法律评论》2020 年第 2 期。

246. 张守文:《宪法与经济法关系的"经济性"分析》,载《法学论坛》2013 年第 3 期。

247. 张守文:《政府与市场关系的法律调整》,载《中国法学》2014 年第 5 期。

248. 张思锋、王舟浩、张立:《政府与市场:理论演进、美国改进、中国改革》,载《西安交通大学学报(社会科学版)》2015 年第 3 期。

249. 张昕蔚:《数字经济条件下的创新模式演化研究》,载《经济学家》2019 年第 7 期。

250. 张志铭:《转型中国的法律体系建构》,载《中国法学》2009 年第 2 期。

251. 赵树坤、张晗:《法律规则逻辑结构理论的变迁及反思》,载《法制与社会发展》2020 年第 1 期。

252. 郑飞鸿、田淑英:《论政府与市场关系理论的历史演变》,载《云南社会科学》2018 年第 4 期。

253. 郑杭生:《社会三大部门协调与和谐社会建设——一种社会学分析》,载《中国特色社会主义研究》2006 年第 1 期。

254. 郑永年:《国际发展格局中的中国模式》,载《中国社会科学》2009 年第 5 期。

255. 周伟、邹巧丽:《国家治理体系现代化中政府与社会关系的定位与重塑》,载《观察与思考》2018 年第 3 期。

256. 周晓虹:《唯名论与唯实论之争:社会学内部的对立与动力——有关经典社会学发展的一项考察》,载《南京大学学报(哲学·人文科学·社会科学)》2003 年第 4 期。

257. 周学:《构建"微观、中观、宏观三位一体"的经济学理论体系——兼论破解我国内需不足的方略》,载《经济学动态》2014 年第 4 期。

258. 周燕:《政府监管与市场监管孰优孰劣》,载《学术研究》2016 年第 3 期。

259. 周勇飞、高利红:《多元程序进路下环境公共利益司法体系的整合与型构》,载《郑州大学学报(哲学社会科学版)》2020 年第 5 期。

260. 朱富强:《市场的逻辑还是逻辑化的市场? ——流行市场观的逻辑缺陷》,载《财经研究》2014 年第 5 期。

261. 朱富强:《新自由主义经济学为何如此迷恋市场:奥地利学派的分析思维批判》,载《经济社会体制比较》2019 年第 1 期。

262. 朱丽:《美国环境公共利益司法保护制度与实践及对我国的启示》,载《环境保护》2017 年第 21 期。

263. 朱明哲:《从 19 世纪三次演讲看"法典化时代"的法律观》,载《清华法学》2019 年第 3 期。

264. 朱谦:《环境公共利益的法律属性》,载《学习与探索》2016 年第 2 期。

265. 朱谦:《环境公共利益的宪法确认及其保护路径选择》,载《中州学刊》2019 年第 8 期。

266. 朱雪忠、代志在:《总体国家安全观视域下〈数据安全法〉的价值与体系定位》,载《电子政务》2020 年第 8 期。

267. 朱岩:《社会基础变迁与民法双重体系建构》,载《中国社会科学》2010 年第 6 期。

268. 朱圆:《论信托的性质与我国信托法的属性定位》,载《中外法学》2015 年第 5 期。

269. 竺乾威:《政社分开的逻辑及其困境》,载《江苏行政学院学报》2016 年第 3 期。

270. 祝建兵、向良云:《社会组织行政化及其治理》,载《长白学刊》2011 年第 3 期。

(四)报纸等其他资料

1. 中国信息通信研究院:《中国数字经济发展白皮书(2020)》。

2. 中国信息通信研究院、华为技术有限公司:《数据基础设施白皮书(2019)》。

3.《第九届全国人民代表大会第一次会议关于国务院机构改革方案的决定》,载《中华人民共和国全国人民代表大会常务委员会公报》1998 年第 1 期。

二、外文文献

1. Cary Coglianese, Adam Finkel & David Zaring, *Import Safety: Regulatory Governance in the Global Economy*, University of Pennsylvania Press, 2009.

2. Convert Johan, *Where did the New Economic Sociology Come From*, Theory and Society,

Vol. 36:1(2007).

3. David Leci – Faur ed., *Handbook on the Politics of Regulation*, Edward Elgar, 2011.

4. Dean Karlan & Jonathan Morduch, *Microeconomics*, McGraw – Hill Education, 2014.

5. Glenn Furton & Adam Martin, *Beyond Market Failure and Government Failure*, Public Choice, Vol. 178:1, 2019.

6. Oliver Wendell Holmes, *The Path of the Law*, Harvard Law Review 110, No. 5(1977).

7. Robert S., *Pindyck and Daniel L. Rubinfeld: Microeconomics*, Prentice Hall Inc., 2001.

8. Rudolph v. Jhering. Der Zweck im Recht. Bd. I, 3. Aufl. Wiesbaden: Breitkopf & amp; Hartel, 1898.

9. Scott G. D., *Plant Symbiosis in sti – tude of Biology*, Edward Arnold, 1969.

10. Vivien A. Schmidt & Mark Thatcher, *Resilient Liberalism in Europe's Political Economy*, Cambridge University Press, 2013.